PODER PUNITIVO, POLÍCIA JUDICIÁRIA E DEMOCRACIA

Carlos Eduardo Rangel

PODER PUNITIVO, POLÍCIA JUDICIÁRIA E DEMOCRACIA

Reflexões Contemporâneas sobre a Atividade de Investigação Criminal

Freitas Bastos Editora

Copyright © 2020 by Carlos Eduardo Rangel

Todos os direitos reservados e protegidos pela Lei 9.610, de 19.2.1998. É proibida a reprodução total ou parcial, por quaisquer meios, bem como a produção de apostilas, sem autorização prévia, por escrito, da Editora.

Direitos exclusivos da edição e distribuição em língua portuguesa:

Maria Augusta Delgado Livraria, Distribuidora e Editora

Editor: *Isaac D. Abulafia*
Capa e Diagramação: *Jair Domingos de Sousa*

DADOS INTERNACIONAIS PARA CATALOGAÇÃO NA PUBLICAÇÃO (CIP)

R196p
    Rangel, Carlos Eduardo
    Poder punitivo, Polícia Judiciária e Democracia: Reflexões Contemporâneas sobre a Atividade de Investigação Criminal / Carlos Eduardo Rangel. – Rio de Janeiro, RJ : Freitas Bastos, 2020.
    394 p. ; 16cm x 23cm.
    ISBN: 978-65-5675-004-0
    1. Direito. 2. Direito Penal. I. Título.
               2020-1116   CDD 345   CDU 343

Freitas Bastos Editora

Tel. (21) 2276-4500
freitasbastos@freitasbastos.com
vendas@freitasbastos.com
www.freitasbastos.com

"Ninguém nasce odiando o outro pela cor da sua pele, ou por sua origem, ou sua religião. Para odiar as pessoas precisam aprender, e se elas aprendem a odiar, podem ser ensinadas a amar"

Nelson Rolihlahla Mandela
(1918-1995)

Ao meu pai, professor e exemplo.

A minha mãe, pelo eterno afeto.

A minha esposa Bárbara, pelo sorriso sem o qual não viveria.

Às minhas filhas, Juju e Bia, razões para seguir adiante ...

AGRADECIMENTOS

A todos os amigos Delegados de Polícia, Policiais, Professores e Instituições que muito contribuíram para a elaboração desta obra, sobretudo aos grandes maestros da Facultad de Derecho y Ciencias Sociales de la Universidad de Buenos Aires (viva la UBA!), em especial: Prof. Dr. Alberto Binder, Prof. Dr. Daniel Eduardo Rafecas, Prof. Dr. Diego Zysman Quirós, Prof. Dr. Eduardo Barbarosch, Prof. Dr. Enrique Del Percio, Prof. Dr. Eugenio Raúl Zaffaroni, Prof. Dr. Gabriel Ignacio Anitua, Prof. Dr. Ignacio Francisco Tedesco, Prof. Dr. Raúl Gustavo Ferreira e Prof. Dr. Ricardo Rabinovich-Berkman.

PREFÁCIO

O prefácio de uma obra reflete a contextualização e a importância do conteúdo publicado, geralmente a partir da visão de um terceiro que detém incontestável domínio sobre o tema.

Infelizmente, o brilho daquele por mim escolhido para esta tarefa já não mais está entre nós. Sinto-me privilegiado por ter convivido tão intensamente ao lado do insuperável amigo, professor e Delegado de Polícia. Esteja em paz meu irmão, Fábio Henrique Monteiro! Deixo aqui o desenho do seu filho Pedro, para preencher o vazio deste prefácio e também da ausência sentida por todos nós.

NOTA DO AUTOR

A consolidação dos regimes democráticos, teoricamente embasados na necessidade de conformação de uma nova ordem social, centrada no respeito aos direitos humanos e na estruturação de um complexo de garantias essenciais, encontra-se umbilicalmente ligada às mais distintas expressões do poder punitivo estatal.

Nessa ótica, a autoafirmação do tão aclamado Estado Democrático de Direito confronta-se a todo tempo com tensões decorrentes de seus modelos antecessores, sujeitando-se, assim, as flutuações do poder punitivo estatal que, para além de desconfigurar a essência nuclear do regime, representam um assombroso retrocesso na tutela de garantias fundamentais tão arduamente conquistadas ao longo do processo histórico.

Desta forma, o processo penal emerge como balizador da ordem democrática, na medida em que através da análise de seus elementos integrativos pode-se dimensionar o grau de democraticidade de uma sociedade, bem como identificar vestígios típicos de regimes totalitários, em franco confronto com os fundamentos constitucionais.

Nesse cenário, a atividade de investigação criminal surge como verdadeiro centro gravitacional dessa tensão, vez que se apresenta como o primeiro passo da marcha processual penal.

A obra promove uma necessária releitura do processo penal a partir de sua orientação democrática. Ao analisar pontos cruciais da atividade de investigação criminal, a partir de uma interdisciplinaridade com outros campos do saber, como a filosofia política, a teoria do estado, a sociologia jurídica, a criminologia e a psicanálise, a obra contempla uma moderna abordagem de importantes temáticas associadas à disciplina processual penal.

Há tempos tratada de modo superficial e negligenciada, a atividade de investigação criminal passa a ser vista como um dos mais relevantes marcos da marcha processual. O procedimento investigativo, titularizado no ordenamento jurídico pátrio pelas Polícias Judiciárias, adquire um novo dimensionamento, sendo apresentado como um momento endoprocessual imprescindível à persecução criminal, de modo a comportar não só uma ressignificação de seus principais conceitos, mas também um realinhamento hermenêutico a partir do enfrentamento de questões ligadas à superação de antigos paradigmas, aos discursos penais utilizados na gestão diferenciada da criminalidade, a imagem ritualística do investigado e ao resgate do tecnicismo jurídico no âmbito da cadeia de custódia probatória.

Certamente, ao percorrer temas de alta sensibilidade do processo penal, o livro alcança seu objetivo de se debruçar sobre diversas lacunas doutrinárias acerca do fundamento existencial da investigação criminal e de seus subsequentes desdobramentos na atividade policial.

SUMÁRIO

Título I
INVESTIGAÇÃO CRIMINAL E DEMOCRATICIDADE – A NECESSÁRIA SUPERAÇÃO DO PARADIGMA INQUISITORIAL

    I.a. Processo Penal Constitucional – a consolidação das decisões políticas fundamentais no Estado de Direito 5

    I.b. Sistemas Processuais Penais – a legitimação sistêmica pelo reconhecimento do núcleo fundante. 21

    I.c. Dupla Funcionalidade da Investigação Criminal – a concepção binária do Estado-Investigador. 45

    I.d. Garantismo Penal – construção teórica ou mera rotulação? 61

Título II
INVESTIGAÇÃO CRIMINAL E SELETIVIDADE PUNITIVA – DISCURSOS PENAIS NA GESTÃO DIFERENCIADA DA CRIMINALIDADE

    II.a. Expansionismo Penal e Segurança Pública – o direito de emergência na sociedade do medo 85

II.b. Antidrogas, Antiterror e Anticorrupção –
o etiquetamento na construção mitológica
da figura do inimigo 98

II.c. Princípio do Delegado Natural – uma
legítima expressão do Estado-Investigador ... 121

II.d. Juiz de Garantias – considerações
necessárias à estética de imparcialidade
do julgador 133

Título III
INVESTIGAÇÃO CRIMINAL E PODER SIMBÓLICO – A (DES)CONSTRUÇÃO DA IMAGEM RITUALÍSTICA DO INVESTIGADO

III.a. As Misérias da Persecução Penal
– reflexões sobre a dignidade humana e
o status de investigado 165

III.b. O Ocaso da Verdade – a valoração
probatória no sistema persecutório 185

III.c. Devido Processo Legal Investigativo –
em busca das garantias perdidas 202

III.d. Ato de Indiciamento – uma prerrogativa
de titularidade da investigação criminal 220

Título IV
INVESTIGAÇÃO CRIMINAL E CADEIA DE CUSTÓDIA PROBATÓRIA – O NECESSÁRIO RESGATE DO TECNICISMO JURÍDICO-PENAL

IV.a. Persecução Penal – estágios de cognição na marcha processual 245

IV.b. A Prisão Captura – requisitos de homologação pelo Estado-Investigador 267

IV.c. Buscas Pessoais e Domiciliares – releitura constitucional 288

IV.d. Regime Jurídico das Interceptações Telefônicas e de Dados – admissibilidade e compartilhamento 329

REFERÊNCIAS BIBLIOGRÁFICAS *357*

PODER PUNITIVO, POLÍCIA JUDICIÁRIA E DEMOCRACIA

TÍTULO I

INVESTIGAÇÃO CRIMINAL E DEMOCRATICIDADE – A NECESSÁRIA SUPERAÇÃO DO PARADIGMA INQUISITORIAL

TÍTULO I

INVESTIGAÇÃO CRIMINAL E DEMOCRATICIDADE – A NECESSÁRIA SUPERAÇÃO DO PARADIGMA INQUISITORIAL

I.a. Processo Penal Constitucional – a consolidação das decisões políticas fundamentais no Estado de Direito

Num primeiro momento, importa esclarecer que a exata compreensão do modelo atual da investigação criminal e a subsequente análise de seu nível de democraticidade implicam, obrigatoriamente, numa breve imersão em suas raízes estruturantes.

Desta forma, para se compreender a moldura contemporânea do processo penal, e a busca incessante por seu devido redimensionamento constitucional, faz-se necessária não só uma interlocução com outros ramos do conhecimento, como, por exemplo, a sociologia política, a economia, a criminologia, a teoria do estado e a filosofia, mas também com o exame das relações de poder estabelecidas na conformação social e seus mais diversos fatores de modificação, como os sistemas de produção econômica, a governabilidade, a ocorrência de grandes conflitos, os níveis de coesão ou exclusão social, dentre outros.

Para tornar esse trajeto ainda mais instigante, passaremos a um pequeno exercício, a partir da análise da sentença condenatória do cidadão Robert Damiens, acusado de atentar contra a vida do Rei Luís XV no ano de 1757, tomando a sua descrição reproduzida na obra Vigiar e Punir, de Michel Foucault[1]:

> *"Damiens fora condenado, em 2 de março de 1757, a pedir perdão publicamente diante da porta principal da Igreja de Paris, aonde devia ser levado e acompanhado numa carroça, nu, de camisola, carregando uma tocha de cera acesa de duas libras; em seguida, na dita carroça, na praça de Grève, e sobre um patíbulo que aí será*

---

1 **FOUCAULT**, Michel. Vigiar e punir: nascimento da prisão. Petrópolis: Vozes, 1999.

erguido, atenazado nos mamilos, braços, coxas e barrigas das pernas, sua mão direita segurando a faca com que cometeu o dito parricídio, queimada com fogo de enxofre, e às partes em que será atenazado se aplicarão chumbo derretido, óleo fervente, piche em fogo, cera e enxofre derretidos conjuntamente, e a seguir seu corpo será puxado e desmembrado por quatro cavalos e seus membros e corpo consumidos ao fogo, reduzidos a cinzas, e suas cinzas lançadas ao vento.".

O relato mais completo, ao qual ora convidamos o leitor à escrita de Foucault, ainda é mais aterrador.

Os cavalos, por exemplo, não eram afetos à tração, mas sim típicos de montaria. Por isso, após várias tentativas sem sucesso para o desmembramento do condenado, os carrascos foram obrigados a lhe cortar nas articulações das coxas com o tronco, para somente então proporcionar a execução desta etapa prevista na sentença.

Por óbvio, a breve leitura desse extrato punitivo automaticamente remete nosso imaginário a uma sensação de extrema repugnância, tendo em vista a tamanha brutalidade do cenário.

Contudo, conforme anteriormente proposto, retomaremos nosso exercício a partir de outra perspectiva analítica do julgado, já partindo dos seguintes questionamentos: o condenado foi submetido a algum sistema processual? A sentença de condenação foi proferida no bojo de um processo penal? A pena estabelecida ao condenado foi compatível com sua conduta criminosa?

A resposta que se impõe é positiva.

Considerando a época dos fatos, o ano de 1757, forçoso reconhecer que tudo ali descrito ocorreu de forma legítima e em observância aos preceitos do sistema de justiça criminal, regularmente estabelecidos naquele peculiar contexto histórico.

Do mesmo modo, pode-se afirmar que a Idade Média, através dos processos levados a cabo pelo Tribunal do Santo Ofício, testemunhou o maior feminicídio já experimentado pela humanidade, onde mulheres rotuladas como bruxas foram levadas às fogueiras da Inquisição, sob grave acusação de atentado contra a supremacia da ordem religiosa, bem jurídico de extremo relevo naquela época.

Em menção à obra *Malleus Maleficarum*, escrita em 1484 pelos monges dominicanos Kramer e Spenger, Lola Aniyar de Castro[2] explica que as bruxas eram mulheres que realizavam experimentos com ervas, ou

---

2 **ANIYAR DE CASTRO**, Lola. Manual de Criminologia Sociopolítica. Rio de Janeiro: Revan. 2017.

mesmo analisavam esqueletos de defuntos enterrados, com vistas a desenvolver métodos de tratamento para crianças e idosos enfermos, procedimentos proscritos pela igreja.

A partir de um salto histórico de cerca de quinhentos anos e voltando nossas lentes para a realidade brasileira atual, já não temos mais as forcas, abandonamos as guilhotinas e os carrascos, apagamos as fogueiras, mas, ainda assim, desaguamos na chamada era do grande encarceramento[3], onde, num sistema penitenciário com capacidade de 350 mil vagas, atingimos uma população carcerária na ordem de 726 mil presos[4].

Não se almeja aqui traçar qualquer tipo de análise crítica aos distintos modelos de sistema punitivo, nem mesmo aferir o seu grau de humanidade.

O ponto de convergência que ora se pretende alcançar é que, nos três contextos citados, o tratamento sistêmico conferido a um fato delitivo teve seu desenvolvimento através de uma sequência de atos preordenados.

Ou seja, a solução final (castigo) para um comportamento delituoso (crime) adquiriu concretude a partir

---

3 **SOUSA**, Taiguara Líbano Soares e. A era do grande encarceramento: Tortura e superlotação prisional no Rio de Janeiro.

4 **FONTE:** Levantamento de Informações Penitenciárias, 2016. (INFOPEN/Ministério da Justiça)

de uma persecução criminal (processo), devidamente legitimada em seu contexto social.

Nesse momento, nos interessa justamente o exame conjuntural desta tríade: crime-processo-castigo.

Assim, com o trilhar dos séculos, considerando as suas mais variadas nuances e alterações conjunturais, constata-se a relevância da análise das relações de poder firmadas ao longo de todo o processo de desenvolvimento histórico para, a partir de então, aferir seus reflexos e graduar sua impactação no desenho processual contemporâneo.

Na busca por esse real dimensionamento, o ponto de partida, sem dúvida, reside na derrocada do Absolutismo e o subsequente advento do Estado de Direito.

A ordem social do sistema absolutista era marcada pela supremacia de um poder ilimitado nas mãos de um ser soberano, cuja legitimação político-social era referendada, em larga escala, pela ordem religiosa.

Tornou-se célere a frase de Luiz XIV, monarca francês que imperou de 1643 a 1715 e aclamado como Rei Sol: "*le Etat c'est moi*" (o Estado sou eu!), traduzindo bem a natureza do absolutismo monárquico.

No campo da filosofia política, Thomas Hobbes[5], em o Leviatã, defende o Estado Absoluto e o empodera-

---
5 **HOBBES**, Thomas. Leviatã, ou matéria e forma de poder de um estado eclesiástico e civil. São Paulo: Martin Claret. 2008.

mento do monarca como meio de legitimação das relações de poder, pois esta seria uma forma de refrear o caos social, impedindo o retorno do homem a seu estado de natureza e evitando, assim, a chamada **bellum omnium contra omnes** (eterna guerra de todos contra todos):

> "... pertence à soberania todo o poder de prescrever as regras através das quais todo homem pode saber quais os bens de que pode gozar, e quais as ações que pode praticar, sem ser molestado por qualquer de seus concidadãos: é a isto que os homens chamam propriedade. Porque antes da constituição do poder soberano, todos os homens tinham direito a todas as coisas, o que necessariamente provocava a guerra".

A partir do final do século XVII, esse sistema de governo entra em declínio, principalmente tendo em vista a incompatibilidade de sua manutenção com os fatores de modificação nos campos político e econômico.

Nessa época, movimentos de grande envergadura como a Revolução Francesa e a independência das colônias norte-americanas, bem como as concepções filosóficas do Iluminismo, dão um novo tom à ordem social, constituindo elementos fundamentais para a derrocada do sistema absolutista.

E é justamente nesse marco histórico, de transição do regime absolutista para o então chamado Estado de Direito, modelo amplamente adotado pelas democracias ocidentais, é que devem ser identificados importantes aspectos de interesse ao redesenho da arquitetura processual penal contemporânea.

A partir dessa nova concepção, a essência do poder soberano, antes ilimitado e concentrado na figura de um monarca, passa às mãos do povo, ora reconhecido como seu verdadeiro e único titular.

Essa alteração no eixo da titularidade do poder soberano, operada no final do século XVIII, inaugura uma nova conformação político-social, cujos efeitos estendem-se até os dias atuais.

Para tal, basta analisar o artigo 1º da Carta Republicana brasileira[6], onde, em seu parágrafo único, pode-se verificar a expressa disposição legal de que todo poder emana do povo e que o exercício desse poder é realizado por mandatários legitimamente escolhidos por ele.

No mesmo sentido, a Constituição dos Estados Unidos[7], França[8], Colômbia[9], dentre outras nações.

---

6 "Todo poder emana do povo, que o exerce por meio de representantes eleitos ou diretamente, nos termos desta Constituição".

7 "Nós, o povo dos Estados Unidos, a fim de formar uma União mais perfeita, estabelecer a justiça, assegurar a tranquilidade interna, prover a defesa comum, promover o bem-estar geral, e garantir para nós e para os nossos descendentes os benefícios da Liberdade, promulgamos e estabelecemos esta Constituição para os Estados Unidos da América".

8 Art. 3º. A soberania nacional pertence ao povo, que o exerce pelos seus representantes e através do referendo.

9 Artículo 3. La soberanía reside exclusivamente en el pueblo, del

Deste modo, a formação estrutural do Estado de Direito, em sua nova roupagem, tem início a partir da transferência de parcela do poder soberano, titularizado pelo povo, para a figura do Estado.

Contudo, nessa operação de transferência, povo e Estado firmam mutuamente um pacto (denominado de constituição), onde são tomadas decisões políticas fundamentais que passam a constituir o núcleo jurídico-político essencial daquela coletividade.

Nesse sentido, é a lição de Canotilho[10]:

> *"Designam-se por princípios politicamente conformadores os princípios constitucionais que explicitam as valorações políticas fundamentais do legislador constituinte. Nestes princípios se condensam as opções políticas nucleares e se reflecte a ideologia inspiradora da constituição. Expressando as concepções políticas triunfantes ou dominantes numa assembleia constituinte, os princípios político-constitucionais são o cerne político de uma constituição política, não admirando que: (1) sejam reconhecidos como limites do poder de revisão; (2) se revelem os prin-*

---

cual emana el poder público. El pueblo la ejerce en forma directa o por medio de sus representantes, en los términos que la Constitución establece.

10 **CANOTILHO**, Joaquim José Gomes. Direito Constitucional. Coimbra: Livraria Almedina, 1993. Pg. 172-173.

cípios mais directamente visados no caso de alteração profunda do regime político. Nesta sede situar-se-ão os princípios definidores da forma de Estado: princípios da organização económico-social, como, por ex:, o princípio da subordinação do poder económico ao poder político democrático, o princípio da coexistência dos diversos sectores da propriedade — público, privado e cooperativo —; os princípios definidores da estrutura do Estado (unitário, com descentralização local ou com autonomia local e regional), os princípios estruturantes do regime político (princípio do Estado de Direito, princípio democrático, princípio republicano, princípio pluralista) e os princípios caracterizadores da forma de governo e da organização política em geral como o princípio separação e interdependência de poderes e os princípios eleitorais"

Essas decisões políticas fundamentais tratam sobre a forma de Estado, a separação dos poderes do Estado e a consolidação de direitos e garantias individuais fundamentais.

Um breve exame de nossa Constituição Federal permite facilmente a identificação dessas decisões políticas fundamentais, logo na leitura dos primeiros dispositivos constitucionais.

No artigo 1º da CRFB/88[11], tem-se a forma de Estado, ao constar expressamente menção à República Federativa do Brasil.

Na mesma linha, o artigo 2º[12] traz a necessária tripartição dos poderes, resguardadas a autonomia e a harmonia entre legislativo, executivo e judiciário.

Por fim, em seu artigo 5º[13], tem-se um rol exemplificativo de direitos e garantias individuais, tendo como eixo gravitacional o respeito à dignidade da pessoa humana, fundamento central da ordem constitucional.

Nesse contexto, torna-se essencial reconhecer que essas decisões políticas fundantes derivam diretamente do poder soberano do povo, quando da formação do Estado de Direito, de modo a constituir uma forma de autolimitação do poder do Estado.

Deste modo, as relações de poder entre o Estado e seus súditos encontram um limite intransponível, na medida em que o corpo coletivo, na qualidade de titular do poder soberano, transfere parcela desse poder para

---

11 Art. 1º A República Federativa do Brasil, formada pela união indissolúvel dos Estados e Municípios e do Distrito Federal, constitui-se em Estado Democrático de Direito e tem como fundamentos:

12 Art. 2º São Poderes da União, independentes e harmônicos entre si, o Legislativo, o Executivo e o Judiciário.

13 Art. 5º Todos são iguais perante a lei, sem distinção de qualquer natureza, garantindo-se aos brasileiros e aos estrangeiros residentes no País a inviolabilidade do direito à vida, à liberdade, à igualdade, à segurança e à propriedade, nos termos seguintes:

a conformação estrutural do Estado, mas, desde logo, impõe que qualquer desvirtuação na forma de Estado, na separação de poderes ou na consolidação de direitos e garantias individuais significa uma ruptura inaceitável da ordem instituída.

Compreendidas a gênese e a sistematização do Estado de Direito e, partindo-se da premissa de que eventual afetação a qualquer uma das decisões políticas fundamentais constitui um abalo sísmico na ordem democrática, cabe analisar de que forma isso repercute no sistema processual penal.

Nesse diapasão, é preciso reconhecer quais foram os padrões constitucionais estabelecidos para o funcionamento do sistema processual penal.

Ou seja, é preciso identificar se, no bojo das decisões políticas fundamentais, o povo, no exercício de seu poder soberano, elegeu, dentre os diversos direitos e garantias individuais, parâmetros de índole processual penal.

Por óbvio, esse conjunto de garantias individuais de origem processual molda o formato sistêmico do processo penal e toda a arquitetura processual passa necessariamente a retirar dele seu fundamento de legitimação e validade.

Pelo exame da ordem constitucional brasileira, resta evidente que nela se encontra esculpido um vasto arcabouço normativo, sobretudo na ótica principiológica, de standards de cunho processual penal que norteiam (ou, em tese, deveriam nortear) todas as etapas da persecução criminal.

A partir do artigo 5º da Carta Republicana, são facilmente identificáveis, dentre outras, normas do mais elevado grau hierárquico e dotadas de sólido conteúdo axiológico no campo processual penal, como, por exemplo, a cláusula geral do devido processo legal, os princípios do contraditório, da ampla defesa, da vedação de obtenção de provas ilícitas e da presunção de inocência, dentre outras.

Além disso, há ainda um conjunto de garantias individuais, como a inviolabilidade domiciliar, a privacidade nas comunicações, a liberdade, a propriedade privada, a vedação a tortura ou a tratamento degradante que, por sua vez, possui repercussão reflexa na esfera processual penal.

O aspecto crucial aqui, que inclusive precede o estudo isolado de cada uma dessas garantias constitucionais, é esclarecer que esse conjunto normativo funda, rege e orienta toda a ordem processual, na medida em que inaugura um núcleo essencial, cuja legitimação emana do próprio povo, reconhecidamente alçado ao status de titular do poder soberano, segundo a nova conformação jurídico-política do Estado de Direito.

Torna-se imperioso reconhecer que os pilares estruturais do sistema processual penal foram erguidos a partir das decisões políticas fundantes tomadas pelo povo na construção da ordem constitucional e que, por essa razão, comportam uma função binária, na medida em que, a um só tempo, constituem uma autolimitação do poder punitivo estatal e representam uma garantia intangível aos cidadãos submetidos à persecução criminal.

Alinhado a essa premissa fundamental, o legislador constituinte assim dispôs expressamente no artigo 60, § 4º, inciso IV do nosso Pacto Republicano, vez que, ao cuidar dos limites ao poder de reforma, acertadamente asseverou o status de cláusula pétrea aos direitos e garantias individuais.

Nesse contexto, entendendo-se que os parâmetros balizadores da persecução criminal não só estão inseridos na própria ordem constitucional, mas também, derivam de um conteúdo decisório originariamente soberano, torna-se factível aferir o grau de democraticidade de uma sociedade através do exame dos componentes estruturais do seu sistema processual penal.

Com maestria, Goldschmidt nos ensina que o processo penal nada mais é que um termômetro da própria Constituição. Para esse grande catedrático da Universidade de Berlim, o embate entre elementos corporativos e autoritários no sistema processual constitui um valoroso parâmetro de análise do grau de democraticidade de uma nação.

Eis a lição[14]:

> "se puede decir que la estructura del proceso penal de una nación no es sino el termómetro de los elementos corporativos o autoritários de una nación."

Desta forma, pode-se concluir que a eventual constatação de um processo penal arbitrário e utilitarista, com abuso de direitos e violação garantias individuais no âmbito da persecução criminal, reflete a existência de uma ordem constitucional autoritária ou mesmo de um simulacro de constituição.

Por outra via, o reconhecimento de uma estrutura processual equilibrada, com observância de preceitos garantidores e alinhados a um sistema de liberdades, é indicador da consolidação de um projeto constitucional verdadeiramente democrático.

No campo processual penal, é necessário compreender que esses critérios constitucionalmente estabelecidos decorrem do exercício da soberania popular e, portanto, são revestidos por um caráter de inaliena-

---

14 **GOLDSCHMIDT**, James. Problemas jurídicos y políticos del proceso penal. Buenos Aires: IBdeF, 2016.

bilidade (enquanto perdurar a ordem jurídico-política instituída).

Com efeito, todas as normas, regras, protocolos, regulamentos e procedimentos afetos à disciplina processual penal devem ser submetidos a uma filtragem constitucional.

Isso significa que a eventual identificação de qualquer ponto de dissonância da orientação constitucional implica num descumprimento da vontade soberana e, por conseguinte, numa ruptura inaceitável do pacto forjado pelo legítimo detentor do poder, ou seja, o próprio povo.

Então, quando se fala num processo penal constitucional, isso não pode estar adstrito ao campo teórico ou ser reduzido a uma mera construção dogmática. Esse efeito deve ter realização concreta e seu espectro deve ser irradiado para todas as esferas de exercício do poder.

Na estruturação do Estado de Direito, o poder punitivo emerge como uma atividade monopolizada pelo Estado e o sistema processual penal passa a ser um componente do mais alto relevo, na medida em que constitui uma barragem obrigatória à manifestação e à forma de exercício desse poder, que ali encontra uma autolimitação imposta por decorrência de uma decisão política fundamental, estabelecida pelo próprio povo.

Eis aqui a linha mestra do sistema processual penal no Estado de Direito, qual seja, ele é fruto de uma decisão política fundamental tomada na construção da estrutura jurídico-política da nação.

I.b. Sistemas Processuais Penais – a legitimação sistêmica pelo reconhecimento do núcleo fundante.

A compreensão dos modelos processuais sistêmicos é de grande valor ao estudo do processo penal e essa necessidade encontra-se atrelada a dois motivos fundamentais: o reconhecimento da autonomia do processo penal e a manutenção da unicidade e coerência do próprio sistema processual.

Num primeiro momento, é importante esclarecer a importância da compreensão do processo penal enquanto ramo autônomo das ciências jurídicas.

E digo isso, porque já há tempos se fala numa teoria geral do processo[15] e, em nome dela, vivencia-se uma transposição indiscriminada de elementos do processo civil para o processo penal de modo a deformá-lo enquanto unidade sistêmica.

---
15 Nesse sentido Ada Pellegrini Grinover, Candido Rangel Dinamarco e Antônio Carlos de Araújo Cintra.

Partindo da aceitação de uma "teoria geral do processo", passa-se a uma verdadeira ginástica hermenêutica, procurando adequar elementos típicos do processo penal à estrutura matricial do processo civil, desnaturando-os para além de seus limites semânticos.

Vamos tomar como exemplo o interesse de agir.

No estudo do processo civil, o chamado interesse de agir decorre do binômio necessidade-utilidade, na tradicional concepção de Liebman[16].

Já no processo penal, a doutrina identifica o interesse de agir, assim como as denominadas condições da ação penal, a partir da disposição do artigo 395 do Código de Processo Penal.

No processo civil, o interesse decorre da noção de utilidade-necessidade do provimento jurisdicional na heterocomposição de um conflito, o que evidencia uma substitutividade secundária, na medida em que a satisfação de um direito violado não encontrou uma solução espontânea pelas partes diretamente afetadas.

Ora, essa proposição é completamente descabida no âmbito do processo penal, vez que este se encontra regido pelo princípio da necessidade e, consequentemente, a marcha processual é imposta como caminho único e necessário para alcançar a pena.

---

16 **LIEBMAN**, Enrico Tulio. "L'azione nella teoria del processo civile", Problemi del processo civile. Napoli: Morano, 1962.

O direito penal transita no campo da abstração e o *jus puniendi* estatal somente encontra realização no plano concreto através do processo penal. Por isso, Carnelutti[17], acertadamente, nos ensina que é o processo penal quem toca no homem de verdade, no homem de carne e osso.

A pena não pode ser vista tão somente como um mero efeito do delito, mas também como um efeito do próprio processo penal.

Num cenário onde o Estado apresenta-se como detentor do poder punitivo, o processo penal emerge como o único meio, o único caminho, a única via de impor uma sanção a um fato punível.

Desta forma, o interesse de agir não está vinculado a uma valoração da necessidade-utilidade do processo penal em satisfazer um interesse material, mas sim está ínsito à própria ação penal, já que constitui o único caminho de alcançar a pena.

Num outro plano, é preciso resgatar a identidade e a autonomia do processo penal.

A primeira questão que se deve enfrentar no estudo do processo penal importa em repensar seu fundamento existencial.

---

17 **CARNELUTTI**, Francesco. As misérias do processo penal. Trad. Carlos Eduardo Trevelin Millan. São Paulo: Editora Pillares, 2009.

É preciso iniciar um curso de processo penal com os seguintes questionamentos: pra que serve o processo penal? E, principalmente, pra quem serve o processo penal?

E é justamente na busca por essas respostas que se deve refletir sobre a lógica, a coerência e a unidade dos sistemas processuais penais, no sentido de orientação e interpretação de seu arcabouço normativo.

Nesse cenário, resta evidente, como já visto no tópico anterior, que a ordem constitucional é o paradigma do processo penal, já que todas as normas de índole processual penal devem necessariamente sofrer oxigenação constitucional.

Pode-se afirmar que, enquanto sistema, o processo penal instrumentaliza e confere concretude ao próprio direito penal. E é justamente assim que o processo penal se apresenta, como um caminho, uma ponte, um eixo de ligação entre o fato punível e a sua correspondente sanção.

Esse percurso, obviamente, é construído a partir de normas (princípios e regras), que retiram seu fundamento de validade da própria Constituição.

Como muito bem coloca o professor Juarez Tavares[18], na tensão entre a liberdade individual e o poder

---

18 **TAVARES**, Juarez. Teoria do Injusto Penal. 3ª Edição. Belo Horizon-

punitivo do Estado, não se pode esquecer que a liberdade é a regra e, como regra constitucional, ela não precisa de legitimação, de fundamentação.

Pelo contrário, a sua restrição, a sua privação (eventual e excepcional) é que necessita de legitimação. Ou seja, o poder punitivo do Estado é que precisa de legitimação, não a liberdade.

Nesse contexto, é preciso analisar o sistema processual penal brasileiro e refletir sobre um cenário conflitante, qual seja: a convivência de um Código de Processo Penal datado de 1941, com inspiração claramente fascista, e uma Constituição Federal de 1988, que inaugura (ou pretende inaugurar) uma ordem democrática.

Esse confronto torna-se evidente quando, por exemplo, verifica-se a norma estampada no artigo 18 do Código de Processo Penal, que, ao tratar do instituto processual da "incomunicabilidade" dispõe que a incomunicabilidade do indiciado dependerá sempre de despacho nos autos e somente será permitida quando o interesse da sociedade ou a conveniência da investigação o exigir.

Em clara contraposição, a Carta Republicana, em seu artigo 5º, inciso LXII, ao tratar especificamente do tema, postula que a prisão de qualquer pessoa e o local onde se encontre serão comunicados imediatamente

---

te: Del Rey. 2003.

ao juiz competente e à família do preso ou à pessoa por ele indicada.

Frise-se, por oportuno, que o artigo 136, inciso IV, da Constituição Federal, ao tratar das hipóteses excepcionais de instabilidade democrática e estipular regramento aos estados de sítio e defesa, veda, expressamente, qualquer incomunicabilidade de pessoa presa.

Desta forma, não se pode chegar a outra conclusão que não a do reconhecimento da não-recepção do artigo 18 do Código de Processo Penal, diante do novo desenho constitucional.

Por essa razão, imperioso reforçar que a democraticidade constitucional deve inspirar o processo penal, ou seja, a regência do sistema processual penal deve ser projetiva e nunca retrospectiva, vez que esta última metodologia hermenêutica reveste-se de um caráter autoritário, ortodoxo e altamente contaminado por cargas valorativas preconceituais.

Esse pensamento situa-se na contramão das rupturas necessárias à maturação do próprio projeto constitucional. Neste aspecto, não se pode negar o paradigma de Härbele[19], através do qual se deve prestigiar a pluralidade de fontes de interpretação das

---

19 **HÄBERLE**, Peter. Hermenêutica Constitucional. A sociedade aberta dos intérpretes da constituição: contribuição para a interpretação pluralista e "procedimental" da Constituição. Trad. Gilmar Ferreira Mendes. Porto Alegre: Safe, 1997

normas constitucionais, como meio de promover a democracia.

Assim, a aplicação, a orientação e a interpretação de todo arcabouço processual penal deve ser realizada de forma projetiva e à luz dos ditames constitucionais (e nunca ao contrário). A persecução criminal deve ser idealizada como um momento de resguardo a esses parâmetros constitucionais estabelecidos, sob pena de se converter numa máquina punitiva e não num instrumento de equidade e justiça.

Ao tratar dos sistemas processuais, é sempre interessante refletir sobre a evolução histórica dos diversos sistemas punitivos, abordando, não somente as suas diferenças, mas também atentando para seus aspectos comuns.

Nesse prisma, imagine-se um tribunal na época da Inquisição, que, no ano de 1600, condenou Giordano Bruno a ser queimado na fogueira pelo crime de heresia, por defender a teoria da infinitude do universo e, por consequência, contrariar os dogmas religiosos.

Num giro de quatro séculos, um tribunal norte-americano condena Carlos Ledher, um dos líderes do famoso Cartel de Medellín, à prisão perpétua mais 135 anos, sob a acusação de narcotráfico.

Nessa breve análise, confrontam-se dois sistemas processuais distintos, mas que buscam, num primeiro momento, um primordial objetivo comum: a aplicação de uma sanção a partir de um fato punível, sendo o processo o seu caminho.

Na lição de Julio Maier[20], é importante ressaltar que a influência da ideologia social de uma determinada época, imposta pelas manifestações de poder, sempre é percebida com muito mais intensidade no direito penal e, principalmente, no processo penal.

Assim, os modelos processuais, frutos dessa interferência histórica, tendem a acompanhar esse balanço da ordem democrática ou autoritária da sociedade.

Na antiguidade clássica, ao analisar o sistema processual grego, pode-se identificar um arcabouço procedimental dotado de uma estrutura acusatória, com ampla participação popular na acusação e no julgamento. Tal estruturação claramente desvela um reflexo da própria conformação político-jurídica da época, a qual creditava o poder soberano ao próprio povo.

Nesse sistema, havia a denominada ação popular, voltada para os delitos de interesse coletivo, bem como a ação privada, típica de interesses individuais e com forte vinculação aos preceitos do direito civil.

Na ação popular, como o interesse predominante era público, a acusação era realizada por qualquer ci-

---

20 **MAIER**, Julio B. J. Derecho procesal penal I: fundamentos. 2ª ed. 3ª reimpressão. Buenos Aires: Editores Del Puerto, 2004.

dadão que se habilitasse. Na ação privada, em respeito ao interesse eminentemente individual, a acusação era formulada pelo próprio ofendido[21].

As atribuições para processamento e julgamento encontravam-se distribuídas em quatro principais cortes: Aerópago, Efetas, Assembleia do Povo e Heliastas. Em breve síntese, competia ao Aerópago o julgamento de crimes de homicídios dolosos e demais crimes com previsão de pena capital. Ao Efetas, cabia o processamento de homicídios imprudentes. A seu turno, a Assembleia do Povo era dotada de competência para processamento de infrações penais com desdobramentos políticos. Por fim, o Heliastas tratava da competência comum residual, arcando com o julgamento da grande maioria dos crimes[22].

O interesse preponderante no estudo do sistema grego deve, mais precisamente, centrar-se no conjunto de suas principais características, fato que, a priori, reflete a essência sistêmica de sua moldura processual acusatória.

Desta forma, destacam-se: a separação das atividades de acusação e julgamento; o afastamento do órgão julgador da atividade probatória; a admissibili-

---

21 **MAIER**, Julio B. J. Derecho procesal penal I: fundamentos. 2ª ed. 3ª reimpressão. Buenos Aires: Editores Del Puerto, 2004.

22 **MAIER**, Julio B. J. Derecho procesal penal I: fundamentos. 2ª ed. 3ª reimpressão. Buenos Aires: Editores Del Puerto, 2004.

dade da acusação somente através de via formal, com indicação de provas e formulada por acusador idôneo e legítimo (*ne procedat iudex ex officio*); igualdade entre acusação e defesa, com desenvolvimento processual marcado por meios de contraditório e defesa por procedimento oral, perante ao aparelho julgador e diante do povo e previsão de delito similar à denunciação caluniosa (com vistas a coibir acusações infundadas).

Por sua vez, o sistema processual romano também guarda estreita vinculação com suas distintas formatações políticas, na medida em que se pode associar as fases da Monarquia, República e Império, respectivamente, aos modelos processuais da *cognitio, accusatio* e *cognitio extra ordinem*.

Assim, no período monárquico romano, a formulação estrutural da *cognitio* fundava-se na concessão de amplos poderes ao magistrado, o qual concentrava as funções de investigação, direção e julgamento, operando por delegação do poder do monarca. A decisão final revestia-se de um caráter irrecorrível, exceto para aqueles dotados do status de cidadãos, aos quais se facultava recurso à Assembleia Popular denominado *provocatio*.

Já em sua fase republicana, o sistema processual romano foi marcado pelo declínio da *cognitio* e sua transposição para a *accusatio*. Na *accusatio*, a atuação dos magistrados restou limitada à atividade judicante, através da presidência de um corpo de jurados, e a função acusatória foi entregue a um representante popular.

Registre-se que, nesse cenário, a *accusatio* representa um resgate do modelo acusatório, aproximando-se da estruturação procedimental grega. Aqui, verifica-se a clara separação das funções de acusar e julgar, o afastamento dos órgãos julgadores da iniciativa probatória, o retorno ao *ne procedat iudex officio*, dentre outras características[23].

Por fim, em sua fase imperial, o modelo processual romano da *accusatio* já apresentava sinais de incompatibilidade com a nova ordem política instituída.

Fatores como o incremento da criminalidade, o recrudescimento de perseguições e vinganças privadas e a necessidade de maior repressão aos delitos de lesa-majestade marcaram a transição da *accusatio* para a *cognitio extra ordinem*.

Nesse novo formato, com marcante matiz inquisitorial, os poderes conferidos aos magistrados foram paulatinamente restaurados, até completar a fusão das atividades de acusação e julgamento.

Com o declínio do império romano, essa tradição jurídica foi mantida pela Igreja Católica, instituição que, no campo sócio-político, foi a responsável por

---

23 **MANZINI**, Vicenzo. Tratado de derecho procesal penal. Buenos Aires: EJEA, 1951.

promover a legitimação divina do novo tecido social, fundado na figura de um monarca soberano, cujo poder refletia a representação da própria divindade.

E nesse cenário de transição da nova ordem sócio-política europeia, que teve início no século XII e se estendeu até o XVIII, foi amadurecendo outro sistema processual, o chamado modelo inquisitivo, com forte influência do direito canônico.

Por isso, como dito anteriormente, torna-se fundamental a demonstração da importância da influência da ideologia social dominante nas manifestações do poder de punir, principalmente quanto ao modelo processual a ser adotado.

A mudança no desenho político foi prontamente acompanhada de uma ampliação gradual do poder conferido ao magistrado, que num primeiro momento passou a poder agir de ofício em casos de flagrante delito e, depois, logo desaguou na concentração total das funções de acusação e julgamento no mesmo órgão estatal.

Aí está descrita a essência desse sistema inquisitório, qual seja, a reunião de poderes sob a responsabilidade de um exclusivo ator processual que, a um só tempo, investiga, dirige, acusa e julga.

Em relação a seu modo operativo, o sistema inquisitorial, basicamente, contemplava duas etapas, a inquisição geral e a inquisição especial.

A inquisição geral era marcada por uma apuração preliminar da autoria e materialidade da infração penal. Depois, na inquisição especial, seguia-se com o processamento, a condenação e o castigo[24].

Nesse ambiente, constata-se o recrudescimento do modelo inquisitorial, com forte imposição dos mandamentos da Igreja Católica. Os principais delitos eram aqueles que justamente atentavam contra a ordem religiosa, intitulados como crimes de heresia, bruxaria e blasfêmia.

Forjou-se, então, um sistema processual embasado na intolerância, na verdade real ou verdade absoluta como fruto de uma revelação divina, bem como na imposição de pena como expiação da culpa. Segundo apregoava o Manual dos Inquisidores[25], "a humanidade foi criada na graça divina".

Dentre os principais fundamentos desse modelo inquisitorial, destacam-se: a estruturação de um sistema voltado para a busca da verdade absoluta e divina; a oposição ao dogma católico, alçada ao status de crimes como heresia, blasfêmia ou bruxaria, que representava perigo ao núcleo fundante do sistema religioso; a

---

24 **MANZINI**, Vicenzo. Tratado de derecho procesal penal. Buenos Aires: EJEA, 1951.
25 **EYMERICH**, Nicolau. Manual dos inquisidores. Trad. Maria José Lopes da Silva. Rio de Janeiro: Rosa dos Tempos; Brasília: Fundação Universidade de Brasília, 1993.

abolição do *ne procedat iudex* oficio, com permissão da denúncia anônima (as chamadas bocas da verdade[26]); o fim da acusação e da publicidade, já que a figura do inquisidor passa a atuar de ofício e em segredo; a prisão como regra do sistema, pois o inquisidor deveria ter o acusado à sua disposição e a qualquer tempo; o tarifamento da confissão como prova máxima, influenciada pela busca da verdade absoluta como revelação divina; a inutilidade da defesa, já que seu papel era reduzido a convencer a confissão do acusado e arrependimento do pecado por ele cometido; a utilização de meios de tortura, pois o suplício do corpo era admitido como meio de prova; a inexistência de coisa julgada, pois não havia declaração de absolvição, mas apenas insuficiência de provas.

E assim prosseguiu-se até o final do século XVIII, onde, a partir de grandes transformações sociais, políticas e econômicas, como a Revolução Francesa e a independência das colônias americanas, bem como, no campo da filosofia, a ascensão dos ideais iluministas de valorização do homem, presenciou-se uma nova ruptura na ordem mundial, com a gradativa retomada do modelo processual acusatório.

---
26 As bocas da verdade eram urnas voltadas para o depósito de denúncias anônimas, a partir das quais se permitia o início da acusação penal. (**MANZINI**, Vicenzo. Tratado de derecho procesal penal. Buenos Aires: EJEA, 1951).

A partir daí, logo se percebe que, atualmente, os países de linhagem democrática adotam modelos acusatórios e os países de viés totalitário adotam modelos inquisitivos.

Nesse cenário, é importante identificar as principais características de um sistema processual acusatória. São elas[27]: a separação clara de funções (acusação, defesa e julgamento); a gestão probatória como produto da atividade dialética das partes (acusação e defesa); a presença de julgador imparcial, alheio à atividade investigativa e probatória; a isonomia, fundada numa paridade processual; mecanismos de defesa e exercício do contraditório; standards de valoração probatória, com inexistência de prova tarifada e a confissão analisada no contexto probatório; a amplitude de meios de impugnação, com multiplicidade recursal e duplo grau de jurisdição; a consagração da segurança jurídica, através do reconhecimento da coisa julgada.

Ora, mas a reunião de um conjunto de características não se mostra suficiente para a definição sistêmica, sobretudo porque, como já visto, o passado revela uma variação de modelos ao sabor das influências ideológicas de manifestação do poder.

Não raro se encontram elementos vestigiais tipicamente inquisitórios em modelos que estruturalmen-

---

27 **LOPES JR.**, Aury. Fundamentos do processo penal: introdução crítica. São Paulo: Saraiva, 2015.

te são acusatórios. Basta olhar para nosso exemplo brasileiro.

E a partir dessa miscigenação, observa-se, no campo doutrinário, o surgimento de um "terceiro" sistema: o sistema processual misto, momento em que, a partir de então, faz-se necessário o seguinte questionamento: seria possível a consolidação teórica de um sistema processual misto?

A questão central é que, com a derrocada do Absolutismo, enquanto sistema de governo, e a subsequente ascensão do Estado de Direito, a transição dos modelos processuais de matriz inquisitória para acusatória ocorreu de forma gradual e, como sempre reforçado, refletindo as influências do campo sócio-político.

Pode-se identificar, no período napoleônico e a partir da edição da Instrução Criminal de 1808, a estrutura processual francesa adotou uma bipartição entre a etapa preliminar, de caráter investigativo, e a instrução processual subsequente. Desta forma, a persecução criminal tinha início a partir de uma fase investigativa, conduzida de forma secreta por um juiz-instrutor e com objetivo de coletar elementos de autoria delitiva, e, em seguida, ocorria a instrução processual perante o Juízo, a partir de um debate entre as teses de acusação e defesa[28].

---

28 **PRADO**, Geraldo. Sistema acusatório: a conformidade constitu-

Desta forma, com base nesse modelo bipartido, verificou-se, a bem da verdade, a aglutinação de características típicas de dois modelos processuais antagônicos em uma só estrutura. A partir de então, parte da doutrina passou a considerar a formação de um terceiro sistema: o então denominado sistema processual misto.

Entretanto, não se pode olvidar que, no estudo dos sistemas processuais penais, torna-se imprescindível o exame de sua vinculação com o modelo político vigente. Por isso, deve-se enxergar os sistemas processuais como estruturas vivas, dinâmicas e não como modelos estáticos, rígidos.

Desta forma, a primeira observação a ser pontuada é que não existe um sistema puro (e acreditar nisso é uma ilusão). Se assim for, todos os sistemas poderão ser considerados mistos, já que todos trazem consigo uma indissociável carga histórica. A afirmação desses sistemas puros constitui um produto emblematicamente histórico.

Partindo-se dessa premissa, qual seja: o reconhecimento da inexistência de um sistema processual puro a partir das influências vestigiais e indissociáveis dos

---

cional das leis processuais penais. 4ª ed. Rio de Janeiro: Lumen Juris, 2006.

respectivos regimes políticos, deve-se mirar o elemento central e definidor de cada modelo sistêmico.

Esse questionamento (necessário) parte da seguinte questão: qual o aspecto identificador de cada sistema? Qual o núcleo fundante de cada modelo?

É justamente sobre isso que se deve debruçar a investigação de um sistema, para então classifica-lo como acusatório ou inquisitório, pois a obtenção de uma classificação segura somente poderá ser consolidada a partir do reconhecimento desse elemento nuclear.

Por óbvio, quando se parte da ideia de constituição de um sistema, deve-se imaginá-lo com um conjunto de conceitos e métodos umbilicalmente interligados por um elemento lógico essencial e unificador. Essa é a lição de Hegel[29].

Desta forma precisamos esclarecer que o núcleo fundante de cada sistema processual reside, não na separação de funções como se pensa, mas sim na gestão da prova. Somente a partir desse núcleo fundante poderão ser identificados os princípios reitores de cada sistema, conferindo-lhes a necessária unicidade, coerência e orientação estruturante.

Assim, num sistema inquisitivo, o princípio regente, é o chamado princípio inquisitivo e através dele

---

29 **HEGEL**, G. W. F. Ciencia de la Lógica. Trad. de Rodolfo Mondolfo. Buenos Aires. Solar S.A. / Hachette S.A., 1968.

a gestão probatória está nas mãos do julgador. É ele que investiga, coleta e valora unilateralmente a prova[30].

Por outro lado, num sistema acusatório, o princípio regente é o chamado princípio dispositivo e, por seu intermédio, a gestão probatória encontra-se nas mãos das partes adversárias. O resultado processual é fruto da atividade dialética da acusação e defesa.

Saliente-se, por oportuno, que a alteração legislativa trazida pela Lei nº 13.964 de 2019 (que recebeu o apodo de Pacote Anticrime), introduz no Código de Processo Penal brasileiro a redação do artigo 3-A, dispondo expressamente que o processo penal terá estrutura acusatória, vedadas a iniciativa do Estado-Juiz na fase de investigação e a substituição da atuação probatória do Estado-Acusação.

Com esse dispositivo, não se está, como se possa imaginar, diante da consolidação do sistema processual brasileiro como acusatório, mas sim, diante de uma tentativa de amenizar um conflito histórico no modelo processual brasileiro: a incompatibilidade de uma codificação com viés totalitário com a ordem democrática inaugurada pela Constituição Federal.

O sistema processual brasileiro é acusatório, não pela nova redação do artigo 3-A do Código de Processo

---

30 **LOPES JR.**, Aury. Fundamentos do processo penal: introdução crítica. São Paulo: Saraiva, 2015

Penal, mas porque assim foi estipulado no projeto democrático-constitucional.

A estrutura constitucional brasileira contempla, em seus pilares fundamentais, um conjunto de garantias individuais de índole processual-penal que prestigiam o princípio dispositivo como elemento estruturante da ordem processual.

O problema crucial aqui se encontra na verificação de elementos vestigiais típicos de um regime totalitário ainda fortemente presentes na estrutura processual. E essa influência é tão avassaladora que, inclusive, respeitável doutrina chega a classificar o sistema processual penal brasileiro como inquisitório[31].

Por essa razão, constata-se que a grande questão ultrapassa a identidade conceitual ou mesmo legitimação sistêmica do processo penal brasileiro e, certamente, o problema passa a estar na sua efetividade.

Por essa via, pode-se refletir acerca de algumas questões, como por exemplo: será que no âmbito do inquérito policial é admitida a ampla defesa?

Esse tema é enfrentado de formas distintas pela doutrina, mas, partindo de uma necessária filtragem constitucional, o questionamento deve ser modificado: como negar a ampla defesa, garantia constitucional, no inquérito policial?

---

31 Nesse sentido Salah H. Kaled Jr. e Jacinto Coutinho de Miranda.

Como se deve ler o processo? A partir de uma interpretação retrospectiva ou projetiva? Pra que serve o processo penal? Ou, pra quem serve? O projeto democrático revela o processo penal como uma máquina de punir ou um momento de garantia de equidade e justiça?

A dicção constitucional do artigo 5º, LV da Constituição Federal resguarda aos litigantes, em processo judicial ou administrativo, e aos acusados em geral, o direito ao contraditório e à ampla defesa, com os meios e recursos a ela inerentes.

Nesse ponto, parte da doutrina ingressa numa ginástica hermenêutica para afirmar que o constituinte previu apenas em processo e o inquérito policial ainda não é processo, é mero procedimento. Ou então, restringe a efetividade da garantia aos "acusados", sob alegação de que só após a denúncia ele é acusado.

Ora, é viável a restrição de uma garantia constitucional baseando-se numa interpretação literal e retrospectiva? E a consolidação do projeto democrático?

Doutrina mais contemporânea advoga pelo reconhecimento da garantia de defesa na fase da investigação preliminar, mas adverte: a defesa aí cabe, mas ela não é ampla.

Ora, por mais uma vez, restringir uma garantia constitucional através de uma adjetivação, diferenciando defesa e ampla defesa, contraditório e contraditório diferido?

A discussão resolve-se a partir de uma interpretação projetiva, baseada no escopo de consolidação do projeto constitucional.

Como já debatido, reside no núcleo fundante de cada sistema processual o seu elemento unificador e dele deriva seu feixe principiológico reitor.

Quanto a isso, percebe-se que, por imposição constitucional, o processo penal brasileiro é acusatório, pois regido pelo princípio dispositivo, ou seja, a gestão probatória está na mão das partes.

Pois bem, mas isso, por si só, não afasta os vestígios e a miscigenação de características, comum na evolução histórica em todos os sistemas.

E aqui, na primeira fase da nossa persecução penal, a investigação criminal, verificam-se traços inquisitoriais.

Mas esses traços inquisitoriais justificam-se porque nesse momento endoprocessual, de mera busca de indícios de autoria e materialidade num plano de formação de um juízo recognitivo de probabilidade, a gestão probatória, que se concretiza em níveis indiciários, está temporariamente nas mãos do titular da investigação criminal, qual seja: do delegado de polícia. É ele quem investiga, dirige, coleta as provas e, ao final, realiza um juízo de valor sobre a imputação.

Com efeito, o fato da gestão probatória estar, nesse momento preliminar, concentrada nas mãos de um ator processual com poder decisório não desnatura, em momento algum, a natureza acusatória do sistema processual como um todo.

Trata-se de um momento essencial (apesar de parte da doutrina adotar como característica a malversada dispensabilidade), pois ele se revesta de uma concepção binária, configurando, a um só tempo, um procedimento voltado para a constatação em nível indiciário de um injusto penal e sua respectiva autoria, bem como um momento de resguardo de garantias. Afinal, no dizer acertado de Ferrajoli: o processo penal é a "lei do mais débil"[32].

Então, pode-se falar na admissibilidade de exercício de ampla defesa na fase investigatória?

A resposta que se impõe é positiva, porém o que não se pode comparar é o nível de *standard* probatório em cada etapa da marcha processual.

Nesse sentido, o legislador constitucional, ao consolidar a ampla defesa e o contraditório no escopo democrático, acertadamente asseverou que esse exercício estaria condicionado aos meios e recursos apropriados.

---

32 **FERRAJOLI**, Luigi. Direito e Razão: teoria do garantismo penal. São Paulo: Editora Revista dos Tribunais, 2002

Desta forma, diante da fase investigativa preliminar, onde quem realiza o juízo de recognição dos fatos mirando o campo da probabilidade é o Delegado de Polícia, o exercício dessa garantia não se instrumentaliza em mesmo nível que na fase de instrução processual.

Ora, tome-se como exemplo o fato de quando um policial militar, num confronto, neutraliza mortalmente um agressor e o Delegado reconhece uma causa de justificação, compatível com defesa legítima do artigo 25 do Código Penal.

Ao prestar seu depoimento nesse sentido, o referido policial não estaria concretizando o exercício de sua ampla defesa? Já que, tecnicamente, sobre ele recai uma imputação de homicídio?

De mesmo modo, se no curso da investigação criminal, um determinado suspeito de crime de roubo apresenta a tese de que não estava no local do crime na hora dos fatos, mesmo sendo reconhecido por meio fotográfico pela vítima. Em seguida, faz juntada de um documento comprobatório, uma passagem aérea, comprovantes de estadia no exterior, entre outros. Nesse caso, não se estaria realizando o exercício de seu direito de defesa?

Sim, evidente. Mas a gestão desses elementos indiciários compete, nesse momento endoprocessual, ao titular da investigação criminal, ou seja, ao Delegado de Polícia. Pois ele é o ator processual constitucionalmente incumbido deste mister. Compete a ele coletar vestígios de autoria e materialidade e zelar pelas garantias individuais constitucionalmente previstas para o ordenamento processual.

Por fim, o que realmente vai identificar um sistema processual é seu núcleo fundante: a gestão probatória e seus reflexos a partir da adoção dos princípios inquisitivo ou dispositivo.

Forçoso concluir que, para além da identidade sistêmica do processo penal, talvez o maior desafio seja no sentido de estruturar uma mudança cultural, dotando a persecução penal de instrumentos hábeis a conferir maior efetividade às garantias individuais e afastando componentes autoritários típico do sistema inquisitivo (mais ainda presentes).

I.c. Dupla Funcionalidade da Investigação Criminal – a concepção binária do Estado-Investigador.

O direito processual penal, não obstante sua autonomia e independência enquanto ramo das ciências jurídicas, guarda uma estreita conexão com o direito penal, vez que não se pode olvidar o caráter instrumental do primeiro em relação a este último.

Em sua delimitação operativa, essa acessoriedade do processo penal pode ser claramente percebida como um veio de ligação entre a imputação de um injusto penal e sua correspectiva sanção, posto que se apresenta como um transcurso único e necessário para a efetiva aplicação de um castigo.

E justamente quando se pretende dar concretude a uma reprimenda penal, traduzida como a mais intensa das manifestações do poder estatal no sistema de liberdades públicas, é que se deve refletir acerca dos parâmetros idealizados para a aplicação da pena.

Num plano inicial, o ponto nevrálgico a ser enfrentado pode ser abreviado na seguinte questão: o poder de penar deve ser orientado por um ideal de justiça ou por um ideal de vingança?

Nesse contexto, importa advertir que esse tema, mesmo revestido inicialmente de uma aparência despretensiosa e simplista, desvela um elevado grau de complexidade e exprime uma escolha de aspecto determinante para a convivência social.

Ao enfrentar essa questão, Bettiol[33] afirma que a vingança sempre decorre de um impulso, reflexo de uma emoção que extrapola o limite da razão e, com frequência, mostra-se desproporcional ao dano propul-

---

33 BETTIOL, Giuseppe. Instituiciones de derecho penal y procesal penal. Barcelona: Bosch, 1973.

sor. Acrescenta que, ao contrário disso, o aspecto mais essencial da pena é justamente advir sempre de uma reflexão.

Com efeito, está aí demonstrada a importância dessa decisão para a estruturação de uma sociedade. O parâmetro crucial que recai sobre essa escolha está em decidir se o castigo penal será um produto de vingança e, portanto, baseado num impulso emocional; ou então, num ideal de justiça e equidade, sendo produto da razão e da reflexão.

A evolução história do fenômeno punitivo evidencia bem as flutuações dessa dicotomia entre a vingança e a justiça, bem como as subsequentes repercussões na esfera social.

Desta forma, a partir de um breve exame do direito punitivo, depreende-se que o período de vingança penal imperou de forma soberana desde os primórdios da humanidade até o século XVIII.

Nesse período de vingança, pode-se observar a transposição de diversas etapas, iniciando-se com a vingança privada, típica dos tempos mais remotos e baseada numa reação instintiva e natural a partir de fato delituoso.

Em Totem e Tabu[34], uma das grandes contribuições de Freud à antropologia e à psicologia social, o

---

34 **FREUD**, Sigmund. Totem e Tabu. Rio de Janeiro; Imago, 1996.

pai da psicanálise aborda o mito da horda primeva e da morte do pai na sociedade totêmica, permitindo, a partir de uma retomada de suas reflexões sobre o complexo de Édipo, a ampliação do eixo de percepção de questões afetas à moralidade e religião, na estruturação do tecido social.

Ao desnudar a essência ambivalente do tabu, Freud destaca que ele proíbe aquilo que justamente é (inconscientemente) desejado. Portanto, a partir da violação do (desejo inconsciente) proibido, surge um ideal de vingança, de grande relevo para a compreensão da fenomenologia punitiva, já que se busca evitar que os demais membros da sociedade se comportem como o transgressor.

Em seguida, passando pelo sistema de vingança divina, estruturado a partir da ira sagrada e da confluência das noções de crime e pecado, percebe-se uma clara influência do componente religioso na conformação política das sociedades.

Nesse contexto, segundo Goldkorn[35], a grande preocupação social fundava-se na expiação dos comportamentos pecaminosos e a realização de sacrifícios e provações para abrandar a cólera divina.

---

35 **GOLDKORN**, Roberto B. O. *O poder da vingança*. Rio de Janeiro: Nova Fronteira, 1995.

Aqui se encontra a origem da expressão "bode expiatório", ainda utilizada em larga escala nos dias atuais. Nesse período, era comum escrever seus pecados num pergaminho, amarrá-los a um bode que era solto na vastidão no deserto. Abandonado a própria sorte, o animal vagava até a sua morte, acreditando-se na expiação dos pecados por ele carregados.

Por fim, no período da vingança pública, o poder de penar era exercido a partir da legitimação de uma autoridade pública, hierarquicamente situada no topo da estrutura social.

Percebe-se aqui uma forte influência do direito canônico e uma estrutura punitiva colossal, voltada para a repressão de delitos que atentavam principalmente contra os dogmas religiosos ou contra a autoridade do monarca.

Nessa época, nota-se uma pena ainda inspirada pela legitimação divina, mas com forte viés retribucionista.

Nos julgamentos da época era comum a utilização das ordálias, espécies de provas cabais para revelação de culpa ou inocência de um acusado, como, por exemplo, caminhar sobre uma barra de ferro incandescente e aguardar o resultado por período de dois dias.

Desta forma, o desaparecimento das cicatrizes deixadas nesse breve espaço temporal (mesmo que, por óbvio, fisiologicamente improvável) era considerado um sinal de inocência. Pelo contrário, a permanência das lesões significava a prova sacramental da culpa[36].

É somente a partir do conjunto de transformações vivenciadas pelo século XVIII que a idealização da justiça como elemento balizador da punição ganha um contorno mais nítido.

Por evidente, esse ideal de justiça, que conota a aplicação da sanção penal, estendeu-se, ao longo dos anos, por todos os regimes democráticos atuais.

E, por isso, não cabe aqui divagar sobre eventual hipótese de retorno desse ideal de justiça a um ideal de vingança, mas sim, deve-se estar atento a flutuações do poder de penar que reflitam influências do paradigma vingativo que reinou por muitos séculos na humanidade.

Nessa senda, emerge outra questão extremamente relevante, cujo ponto crucial parte da análise do papel do direito processual penal na sociedade contemporânea como ferramenta instrumental do sistema de justiça criminal.

---

36 **FOUCAULT**, Michel. A verdade e as formas jurídicas. 3° Edição. Trad. Roberto Cabral de Melo Machado e Eduardo Jardim Morais. Rio de Janeiro: NAU, 2003.

Segundo Jeschek[37], o papel do direito penal (e consequentemente o do processo penal) é a proteção da convivência humana em sociedade.

Porém o que se pretende discutir aqui é justamente essa proteção da convivência humana, enquanto papel do direito penal e do processo penal, a partir do pilar estrutural da construção de uma política criminal: a sociedade conflitiva.

Em grande parte, a teoria social vai identificar o conflito através de seus elementos negativos. Por essa via, o conflito para uma sociedade passa a ser sinonimo de caos, desviação, tumulto, desordem, distúrbio[38].

Ocorre que, a partir desta premissa, baseada numa visão exclusivamente negativa do conflito, a conotação que se atribui a uma sociedade conflitiva é de anomalia social.

Ou seja, uma sociedade ordenada é uma sociedade sem conflitos. Portanto, para esse tipo de pensamento, a sociedade somente funcionaria bem a partir de um ideal de ordem.

---

37 JESCHEK, Hans Heinrich. **Tratado de Derecho Penal – parte general.** 4a ed. espanhola. Trad. J. L. M. Samaniego. Granada: Editorial Colmares, 1993

38 Nesse sentido: Thomas Hobbes, Augusto Comte, Herbet Spencer, Vilfredo Pareto, Èmile Durkheim, Talcott Parsons e Robert Merton.

É justamente aí que se inaugura o paradigma da ordem na sociedade conflitiva.

E essa ordem pode ser uma ordem natural, tal qual a da filosofia clássica grega; uma ordem divina, como aquela descrita por filosofia teológica; uma ordem racional, segundo o pensamento kantiano; uma ordem democrática; enfim: sempre uma ordem.

O ponto de consenso no paradigma da ordem reside no fato em que sempre caberá a um estrato social minoritário a missão de definir e regular o que é a ordem.

Desta forma, pelo paradigma da ordem a conflitividade é sempre negativa. Afinal, a ideia matricial é de que uma sociedade ordenada é uma sociedade sem conflito.

Num outro giro, há autores como Dahrendorf[39] e Simmel[40] que irão tratar de funções positivas do conflito.

Por essa linha de entendimento, a conflitividade é inata ao próprio convívio social e sua eliminação estaria no plano meramente utópico. Ademais, refor-

---

39 DAHRENDORF, Ralf. As classes e seus conflitos na sociedade industrial. Brasília: Ed. Universidade de Brasília, 1982.

40 SIMMEL, Georg. Sociologia. Organização de Evaristo de Moraes Filho. São Paulo : Ática, 1983.

çam que o conflito tem um papel fomentador de relevantes transformações no campo social.

Em sua teorização, Simmel forja o conceito denominado sociação (*vergesellschaftung*), que reflete justamente esse atributo positivo da conflitividade na conquista de grandes inovações no processo civilizatório da humanidade.

Grandes conflitividades do passado foram responsáveis pela conquista de direitos e bens coletivos de alto quilate para as sociedades contemporâneas, como, por exemplo, os avanços relativos aos direitos humanos, a proteção do meio-ambiente e às questões de gênero.

Por essa via, a conflitividade passa a ser reconhecida como elemento natural do seio social, agregando-se a ela um conjunto de aspectos positivos, essenciais e propulsores do desenvolvimento das sociedades.

A partir dessa visão, percebe-se que a ideia de conflitividade, por também ser dotada de aspectos positivos, não pode ser contrastada pelo paradigma de ordem.

Quando se instala um determinado conflito e a ele não é imposto qualquer tipo de regulação, sua resolução se dá através da violência, com preponderância do lado mais forte sobre o mais fraco.

E justamente daí nasce a necessidade de uma intervenção, fundada na evitação da resolução desse conflito através da prevalência do mais forte, com subsequente instalação de um cenário violento.

Com bem acentua Ferrajoli[41], deve a lei ser um instrumento de proteção do mais débil.

Assim sendo, esse modelo, fundado na ideia de necessidade de intervenção na conflitividade para bloquear a instalação da violência, denomina-se paradigma da gestão de conflitos.

Reconhecer a importância dessa virada paradigmática, da ordem para a gestão de conflitos, significa ampliar o olhar sobre a essência da conflitividade, identificando seus aspectos negativos e positivos e, por subsequente, propondo uma solução mais efetiva e qualificada.

E esse novo olhar ressignifica a maneira como se deve contextualizar a conflitividade na sociedade contemporânea.

Abandonar, portanto, o paradigma da lei e ordem, que por sua vez trabalha tão somente os aspectos negativos de um conflito, é dar luz ao paradigma da gestão de conflitos, através do qual se passa a contemplar

---

41 FERRAJOLI, Luigi. **Derechos y Garantías – la ley del más débil**. 6a ed. Trad. para o espanhol por P. A, Ibáñez. Madrid: Editorial Trota, 2009.

a conflitividade através da identificação de elementos positivos e negativos, como meio de propulsão natural do desenvolvimento das sociedades.

E quando se passa a reconhecer a conflitividade por seus aspectos positivos e negativos, a resolução de um conflito deve passar necessariamente por um filtro de gestão que não pode desaguar no abuso de autoridade e na violência desmedida.

Com o passar dos tempos, as sociedades tendem a estruturar e sedimentar um sistema institucional de gestão de conflitos. Estes modelos representam níveis estratificados de intervenção nas microrrelações de poder entre o estado e a sociedade.

Há espécies de conflito cuja resolução está fora da esfera de intervenção estatal, como por exemplo, questões afetas ao âmbito familiar.

Outros, a seu turno, encontram resolução em regras afetas à moralidade, eticidade, princípios gerais e costumes, ou seja, em estratos próprios de conciliação.

Com o aumento do grau de complexidade dos conflitos, o Estado passa, cada vez mais, a assumir o protagonismo na sua resolução, através da criação de mecanismos mais institucionalizados de intervenção, como juizados de conciliação, técnicas de mediação, procedimentos administrativos, entre outros.

Por fim, em sua última forma de intervenção, o Estado se apropria do monopólio da violência como meio derradeiro para alcançar o término de um conflito e a pacificação social.

Com efeito, pode-se concluir que, num complexo de ferramentas utilizadas para a gestão de conflitos na sociedade, a forma mais gravosa dessa intervenção, atualmente exercida através da pena, toma corpo pela atuação do direito penal e do processo penal.

A partir dessa visão, nasce a importância estrutural do princípio da *ultima ratio*.

Esse comando geral vai muito além de seu estrato principiológico de garantia processual-penal para assumir o papel de ferramenta técnica essencial ao desenvolvimento das sociedades contemporâneas, na medida em que, de sua natureza, extrai-se a seguinte lição: o Estado, como último recurso na resolução de conflitos, está autorizado a utilizar uma intervenção violenta contra o sistema de liberdades públicas, desde que essa utilização seja excepcional e comprovadamente necessária.

Desta forma, essa ingerência estatal, como último filtro desse sistema de gestão de conflitos, deve estar atenta aos preceitos da *ultima ratio*, a fim de evitar manifestações excessivas do poder de penar ou mesmo uma utilização desarrazoada de instrumentos violentos.

Com efeito, percebe-se que a atuação estatal neste último nível da gestão de conflitos comporta uma autolimitação que deriva do próprio pacto constituinte.

Por força dos mandamentos constitucionais, o Estado titulariza de forma soberana o monopólio da violência, já que a ele compete exclusivamente o poder de penar.

Contudo, o exercício desse poder não é livre, mas sim, como já exposto anteriormente, regrado através do processo penal.

Ao examinar a complexidade de todo esse aparato institucional, Bettiol[42] endossa que o processo penal, por materializar o mais severo instrumento de intromissão do Estado no *status libertatis*, deve, no cumprimento de sua finalidade político-jurídica, atentar para um valor supremo e que nunca pode vir a ser sacrificado: o homem.

E essa é uma questão essencial. Mesmo sendo o último estágio do sistema de gestão de conflitos, mesmo sendo permitida a utilização de instrumentos de coerção, toda a persecução criminal, como caminho único e necessário para materialização do poder punitivo, jamais deve se distanciar de sua razão existencial.

---

42 **BETTIOL**, Guiseppe. Instituciones de derecho penal y procesal. Barcelona: Bosch, 1973.

Afastar-se dessa essência unicamente humana significa, de certo modo, reacender os ideais de vingança que marcaram a execução da pena, retomando um período de barbárie que, por muitos séculos, manchou de sangue a nossa civilização.

Portanto, deve-se atentar para o fato de que uma das inter-relações mais marcantes entre o processo penal e o poder estatal reside justamente no papel de refreamento de seus excessos punitivos.

O Estado, em sua atividade persecutória, tem a obrigação de zelar por preceitos considerados como inalienáveis na ordem constitucional, dentre os quais podem ser citados o devido processo legal, a proibição de tortura ou qualquer forma de tratamento degradante, a inadmissibilidade da prova ilícita, dentre outros.

Esses mandamentos devem ser observados e respeitados ao longo de toda a marcha persecutória, sob pena de subverter o papel instrumental do processo penal num ambiente democrático, transformando-o numa máquina punitiva.

A viabilidade de exercício do poder de penar no último nível de toda essa complexa rede de gestão de conflitos perfaz-se através de variadas instâncias de vigilância e de controle, como, por exemplo, Polícia, Ministério Público, Defensoria Pública, Advocacia, Magistratura, Administração Prisional, entre outros.

E é exatamente nesse contexto em que se torna relevante (re)discutir uma das etapas mais sensíveis da atividade estatal de persecução penal: a investigação criminal.

Por muitos anos, grande parte da doutrina clássica relegou um papel secundário à investigação criminal, inclusive com construções dogmáticas indevidas acerca de suas principais características, como a dispensabilidade, a unidirecionalidade, a impossibilidade de defesa e contraditório, entre outras.

A primeira questão que deve ser ressaltada é que a investigação criminal consiste numa das mais importantes engrenagens de todo esse complexo mecanismo de gestão de conflitos.

É por intermédio da investigação criminal que o Estado-Investigador deflagra, com exclusividade, a sua mais intensa atividade interventiva na esfera de liberdade dos indivíduos.

Pontue-se que essa atuação não está vinculada tão somente a arrecadação de componentes indiciários relativos à autoria e materialidade delitiva.

Aliás, essa lição é reducionista e vem sendo massivamente repetida sob uma perspectiva doutrinária de longa data.

O papel do Estado-Investigador guarda, em sua essência, uma concepção binária, na medida em que, a um só tempo, orienta-se na busca de elementos vestigiais de autoria e materialidade de uma infração penal, bem como, nesse trajeto, deve resguardar um complexo de direitos e garantias fundamentais integrantes do núcleo rígido da ordem democrática.

A investigação criminal representa a porta de entrada, a engrenagem inicial do último estágio do sistema de gerenciamento de conflitos.

Por essa razão, pode-se afirmar que, nesse nível interventivo, o Estado-Investigador assume o papel de primeiro garantidor dos direitos fundamentais dos cidadãos.

E esse atributo, essencial ao funcionamento do sistema de justiça criminal, já foi ressalvado, inclusive, na jurisprudência do Supremo Tribunal Federal, onde, nos autos do HC 84548/SP[43], o eminente Ministro Celso de Melo afirmou que "o Delegado de Polícia é o primeiro garantidor da legalidade e da justiça".

Com grande lucidez, a menção realizada pelo eminente ministro é merecedora de aplausos, pois vem traduzir com precisão o escopo democrático esculpido no pacto constitucional.

O abandono de uma visão reducionista e a necessária legitimação dessa perspectiva dual em relação à atividade do Estado-Investigador torna-se imprescin-

---

[43] Ministro Celso de Melo, STF, HC 84548/SP. Rel. Min. Marco Aurélio. Julgado em 21.06.2012.

dível ao amadurecimento do projeto democrático inaugurado pela Constituição de 1988.

Essa é uma releitura essencial à compreensão dos ideais de justiça, equidade, solidariedade social e dignidade humana, estampados como pilares fundantes do regime político-jurídico vigente.

Tem-se aqui uma condição inafastável da própria instrumentalidade do processo penal, qual seja, o reconhecimento da importância dessa concepção binária do Estado-Investigador.

Negar tal condição significar rejeitar a própria ordem constitucional, permitindo-se a subversão estrutural do sistema de gestão de conflitos e desaguando num ambiente de abuso de poder e de utilização excessiva de mecanismos violentos como meio de imposição de uma sanção criminal.

I.d. Garantismo Penal – construção teórica ou mera rotulação?

A teoria do garantismo penal[44], fruto dos trabalhos de pesquisa do brilhante professor Luigi Ferrajoli, representa, de forma inequívoca, um marco para toda comunidade jurídica.

---

44 **FERRAJOLI**, Luigi. Direito e Razão: teoria do garantismo penal. São Paulo: Editora Revista dos Tribunais, 2002.

Essa formulação teórica tem o condão de despertar um novo olhar sobre a normatividade do direito, a partir da idealização de modelos estruturantes de direito penal e processual penal, voltados para a preservação de todo o sistema de garantias fundamentais frente a odiosas expressões do poder punitivo.

Ademais, representa uma outra face do constitucionalismo moderno, desenhada em prol da construção de um regime verdadeiramente democrático, onde essa rede de proteção de direitos basilares estende-se contra todas as manifestações excessivas de qualquer tipo de poder estatal, seja ele em âmbito nacional ou mesmo global.

Por essa razão, para o estudo das ciências jurídico-penais, torna-se fundamental conhecer os parâmetros conceituais utilizados na construção da teoria do garantismo penal.

A esse fato, somam-se duas outras motivações, especificamente verificadas no cenário processual penal brasileiro, que justificam ainda mais a necessidade de sua análise crítica: a necessidade de realinhamento constitucional do processo penal e a superação de um equívoco sobre a teoria do garantismo.

Num primeiro plano, é importante esclarecer que a toda a sistemática processual penal brasileira carece de uma reestruturação, na medida em que o Código de

Processo Penal foi concebido sob uma matriz ideológica dissociada da nova ordem constitucional.

Não obstante suas diversas alterações, a codificação processual penal brasileira inaugurada em 1941 representa, a bem da verdade, uma reprodução do Código Rocco, editado em 1930 na Itália fascista de Musolinni.

Além disso, pode-se afirmar que as duas legislações processuais têm suas origens marcadas a partir de uma forte e deturpada influência da codificação napoleônica de 1908.

Nessa perspectiva inicial, já é possível identificar algumas questões dignas de ressalva: o que se esperar de um Código de Processo Penal datado de 1941 e com ampla inspiração fascista? O que se esperar de um Código de Processo Penal que foi elaborado para dar operacionalidade a um sistema inquisitivo e servir a um regime autoritário? O que se esperar de um Código de Processo Penal, de matriz ideológica totalitária e que se mostra a todo tempo em conflito com a própria ordem constitucional?

Outro ponto de relevo, reside no fato de que a codificação processual, que já ultrapassa seus oitenta anos de existência, foi submetida a diversas alterações de forma pontual, mas nenhuma delas mostrou-se capaz de vencer essa dicotomia.

Por óbvio, é patente que a base matricial em que foi forjado o Código de Processo Penal não encontra consonância com os ditames trazidos pela nova ordem democrática.

E isso é um grande problema no cenário brasileiro, historicamente marcado por uma grande esquizofrenia legislativa, com significativa repercussão no campo processual-penal.

Todo esse efeito gera uma hipertrofia de mecanismos processuais que surgem totalmente despidos de uma base ideológica, sendo voltados tão somente para uma inócua tentativa de amenizar o clamor público e as insatisfações coletivas.

Não se pode tratar incongruências sistêmicas com modificações pontuais. Há de se considerar que a divergência entre a codificação processual e o posterior desenho constitucional encontra raízes em suas bases político-ideológicas e que estas, por sua vez, são completamente antagônicas.

Por essa razão, ao longo desse trajeto, é preciso dar efetividade às coordenadas ditadas pelo projeto democrático inaugurado pela Constituição Federal ao sistema processo penal.

É preciso retomar, não só no plano teórico, mas também no campo prático, a orientação constitucional e os valores ali expressos como centro gravitacional de toda a ordem político-jurídica.

Uma segunda questão a ser debatida encontra assento na necessidade de superação de um grave equívoco sobre a teoria do garantismo penal.

Particularmente, é interessante aqui ressaltar que esse equívoco, originado a partir da deturpação de toda construção teórica, ganha vulto justamente com base no desconhecimento generalizado sobre o garantismo penal.

No Brasil, é muito provável que a grande maioria dos operadores da área jurídica, em algum momento de sua formação profissional, já tenham ouvido falar em teoria do garantismo penal, sobretudo aqueles que transitam na área criminal.

Contudo, é muito mais provável que esta esmagadora maioria, ao se referir ao garantismo penal, parta de uma concepção equivocada.

Ocorre que há um abismo desmensurado entre o conteúdo teórico dos ensinamentos do professor Ferrajoli e aquilo que se propaga nos corredores forenses.

Para grande parcela da comunidade jurídica nacional, o garantismo apresenta-se, não como uma construção teórica, mas sim como um rótulo, geralmente atribuído a um ator jurídico-processual.

Esse processo de etiquetamento adquiriu uma amplitude desmedida, de modo que, paulatinamente, o garantismo passou a ser visto como uma questão existencial, de ser ou não ser garantista.

A partir de uma análise (superficial, distorcida e empírica) dos processos decisórios tomados ao longo da marcha processual, passou a ser comum taxar certos Magistrados ou mesmo Delegados de Polícia como "garantistas", ou em contraposição, utilizar expressões como "linha dura", "caneta pesada", dentre outras.

A questão é que o tratamento ao garantismo penal no contexto jurídico nacional foi gradualmente sendo vinculado a diversos parâmetros: um rótulo, um atributo pessoal (positivo ou negativo), um estilo decisório.

Enfim a teoria foi reduzida a tudo, menos ao que realmente ela significa: uma concepção teórico-filosófica do direito (e para o direito).

Então, a partir dessa visão turva difundida no Brasil, os atores do processo penal passam a vivenciar um verdadeiro dilema: ser ou não ser garantista, eis a questão!

Por construção analógica, pode-se verificar que essa mesma percepção, turva e reducionista, também ocorre com uma famosa passagem literária do dramaturgo inglês Willian Shakespeare. Trata-se do célere "ser ou não ser, eis a questão", da peça Hamlet.

Ao ouvir essa frase, é comum vir a memória a imagem do protagonista Hamlet segurando a caveira de Yorick, um outro personagem, e proferindo a supradita passagem. E isso é um fato nitidamente integrante do senso comum.

Contudo, quem conhece a obra de Shakespeare sabe que o encontro da caveira de Yorick e a fala de Hamlet ocorrem em atos da peça que são completamente distintos.

Com essa comparação, pretende-se apenas evidenciar um grande defeito, que é muito comum no direito brasileiro, qual seja, a difusão e a replicação de uma teoria (e aqui estamos tratando de uma das mais importantes concepções teóricas), com base na mais completa desinformação e sob grave negligência dogmática e hermenêutica.

No que tange ao garantismo penal, esse quadro tende a ser ainda pior, porque a falsa percepção que recai sobre o seu conhecimento teórico não é exclusiva dos corredores forenses.

Para além disso, essa distorção amplifica-se em decisões judiciais, em pareceres ministeriais, e até mesmo em processos seletivos de concursos públicos.

Com uma certa frequência, encontram-se questões que abordam ou tangenciam o tema do garantismo penal em concursos de ingresso para carreiras da

Magistratura, do Ministério Público, da Defensoria Pública e de Delegado de Polícia.

Como resultado dessa verdadeira onda, essa exigência em concursos públicos ora se apresenta de maneira desvirtuada, com desvios hermenêuticos da maior gravidade que inviabilizam a questão; ou ora cita-se com acertada correção os componentes teóricos, momento em que apenas um grupo seleto de candidatos é capaz de acertar as respostas corretas com exatidão.

Em síntese, a motivação para um estudo centrado na teoria do garantismo penal tem sua importância vinculada a esses dois aspectos iniciais: o necessário realinhamento do processo penal e a superação desse grave equívoco acerca da própria concepção teórica.

É preciso reordenar esse conflito ideológico entre um sistema processual de matriz autoritária e uma ordem constitucional democrática, fundada na limitação do poder punitivo estatal e respeito a um núcleo mínimo de garantias.

Noutro giro, tem-se o problema brasileiro de enxergar o garantismo penal como um rótulo e não como uma concepção teórica. O fato de reconhecer esse defeito e readequar essa questão interpretativa não significa uma submissão automatizada à teoria do garantismo penal.

Pelo contrário, sendo ela uma teoria jurídica, deve sim ser objeto de críticas, desde que numa perspectiva construtiva, identificando seus erros, seus acertos e sua efetiva aplicabilidade prática.

Sob ponto de vista intelectual, é preciso dizer que a obra Direito e Razão[45] é sem dúvida uma preciosidade do professor Luigi Ferrajoli.

Particularmente, em qualquer alusão à essa obra, recordo-me das lições dadas pelo professor Roberto Bergalli, na Universidad Buenos Aires, o qual considera Direito e Razão um verdadeiro marco intelectual nas mesmas proporções da obra Dos Delitos e das Penas[46], escrito por Beccaria, em 1764.

A obra Direito e Razão tem cerca de mil páginas e divide-se em cinco grandes partes, onde inicialmente Ferrajoli passa a dar tratamento a epistemologias, equacionando a topografia entre a razão e o direito penal, para somente depois mergulhar na construção de uma teoria para o garantismo penal.

Ao postular, em sua tese, as chamadas condições de globalização, típicas do pensamento pós-moderno, Ferrajoli passa a analisar o ideal de democracia e as fórmulas de racionalidade que sustentam esse ideal.

---

45 **FERRAJOLI**, Luigi. Direito e Razão: teoria do garantismo penal. São Paulo: Editora Revista dos Tribunais, 2002.

46 **BECCARIA**, Cesare. Dos Delitos e das Penas. São Paulo: Martin Claret, 2001.

Nesse caminho, enfrenta os problemas das sociedades pós-industriais e pós-coloniais, verificados a partir da consolidação do sistema capitalista global, que foi gradativamente impondo sua dominação, ou sua razão, com base no discurso neutro de uma economia livre e de mercado.

Analisa também alguns fenômenos daí decorrentes, como a doutrina de segurança nacional, a legitimação das emergências penais e as variações da intervenção punitiva do Estado, contribuindo para a criação de um paradoxo entre capitalismo e democracia.

Com base nessas reflexões, Ferrajoli passa a realizar uma análise dos sistemas penais ocidentais, a luz de uma teoria argumentativa que busca valorar a real efetividade dos direitos humanos.

No primeiro capítulo, tem-se uma reflexão especulativa acerca do papel da busca da verdade enquanto eixo processual legitimador da pena, que representa, em última instância, a expressão final da intervenção punitiva do Estado.

E aqui a proposta de Ferrajoli se debruça na busca de uma da verdade enquanto norte, vinculada a democraticidade do processo e ao exercício da intervenção punitiva através de sistema composto por um núcleo estrutural de garantias.

No segundo capítulo, o ilustre professor se dedica ao estudo das teorias justificacionistas e abolicionistas do Direito Penal. Nesse momento, faz uma reflexão acerca de questões relativas à fundamentação e à argumentação no estabelecimento de critérios racionais para a intervenção punitiva, evitando a injustiça nos processos de criminalização.

Já no terceiro capítulo, faz referência à construção de um direito penal próprio de um Estado de Direito, buscando estabelecer critérios de racionalidade com base nas correntes filosóficas que desembocam na teoria do direito, considerando suas perspectivas analíticas e hermenêuticas.

Busca solidificar a noção de direitos humanos num cenário da sociedade pós-capitalista, através do estabelecimento de um diálogo democrático, que leve em consideração a diversidade dos atores sociais individual e coletivamente considerados.

No quarto capítulo, Ferrajoli traça um estudo sobre o direito punitivo italiano, identificando as contradições geradas no Estado de Direito, diante das chamadas emergências penais, legitimadas a partir do discurso de combate ao crime organizado e outras formas de manifestação de violência.

Analisa-se aqui a instauração do regime de exceção penal como uma característica marcante e inevitável da ruptura do estado democrático de direito, a partir da verificação de ações como a criação de tipos abertos, criminalização de formas de participação, entre outros.

Já no campo processual, identifica nesse mesmo contexto a inversão do ônus probatório, a violação da presunção de inocência e o recrudescimento na permissividade de atos coercitivos por parte dos órgãos do sistema de justiça criminal.

Por fim, no quinto capítulo, Ferrajoli passa a expor as bases de sua teoria do garantismo penal. Uma proposição baseada num estado de direito que se legitima a partir do respeito à lei.

Segundo Ferrajoli, a concepção teórica do garantismo penal assume três significados de relevo: o garantismo como modelo de direito, o garantismo como uma teoria do direito e o garantismo como uma filosofia política.

Torna-se imperioso salientar que a matriz teórica do garantismo penal tem uma forte ligação com a limitação do poder punitivo estatal e a tutela dos direitos fundamentais.

Nesse sentido, a proteção dos direitos fundamentais, enquanto uma decisão política essencial que marca a legitimação democrática do poder popular e sua transferência para o Estado, constitui o fundamento existencial do próprio direito.

Por essa visão, a teoria do garantismo penal resgata e valoriza a ordem constitucional como verdadeiro epicentro do sistema jurídico. E é justamente dessa ordem constitucional que emana um núcleo mínimo e irredutível de garantias, hábil a estruturar todo o sistema jurídico.

A Constituição, portanto, é a fonte legitimadora do poder estatal, cujo limite interventivo materializa-se pela consolidação de um sistema de direitos e garantias fundamentais.

A partir da legitimação desse núcleo básico de garantias, bem como considerando as relações entre o indivíduo e o Estado, Ferrajoli desenvolve quatro postulados acerca do papel dos direitos fundamentais.

Em seu primeiro postulado, é realçada a consolidação de direitos fundamentais numa perspectiva de representação dos interesses e expectativas da coletividade, cuja origem remonta à convergência para o Estado das distintas titularidades em nível individual de cada parcela de poder.

No segundo postulado, propõe que os direitos fundamentais têm caráter supranacional, na medida em que decorrem de um ajuste plurilateral e recíproco, firmado na ordem internacional.

Por sua vez, o terceiro postulado trata da correlação entre direitos e garantias.

Nesse entendimento, os direitos fundamentais são garantias primárias, que nascem das expectativas positivas ou negativas do indivíduo em relação ao Estado. A partir de eventual violação dessas garantias primárias, nascem as garantias secundárias, materializadas pela imposição de uma reparação ou aplicação de uma sanção judicial.

Por fim, o quarto postulado apresenta uma diferenciação estrutural entre diretos fundamentais e direitos patrimoniais.

Nessa senda, os direitos fundamentais estariam vinculados a toda uma classe de indivíduos e os direitos patrimoniais estariam vinculados tão somente a seus titulares.

Com base nessa diferença estrutural entre direitos fundamentais e direitos patrimoniais, Ferrajoli retorna à teoria do direito, a partir de uma revisão do direito positivo (neopositivismo).

Nesse momento, conclui que os direitos fundamentais são, em sua essência, indisponíveis, inalienáveis, imprescritíveis, invioláveis, intransigíveis e personalíssimos.

Por outro lado, os direitos de cunho patrimonial são disponíveis por sua natureza, negociáveis e alienáveis.

Assim, ao contrário dos direitos patrimoniais que se vendem, se permutam e se cedem, os direitos fundamentais são inegociáveis.

Desta forma, não se pode vender ou trocar a vida, a liberdade, o direito ao devido processo legal, entre outros.

A indisponibilidade destes direitos fundamentais impede que interesses políticos ou econômicos violem esse núcleo rígido de garantias.

Por consequência, esse status de intangibilidade assume um importante papel no direito penal e no processo penal.

Desta forma, a necessidade de reconhecimento, respeito e proteção dos direitos fundamentais de natureza processual penal constitui um dos grandes pontos temáticos na estruturação da teoria do garantismo penal.

Há uma forte interligação entre a concepção teórica do garantismo penal com a limitação do poder punitivo do Estado.

A partir desta percepção, o processo passa a ser visto também como um instrumento de garantias. Para Ferrajoli, o processo penal também constitui um limite à dominação do Estado, na medida em que a lei constitui um instrumento de proteção do mais débil.

No mesmo sentido, Pedro Aragoneses Alonso[47] pontua que, no âmbito processual penal, o Estado tem o dever de resguardar o próprio delinquente, na medida em que essa proteção é fundamental para o livre desenvolvimento de sua personalidade, que reflete uma das funções inerentes à justiça.

Nessa linha de raciocínio, a tutela penal pode ser dividida em dois momentos distintos.

Num primeiro estágio, que corresponde ao momento de ocorrência do fato punível, a tutela penal deve ser direcionada à vítima, vez que esta titulariza um bem jurídico sob espectro de proteção penal, que foi colocado em estado de perigo ou efetivamente violado por um comportamento juridicamente reprovável.

Num segundo estágio, e aqui estamos tratando da persecução criminal, a tutela penal deve ser dirigida ao imputado, na medida em que ele se encontra numa posição passiva em relação à atividade punitiva estatal, devendo, ao longo desse trajeto, ser reconhecido e respeitado todo o seu complexo de direitos e garantias impostos pela ordem jurídica.

Esse sistema de proteção jurídico processual-penal, que naturalmente decorre do respeito a um núcleo mínimo de garantias, foi estruturado por Ferrajoli num

---

47 ARAGONESES ALONSO, Pedro. Instituciones de derecho procesal penal. Madri: Rubi Artes Gráficas, 1984.

conjunto de dez axiomas, sendo seis deles ligados ao campo penal e quatro afetos ao âmbito processual.

Desta forma, no campo penal estão os postulados *nulla poena sine crimine, nullum crimen sine lege, nulla lex (poenalis) sine necessitate, nulla necessitas sine injuria, nulla injuria sine actione, nulla actio sine culpa*.

Por sua vez, no cenário processual estão os axiomas *nulla culpa sine judicio, nullum judicium sine accusatione, nulla accusatio sine probatione, nulla probatio sine defensione*.

Importa aqui ressaltar que todos esses axiomas podem ser facilmente identificados em princípios básicos integrantes da ordem jurídica penal e processual, senão vejamos: princípio da retributividade da pena em relação ao delito, princípio da legalidade, princípio da necessidade, princípio da lesividade ou da ofensividade, princípio da exteriorização da ação, princípio da culpabilidade, princípio da jurisdicionalidade, princípio acusatório, princípio do ônus da prova e princípio do contraditório ou da defesa.

A par desta estrutura principiológica, cada sistema processual-penal pode ser aferido em níveis máximos e mínimos de afetação.

Nessa aferição, Ferrajoli identifica a tendência de um sistema processual-penal, baseado em dois modelos antagônicos, por ele denominados de direito penal máximo e direito penal mínimo.

Por essa diretriz, o sistema do direito penal máximo preocupa-se em punir todos os culpados, mesmo que à custa da injusta punibilidade de um inocente.

A seu turno, pelo sistema do direito penal mínimo, nenhum inocente deve ser punido, mesmo que à custa da impunibilidade de um culpado.

Desta forma, para um sistema de direito penal mínimo, a imposição de uma sanção penal a partir de um fato punível só é devida se comprovada processualmente.

Para alcançar essa finalidade, esse sistema prestigia garantias como a presunção de inocência, o devido processo legal, a ampla defesa, o contraditório, a proteção da cadeia de custódia probatória, entre outras.

Em oposição, um sistema tendente ao direito penal máximo golpeia, mitiga ou afasta essas garantias processuais, já que persegue a qualquer custo a punição de todos os culpados, mesmo que isso implique na injusta punição de inocentes.

Num outro aspecto, impõe-se atentar para algumas inovações doutrinárias acerca da teoria do garantismo penal, tal qual desenhada pelo professor Ferrajoli.

Dentre elas, ganha corpo na doutrina o chamado garantismo integral e o garantismo hiperbólico monocular.

Há, portanto, uma parte emergente da doutrina[48] que defende que o garantismo penal de Ferrajoli comporta uma classificação em garantismo positivo e garantismo negativo, cuja divisão seria extraída de acepções princípio da proporcionalidade.

Nessa linha, o garantismo negativo seria fundado na proibição do excesso, atuando na limitação do poder estatal sobre o indivíduo.

Já o nominado garantismo positivo seria então aquele que decorre do mandamento da proibição da proteção deficiente, pautado no dever do Estado em proteger os direitos fundamentais da ação de terceiros.

Desta forma, o sistema de proteção dos direitos fundamentais não seria somente baseado na proibição do excesso (übermassverbot), mas também numa proteção sobre a omissão do Estado (untermassverbot).

A partir daí, uma outra corrente tem trabalhado uma crítica a esse garantismo chamado de integral (positivo e negativo), sob justificativa de estar havendo uma hipervalorização apenas da proibição do excesso (garantismo negativo), o que levaria ao reconhecimen-

---
48 **SAYEG**, Ricardo Hasson, Tese de livre docência em direito econômico depositada na PUC-SP.

to de um denominado garantismo hiperbólico monocular.

Por essa razão, ele seria um garantismo hiperbólico por estar sendo excessivamente ampliado e seria monocular, na medida em que tão somente voltado para a proteção do imputado, o que, por essa concepção, poderia fomentar a impunidade.

Com devida vênia à democratização do ensino e pelos anos de trabalhos de pesquisa científica no campo da produção de conhecimento, acertada a posição de Lênio Strek, ao mencionar que essas concepções emergentes estão mais próximas de uma "concursocracia" do que de uma variação dogmática da teoria do garantismo penal.

E tal fato pode ser comprovado, porque esse tema somente ganhou relevo quando passou a figurar em provas de concurso público, notadamente para ingresso nas carreiras do Ministério Público Federal.

A meu ver, trata-se de uma construção sedutora em tempos de instabilidade democrática que vem para subverter uma das maiores construções teóricas no campo das ciências jurídicas: a teoria do garantismo penal de Ferrajoli.

Deve-se atentar inclusive ao seu viés eminentemente utilitarista, que pode estar vinculado a um interesse na ampliação de instrumentos de repressão e suavização do clamor social contra o mito da impunidade.

A violência e a criminalidade são fenômenos sociais complexos e o direito penal e o processo penal não detêm, por si só, a capacidade de oferecer soluções instantâneas, mágicas ou imediatistas.

Para reflexão, oportuno replicar este pequeno (mas poderoso) trecho da fala do professor Ferrajoli, no 2º Seminário Internacional de Ciências Criminais, realizado em 17.10.2013, na Escola da Magistratura do Estado do Rio de Janeiro: "o que dizer sobre os genocídios e as guerras? O que dizer sobre os flagelos da fome, da sede e das doenças? O que dizer sobre a vilania das devastações ambientais e do mercado financeiro sem regras? Todas essas atrocidades, frutos do anarcocapitalismo contemporâneo, causam danos muitos mais graves do que todos os delitos atualmente punidos pela Justiça Penal."

Esse pensamento reflete não só a genialidade, mas também a sensibilidade do professor Luigi Ferrajoli, ao convidar toda a comunidade jurídico-científica a repensar o papel do direito penal e do processo penal na nova ordem global.

TÍTULO II
INVESTIGAÇÃO CRIMINAL E SELETIVIDADE PUNITIVA – DISCURSOS PENAIS NA GESTÃO DIFERENCIADA DA CRIMINALIDADE

TÍTULO II

INVESTIGAÇÃO CRIMINAL E SELETIVIDADE PUNITIVA – DISCURSOS PENAIS NA GESTÃO DIFERENCIADA DA CRIMINALIDADE

II.a. Expansionismo Penal e Segurança Pública – o direito de emergência na sociedade do medo

No cenário global, sobretudo na grande maioria das democracias ocidentais, uma das principais agendas do debate político reside na questão da segurança pública.

Numa perspectiva mais realista, um olhar atento ao tema segurança pública, a bem da verdade, pode ressignificar o próprio ideal de segurança como sendo o medo de um estado de insegurança coletivo, fruto do recrudescimento da criminalidade e de uma expansão desenfreada da violência.

Neste aspecto, a compreensão da violência, enquanto fenômeno social multifatorial, apresenta-se como um parâmetro imprescindível para a elaboração e o planejamento de políticas públicas voltadas para o efetivo combate da criminalidade.

Entretanto, o que de fato se percebe de modo geral é a contínua retroalimentação de um sistema ineficaz no campo da segurança, baseado na apresentação de soluções instantâneas, reducionistas ou fantasiosas.

E é justamente nesse ambiente que o denominado expansionismo penal ganha projeção como um de seus principais fenômenos.

O expansionismo penal conduz toda a sociedade a um cenário ilusório, o qual, por via transversa, acaba por fomentar paulatinamente a adoção de medidas restritivas de garantias individuais e a supressão de direitos fundamentais, tão arduamente conquistados ao longo do processo histórico.

Com o advento dos Estados Democráticos de Direito, operou-se uma alteração na conformação político-jurídica da ordem mundial, consolidada a partir da fiel observância aos preceitos de liberdade, igualdade e fraternidade, como pilares estruturantes da nova organização social.

Esse marco, para além de representar uma drástica ruptura com os ideais tipicamente arbitrários que imperavam nos Estados Absolutos, reconhece a soberania popular como o poder legítimo e hábil a ordenar esse novo sistema, que guarda como elemento nuclear o respeito à dignidade humana.

Nesse sentido, é precisa a lição de Canotilho[49], ao afirmar que o Estado constitucional deve ser estruturado numa perspectiva de Estado democrático, o que significa ressaltar que a ordem de domínio instituída deve, antes de tudo, ser legitimada pelo próprio povo.

Desta forma, os Estados ditos democráticos tem, como ponto comum, o respeito a esse conjunto de garantias e direitos individuais, o qual, além de representar uma das mais importantes decisões políticas de formação do pacto constitucional, estabelece um dever de abstenção do Estado no que toca aos bens jurídicos e valores considerados mais importantes para a convivência social, como a vida, a liberdade, a incolumidade física e mental, a intimidade, a propriedade, entre outros.

---

49 **CANOTILHO**, Joaquim José Gomes. Estado de direito. Lisboa: Gradiva, 1999.

Aliado a essa ideia de um conjunto de bens e valores individuais, objetos de um dever negativo do Estado em relação a cada um de seus indivíduos, emerge a estruturação dogmática do direito penal enquanto ciência, cujo discurso legitimador está direcionado a fornecer proteção aos bens jurídicos mais relevantes de um ordenamento normativo.

Essa concepção (quase que mitológica) é repassada como mantra na formação inicial dos estudiosos de direito, despida de qualquer elemento crítico.

Aqui, estabelece-se um verdadeiro dogma, um axioma legitimador da própria razão de ser do direito penal, que, baseado nesse fundamento, passa a estabelecer um conjunto de normas proibitivas e penas, como o mais severo meio de intervenção do Estado no sistema de liberdades e garantias individuais de seus cidadãos.

A simples observação da expressão política e real do Direito Penal, nos mais diversos cenários históricos, nos transporta para muito além desse discurso sedutor (de mero protecionismo dos bens jurídicos mais importantes) e revela, sob ponto de vista crítico, a utilização do Direito Penal, por vezes, como instrumento de dominação e manipulação social.

Sob esse prisma, desvela-se uma cultura distorcidamente punitivista, direcionada à perpetuação das relações de poder, do ganho de capital político e de manutenção do controle social.

Nessa linha, Foucault[50] explica que o sistema de justiça criminal e sobretudo o direito penal assumem um papel importante no funcionamento da engrenagem econômica e social, na medida em que a pena adquire o status de mais rigoroso instrumento de reação oficial contra toda a sorte de turbulências na ordem instituída.

Por essa razão, torna-se relevante pontuar esse desacerto no objeto da proteção penal. Essa visão míope e unidirecional da atuação do direito penal, tão única e exclusivamente voltada à proteção dos bens jurídicos de maior relevo no ordenamento.

No campo da sociologia criminal, Zaffaroni[51] assevera que esse discurso, tão intensamente replicado na América Latina é falso, vez que fatores como a seletividade penal, a reprodução da violência, a corrupção institucionalizada, a concentração de poderes e a segregação social constituem aspectos estruturais do exercício do próprio poder punitivo.

Dentre seus efeitos naturais, a crescente hipertrofia de um aparato legislativo penal, associada a um

---

50 **FOUCAULT**, Michel. Vigiar e punir. Petrópolis: Vozes, 1977.
51 **ZAFFARONI**, Eugenio Raúl. Em busca das penas perdidas. Buenos Aires: Revan, 2010.

modelo emergencial como método de abrandamento do clamor social e, por evidente, baseado num direito penal de autor, constituem provas cabais do desacerto deste discurso, ou mesmo de seu descrédito enquanto suporte epistemológico.

A segurança pública, enquanto consectário lógico do bem-estar social, é frequentemente apresentada como justificativa do endurecimento penal nas sociedades democráticas atuais.

No campo político, principalmente em nome da defesa da lei e da ordem, é cada vez mais comum a adoção de punições mais severas e até mesmo a proposição de medidas claramente contrárias à noção de dignidade humana, como por exemplo, a castração química de delinquentes sexuais, como forma de ampliação do capital eleitoral.

Nesse contexto, esse manejo deturpado do direito penal, ora apresentado como solução mágica e instantânea de toda a problemática que envolve a violência e a criminalidade, traduz-se numa ameaça frontal ao sistema democrático.

Na acertada visão de Ferrajoli[52], esse fator constitui uma grave e inquietante contradição aos regimes democráticos, na medida em que, a partir de uma en-

---
52 **BASILICO**, Ricardo. **FERRAJOLI**, Luigi. **TORRES**, Sergio Gabriel. **ZAFFARONI**, Eugenio Raul. La emergência del miedo. Buenos Aires: Ediar, 2013.

grenagem de fundo político, tende-se a correlacionar três elementos: medo, direito penal e consenso coletivo.

Dessa forma, o medo desse estado de insegurança, a crescente utilização de mecanismos do direito penal e a incessante tentativa de coaptação do consenso coletivo passam a exercer uma função referencial no ideal de segurança pública.

Uma vez direcionada à crescente onda de criminalidade e violência, a arquitetura do medo torna-se combustível político para abrandamento do clamor popular, sempre a partir da utilização indevida de instrumentos do direito penal.

Uma vez deflagrada, essa percepção de medo e insegurança tende a ser amplificada no contexto social pelos mais diversos meios de comunicação, com destaque para a televisão e redes sociais, que passam a se comportar como verdadeiras "fábricas de medo".

Desta forma, o medo vai crescendo na mesma proporção e velocidade de divulgação das notícias, nem sempre verdadeiras, pelos noticiários e demais fontes de disseminação.

A essa construção política, baseada na difusão do medo e na idealização da repressão penal como fórmula mágica de sua solução, Salas[53] denominou de populismo penal.

Pode-se dizer que qualquer estratégia em termos de segurança pública que tende a alcançar de forma demagógica o consenso popular, como meio transverso de refreamento da criminalidade e da violência através do direito penal é uma expressão do populismo penal.

Na América Latina em geral, esse sistema tem sido utilizado em larga escala.

No Brasil, por exemplo, basta perceber que, desde a promulgação da Constituição Federal de 1988 até os dias atuais, foram editadas quase uma centena de leis penais extravagantes, bem como implementados diversos novos tipos penais, com uma franca expansão do direito penal em seu viés altamente repressivo, sem que houvesse qualquer melhoria efetiva e real na diminuição da criminalidade.

Com isso, basta eclodir um caso pontual da violência urbana, como, por exemplo, um latrocínio de um turista estrangeiro, numa parte nobre da cidade, cuja autoria se atribui a adolescentes "infratores".

Não que isso não constitua um fato de alta gravidade, pelo contrário, estamos diante de uma situação de elevada periclitação da segurança coletiva.

---

53 SALAS, Denis. La volonté de punir. Essai sur le populismo penal. Paris: Hachette, 2005.

Contudo, deve-se aqui analisar o comportamento do populismo penal e seus mecanismos de perpetuação da sociedade do medo.

Pois bem, esse fato típico (e não menos grave) da violência urbana recebe ampliação através dos meios de comunicação em massa e logo causa imensa comoção social.

A coletividade, incutida pelo temor e pela propagação do medo, logo clama por uma resposta imediata, diante da necessidade de alcance de um estado de paz social.

É justamente nesse momento que o capital político manuseia esse medo e apresenta medidas de endurecimento penal como forma de solução instantânea e eficaz.

Aproveitando-se da efervescência desse clamor social, opera-se uma hipertrofia no campo legislativo penal, com medidas de "endurecimento" que, muitas das vezes, atentam contra as garantias e direitos individuais estabelecidos pela própria constituição.

Nesse ponto, identifica-se o efeito mais sombrio do populismo penal, no sentido de tentar desgastar o tecido social sobre o qual se funda e se legitima o próprio Estado de Direito e o princípio democrático.

Esse fenômeno de agigantamento do direito penal que emerge, não como herança do desmonte de regimes totalitários, mas sim, em pleno vigor democrárico, recebe a denominação de expansionismo penal[54].

A franca ampliação dos tipos delitivos, a criação de novos bens jurídico-penais, a antecipação da proteção penal e o gradativo endurecimento das penas são frequentemente apresentados, num cenário emergencial e alimentado pelo medo coletivo, como os únicos instrumentos capazes de restaurar a segurança e a paz social.

A atividade propulsora do expansionismo penal, caracterizada por forte pressão social fomentada pelo medo, conduz a um estado legislativo de emergência que, de modo imediatista, generalizado e desprovido de qualquer preocupação com os parâmetros de proporcionalidade, desnatura a lógica do próprio sistema penal.

Sob pretenso (e falso) argumento de restauração imediata do estado de segurança, os mecanismos do expansionismo penal, a seu turno, desconsideram pilares básicos do direito penal, como, por exemplo, os princípios da legalidade, da intervenção mínima, da culpabilidade, da humanidade da pena, dentre outros.

A relativização desses princípios estruturais enseja a desconstrução de uma política criminal democráti-

---

54 **SÁNCHEZ**, Jesús-Maria Silva. A expansão do direito penal. São Paulo: Revista dos Tribunais, 2002.

ca e desagua num inevitável estado de afastamento das garantias estabelecidas no plano constitucional.

Dentre os principais aspectos do expansionismo penal, destacam-se o tratamento de uma situação fática comum como sendo de excepcional gravidade, a amplificação do medo de insegurança para obtenção de aprovação coletiva, a inovação em escala emergencial no ordenamento penal sem preocupação com sua lógica sistêmica e o objetivo centrado unicamente no aumento da sensação de segurança coletiva.

Esse movimento legislativo, desprovido de qualquer compromisso com o real efeito da inovação penal em produzir uma efetiva redução da incidência criminal, assume um caráter meramente aparente, dando origem ao conceito de direito penal simbólico[55].

A sistematização de um direito penal simbólico, cujo objetivo maior é centrado na obtenção de um efeito tranquilizador no corpo coletivo, a partir da introdução de mecanismos penais que se distanciam dos preceitos constitucionais, constitui franca violação e desrespeito ao humano.

Com razão, Bacigalupo[56] acentua que toda e qualquer atuação estatal encontra-se vinculada, de modo

---

55 **DIEZ RIPOLLES**, José Luis. A política criminal na encruzilhada. Porto Alegre: Livraria do advogado, 2015.
56 **BACIGALUPO**, Enrique. Manual de derecho penal. Bogotá: Temis, 1994.

indissociável, ao respeito à dignidade humana, de tal forma que nem mesmo o eventual cometimento de um delito é capaz de provocar o afastamento desse postulado.

Na mesma direção, Roxin[57] pontua que, ao mesmo tempo em que o Estado deve promover a prevenção de delitos por meios adequados, também deve observar os limites para sua atuação, evitando-se, assim, uma manifestação excessiva do poder de penar através de intervenções abusivas e violadoras de direitos.

Portanto, essa aproximação ilusória entre medo, direito penal e segurança pública há de ser rejeitada, na medida em que a verdadeira solução de combate à criminalidade e à violência opera no plano pré-penal.

Medidas de significativo impacto na redução da violência criminal materializam-se através da ampliação de políticas sociais, como educação, emprego, desenvolvimento e assistência social, dentre outras.

Ou seja, para além de políticas estritamente penais, deve-se optar por políticas de cunho social; para além de políticas de repressão, deve-se optar por políticas de inclusão.

---

57 **ROXIN**, Claus. Derecho penal. Parte general. Tomo I. Madrid: Civitas, 2001.

Assinala Carrara[58] que a insana convicção de que o sistema punitivo tem a missão de aniquilar todos os delitos da face da terra pode conduzir o direito penal a um panorama de idolatria ao terror e à opressão.

É inegável que a agenda da segurança pública constitui um dos principais eixos temáticos nas democracias modernas.

Com maior amplitude nos países da América Latina, o assombroso crescimento dos índices de violência urbana, gerados a partir de uma criminalidade desenfreada, põe em xeque as políticas de segurança e alimentam a construção da sociedade do medo, uma vez que toda a coletividade anseia por um estado de paz social.

Entretanto, esse medo, alimentado e manipulado por um sistema social altamente desigual (e que talvez pretenda se perpetuar como tal), desestrutura as relações humanas, aumenta as tensões sociais, gera fanatismos, xenofobias, setorizações, ódios e desconfianças. E tudo isso conduz a sociedade a um retrocesso, a um estado de selvageria e de ausência de civilidade.

Essas políticas miraculosas, base de atuação do populismo penal (como fração do populismo político), além de altamente demagógicas, tem a função obscura

---

58 **CARRARA**, Francesco. Programa de derecho criminal. Bogotá: Temis, 1996.

de desviar a atenção da população e impedir uma reflexão crítica acerca dos compromissos estabelecidos no pacto constitucional, voltados para a redução da desigualdade e da construção de uma sociedade livre, justa e solidária

Nesse cenário, o expansionismo penal assume o auge de um abjurante protagonismo, recorrentemente apresentado como solução eficiente e instantânea para o caos, a desordem social e para todo o mal que possa afligir a sociedade.

II.b. Antidrogas, Antiterror e Anticorrupção – o etiquetamento na construção mitológica da figura do inimigo

Nas últimas décadas, o campo de enfrentamento da violência e da criminalidade vivenciou no cenário mundial a ascensão de três grandes discursos penais contemporâneos: o antidrogas, o antiterror e o anticorrupção.

Em primeiro lugar, uma breve análise destes discursos apresenta grande utilidade para a compreensão dos rumos da política criminal e do sistema de justiça, bem como seus respectivos desdobramentos no direito penal e no processo penal.

Num segundo momento, pretende-se também desvelar um caminho para o conteúdo epistemológico de uma criminologia global, cabendo-se aqui registrar as devidas homenagens aos professores Waine Morrison[59], Luigi Ferrajoli[60] e Eugenio Raúl Zaffaroni[61], pelas brilhantes contribuições de seus trabalhos de pesquisa.

Num panorama mundial, mesmo com o aclamado "triunfo" do liberalismo no campo político e da gradual consolidação dos regimes democráticos, torna-se fundamental refletir sobre o impacto desses discursos penais na atual estruturação do sistema punitivo.

Olhando-se para o passado, como por exemplo no sistema punitivo de dois mil anos atrás, os seres humanos crucificavam outros seres humanos. Há menos de quinhentos anos, os seres humanos enforcavam, guilhotinavam e queimavam outros seres humanos.

Então, essa compreensão que recai sobre arquitetura do método punitivo é de fundamental valia, cabendo aqui as seguintes reflexões: por que em pleno século XXI os seres humanos colocam outros seres humanos em jaulas? E nos séculos futuros, como será?

---

59 **MORRISON**, Waine. Criminología, civilización y nuevo orden mundial. Barcelona: Anthropos, 2012

60 **FERRAJOLI**, Luigi. Direito e Razão: teoria do garantismo penal. São Paulo: Revista do Tribunais, 2002.

61 **ZAFFARONI**, Eugenio Raúl. Un replanteo epistemológico em criminologia. ACIPAL, 2007.

Tal questão, que a princípio pode até ser considerada uma provocação, adquire outros contornos, quando se fixa um olhar mais atento para a evolução histórica do castigo penal.

Ao longo de sua história, o direito punitivo já experimentou a forca, a guilhotina, a fogueira, o apedrejamento, o desmembramento, o desterro e o fuzilamento, dentre outros.

No cenário atual, não obstante a grande parte dos países democráticos adotar, de forma predominante, o enjaulamento como forma de manifestação do castigo penal, há ainda aqueles que praticam a pena capital, a partir de um processo de execução (segundo eles, "cientificamente mais humanizado") por injeção letal ou cadeira elétrica.

Quando, por exemplo, nossas lentes se voltam para o sistema punitivo medieval, é claramente perceptível uma simbiose entre crime e pecado, frutos da desobediência a um comando de justificação divina, que carreia para a noção de crime a ideia de descumprimento de um comando proibitivo que viola, a um só tempo, as ordens do real e do divino.

Desta forma, o castigo penal à época aplicado, seja ele a forca, a guilhotina ou a fogueira, encontra respaldo no contexto social a partir da idealização de um inaceitável parâmetro humano, qual seja, o de pecador.

Nesse contexto, a justificação do poder punitivo e, por consequência, o método do castigo encontra amparo na necessidade de proteção das ordens religiosa e real, que, por sua vez, representam os interesses das castas dominantes na conformação da própria estrutura social.

Ao examinar o poder de penar das sociedades medievais, Zysman[62] acentua que essa marcante influência dos dogmas religiosos foi determinante não só para a estratificação social do período, mas também para a própria arquitetura da persecução penal, que considerava, dentre os delitos de maior gravidade, justamente aqueles que atentavam contra o sistema religioso (blasfêmia, bruxaria, heresia ou ateísmo) ou aqueles de lesa-majestade (crimes contra a pessoa do rei, seus familiares ou contra a estrutura do Estado).

Nesse ambiente, o ritualismo penal caracterizava-se pelo suplício do corpo do condenado que, a seu turno, detinha uma importante função jurídico-política, voltada para a reconstituição do poder soberano e divino supostamente por ele violado.

O espetáculo da execução pública consistia numa franca demonstração do resgate desse poder outrora lesado.

---

62 **ZYSMAN QUIRÓS**, Diego. Sociologia del castigo. Buenos Aires: Didot, 2012

Por essa razão, nesse sistema, pouco interessava se grande parte dos delitos seria apenada com a morte ou mesmo com outras formas de castigo degradantes.

O interesse central residia na forma em que a vida do condenado seria levada a cabo, já que, somente a partir daí, restaria demonstrada a força insuperável do monarca.

Ocorre que, no meio desta análise, por mais uma vez, Zysman[63] traz um dado interessante, ao mencionar que, mesmo nesse período, aos nobres era facultado o pagamento de pena pecuniária, tendo em vista que o castigo eventualmente por eles praticado deveria ser atenuado em razão de sua linhagem ou mesmo pelos méritos de seus antepassados.

Essa observação revela um dado muito importante, na medida em que estabelece um hiato no método punitivo, tomando-se por critério diferencial a composição da estrutura social da época.

Frise-se que, pela prática de uma mesma conduta, que atentava contra a ordem sagrada, o castigo penal poderia ter implicações distintas a depender da classe social do condenado.

Desta forma, pode-se identificar na arquitetura desse sistema punitivo uma importante correlação

---

63 **ZYSMAN QUIRÓS**, Diego. Sociologia del castigo. Buenos Aires: Didot, 2012.

entre os seguintes fatores: estruturação político-social legitimada pela crença no poder divino; necessidade de preservação do *status quo* das relações de poder; construção de tipos penais voltados para severa punição de comportamentos atentatórios à divindade ou à realeza; diferenciação de castigos penais a partir de uma topografia social estratificada.

Nesse contexto, a resposta penal apresentava-se como um fundamental componente na retroalimentação de toda essa engrenagem de poder e, com objetivo de amplificar essa representação simbólica do poder punitivo, percebe-se a ascensão de um discurso penal apropriado para o período: o discurso antipecado.

A existência humana, segundo a filosofia teológica imperante à época, era vista como obra da graça divina e, portanto, ser um pecador significava atentar diretamente contra o cerne da estrutura sociopolítica.

Com isso, a partir dessa breve inspeção, revela-se um dos principais ingredientes do sistema punitivo medieval, caracterizado pela imponência de um discurso penal antipecado, que operava como um eficaz meio legitimador dos rumos adotados pela política criminal deste período.

Apoiado nesse discurso antipecado, completamente enraizado no tecido social, o poder punitivo manifestava-se então de forma seletiva, rotulando determinados indivíduos como perigosos pecadores e os elevando ao *status* de inimigos de Deus, do monarca e de toda sociedade.

Ocorre que, no percurso de consolidação dos Estados de Direito, percebe-se, sobretudo no âmbito do direito penal e do processo penal, uma clara influência desta herança punitivista, típica do Estado Absoluto, que provoca um abalo sísmico na ordem democrática.

Tal legado, que se manifesta através de pulsões autoritárias do poder de penar, com franca violação de direitos e garantias fundamentais, também encontra amparo por intermédio da construção de outros discursos penais.

E esses discursos, como por exemplo, o antidrogas, o antiterror ou o anticorrupção guardam, tal qual o discurso antipecado, como elemento comum a idealização de sujeitos perigosos, com um elevado potencial de danosidade social, materializado pela figura do inimigo.

Por sua vez, a essência do inimigo estrutura-se em duas frentes distintas, sendo uma através de um processo de projeção social de seu alto grau de periculosidade para a segurança coletiva e, por outra via, pela imediata necessidade de sua contenção pelo aparato estatal.

Assim, toda a percepção social de caos, desordem ou perturbação é automaticamente transportada para a figura deste inimigo, sobre o qual recai toda a culpa pelo mal-estar do ideal civilizatório.

A legitimação de um discurso penal diferenciado, especialmente dirigido à idealização da figura de um inimigo, encontra raízes na filosofia da Antiguidade Clássica.

A partir de Platão e Protágoras, nasce a ideia de inferioridade e da necessidade de exclusão social de indivíduos considerados como inimigos ou incorrigíveis.

Posteriormente, a origem deste conceito de inimigo, intensamente trabalhado na teoria do Estado por Schmitt[64], aponta para o direito romano, onde se fazia uma distinção entre o *hostis* e o *inimicus*.

Os *hostis* representavam uma ameaça externa, direcionada aos estrangeiros que eram considerados os potenciais inimigos de estado. Já os *inimicus* era a denominação atribuída aos inimigos internos, pessoais.

Posteriormente, operou-se uma divisão na definição de *hostis* de modo a comportar a figura do *hostis alienígena*, dedicada a designar os estrangeiros que representavam perigo ao Estado, e a figura do *hostis judicatus*, destinada aqueles cidadãos romanos declarados pela autoridade do senado como inimigos públicos, em razão de conspiração ou traição no campo político.

---

64 **SCHMITT**, Carl. El concepto de lo político. México: Ediciones Folios, 1985.

Portanto, compreender essa origem da construção simbólica do inimigo permite reconhecer que, por detrás desses discursos penais, há um importante fator no direcionamento da política criminal, que abre as portas para um exercício diferenciado do poder punitivo.

Por consequência, esse fenômeno repercute de forma direta, certeira e incisiva no direito penal e no processo penal, fazendo emergir mecanismos que mitigam, mesmo que de forma dissimulada, preceitos constitucionais de alto valor democrático.

Como bem salienta Zaffaroni[65], expoentes de renome da teoria do Estado, como Hobbes e Kant, participaram, com suas contribuições no campo da filosofia política, deste embrionário processo de invocação de emergências justificadoras para utilização de aparatos penais e processuais de exceção.

No plano doutrinário[66], essa deturpação do direito penal e do processo penal, impulsionada através desses discursos de idealização do inimigo, pode ser notada a partir de banalização do afastamento de garantias constitucionais, antecipação dos filtros de punição, fomento do direito penal do autor, criação de tipos penais

---

65 **ZAFFARONI**. Eugenio Raúl. O inimigo no direito penal. Rio de Janeiro; Revan, 2007.

66 **MUÑHOZ CONDE**, Francisco. Las reformas de la parte especial del derecho penal español em el 2003: de la "tolerancia cero"al "derecho penal del enemigo". Buenos Aires: RDP, 2003.

voltados para alcançar atos meramente preparatórios ou situações de perigo presumido, crescimento de leis penais em branco, dentre outros.

Reforça Zaffaroni[67] que essa forte correlação entre o direito penal, a sociologia e a teoria política jamais há de ser desprezada, sobretudo porque o recrudescimento de "inovações" jurídico-penais, que abrandam a proteção de direitos fundamentais, está frequentemente associado à necessidade de uma enérgica reação estatal contra a vilania de um inimigo da sociedade.

Nesse trajeto, a construção da política criminal do Estado ergue-se a partir de um parâmetro diferenciado de tratamento a esses inimigos, negando-lhes a própria condição de pessoa humana.

Sob uma perspectiva doutrinária, essa tendência pode ser identificada nas contribuições de Silva Sanchez[68] que tratam da denominada terceira velocidade do direito penal.

A partir dessa construção, verifica-se justamente um abrandamento no sistema de proteção aos direitos e garantias individuais, permitindo uma punição mais enérgica a determinados sujeitos rotulados de perigosos.

---

67 **ZAFFARONI**. Eugenio Raúl. O inimigo no direito penal. Rio de Janeiro; Revan, 2007.
68 **SÁNCHEZ**, Jesús-Maria Silva. A expansão do direito penal. São Paulo: Revista dos Tribunais, 2002.

Nesta linha, Jakobs[69] traz um discurso legitimador dessa nova tendência do direito penal, onde, num mesmo contexto jurídico-penal, conviveriam duas orientações opostas na sua forma de aplicação.

Desta forma, coexistiriam, de um lado, o chamado direito penal do cidadão (*Bürgerstrafrecht*), voltado para a punição de pessoas reconhecidamente titulares de direitos e obrigações e, por outro, um direito penal do inimigo (*Feindstrafrecht*), reservado não a cidadãos (pessoas), mas sim a indivíduos considerados como potenciais fontes de perigo a toda sociedade.

Para consolidar a sua estruturação teórica, Jakobs parte de duas premissas fundantes.

A primeira delas, estabelece para o direito penal uma função protetiva da sua própria identidade normativa na sociedade.

A segunda, redesenha o conceito normativo de pessoa, permitindo-se que, em hipóteses de excepcional perigo, a condição de pessoa humana, regular destinatária de um complexo de direitos e garantias, seja afastada para dar luz à condição de mero indivíduo, reduzindo-o a uma potencial fonte de perigo.

Deve-se ter a compreensão que a proposta de Jakobs ganha projeção num panorama mundial marcado

---

69 **JAKOBS**, Ghünter. Estudios de derecho penal. Madri: Civitas, 1997.

por uma forte tensão política, a partir da invasão dos Estados Unidos no Iraque, fomentada por um dos discursos jurídico-penais contemporâneos: o discurso antiterror.

Com efeito, é interessante notar que toda essa teorização, que visa conferir um tratamento penal diferenciado e de modo mais gravoso a sujeitos rotulados como inimigos, converge para um cenário comum e de extrema relevância para os rumos do direito penal e do processo penal: a guerra.

Frise-se que, seja com o discurso jurídico antidrogas, iniciado com a saga dos cartéis colombianos, a partir da ascensão da figura de Pablo Escobar como o grande inimigo; seja com o discurso jurídico antiterror, que legitimou uma desenfreada caçada aos terroristas islâmicos, como, por exemplo, Osama bin Laden; seja com o mais recente discurso jurídico anticorrupção, presente de forma marcante na América Latina; ou mesmo no vetusto discurso medieval antipecado, que legitimou a perseguição e o extermínio de milhares de mulheres etiquetadas como "bruxas"; o ponto de consenso do tratamento penal ao inimigo é sempre belicista.

E esse componente bélico agregado aos discursos penais, já proclamado por diversas lideranças políticas nas últimas décadas (guerra às drogas, guerra ao terror e guerra à corrupção), representa uma verdadeira ameaça ao próprio Estado Democrático, na medida em que incute no seio social a ideia de que, para vencer essa "guerra", o poder punitivo deve ser empregado de forma ilimitada e desmedida até o completo extermínio do inimigo.

É interessante salientar que, na maioria das constituições democráticas, já há uma previsão estabelecida para essas situações de excepcionalidade.

Na Constituição brasileira, por exemplo, é possível verificar as hipóteses de instabilidade democrática e defesa do Estado pela análise dos artigos 136 a 139 de nossa Carta Republicana. Encontram-se ali firmadas as hipóteses de intervenção mais severas no plano dos direitos e garantias individuais, desde que presentes os requisitos para o reconhecimento e a decretação dos estados de defesa e de sítio.

Entretanto, num cenário onde qualquer um desses discursos jurídico-penais contemporâneos se apresenta de forma imperativa, observa-se a criação de um estado permanente e duradouro de emergência penal que, despido de qualquer legitimação constitucional, promove uma crescente hipertrofia de mecanismos penais e processuais que atacam garantias fundamentais asseguradas pelo pacto republicano.

Desta forma, em nome desse tratamento penal diferenciado, que tem como destinatário o inimigo, adotam-se medidas que permitem uma intervenção do poder estatal de forma mais intensa na liberdade, na incolumidade, na privacidade e na propriedade, desnaturando-se o princípio democrático e os consectários lógicos dele decorrentes.

E justamente neste tipo de edificação da política criminal podem ser identificadas duas grandes falácias.

A primeira baseia-se na ideia de que esse aparato penal diferenciado atingirá tão somente os inimigos.

Ora, deve-se ressaltar que a construção e a rotulação dos próprios inimigos, legitimadas por um discurso penal, desenvolve-se de forma setorizada e altamente seletiva.

Por óbvio, competirá ao segmento social dominante eleger, dentre um amplo leque de possibilidades, aqueles que serão rotulados como os inimigos do Estado.

Quando, por exemplo, se declara guerra às drogas, há uma ampla movimentação do aparato estatal no sentido de promover, a qualquer custo, a aniquilação da figura do narcotraficante, enquanto inimigo social previamente estabelecido.

E esse movimento traz reflexos vivos para o direito penal, que passa a agigantar uma intensa criminalização primária nas condutas praticadas pelos então inimigos narcotraficantes, a partir da construção de tipos de injusto multinucleares, com elevada escala penal em abstrato.

Basta perceber que, na evolução da legislação brasileira antidrogas, o processo de criminalização teve início a partir do hoje revogado artigo 281[70] do Código Penal, que previa uma pena de um a cinco anos de reclusão e não fazia qualquer distinção entre as cadeias de produção ou consumo.

---

70 Art. 281. Plantar, importar ou exportar, vender ou expor à venda, fornecer, ainda que a título gratuito, transportar, trazer consigo, ter em depósito, guardar, ministrar ou, de qualquer maneira, entregar a consumo, substância entorpecente, sem autorização ou em desacordo com determinação legal ou regulamentar: Pena – reclusão, de um a cinco anos, e multa de dois a dez mil cruzeiros.

§ 1º Se o agente é farmacêutico, médico ou dentista: Pena – reclusão de dois a oito anos e multa de três a doze mil cruzeiros.

§ 2º Incorre em detenção, de seis meses a dois anos, e multa de quinhentos a cinco mil cruzeiros, o médico ou dentista que prescreve substâncias entorpecentes fora dos casos indicados pela terapêutica ou em dose evidentemente maior do que a necessária, ou com infração de preceito legal regulamentar.

§ 3º As penas do parágrafo anterior são aplicados àquele que:

I - Instiga ou induz alguém a usar entorpecente;

II - Utilizar local, de que tem a propriedade, posse, administração ou vigilância, ou consente que outrem dêle se utilize, ainda que a título gratuito, para uso ou guarda ilegal de entorpecente;

III - Contribui de qualquer forma para incentivar ou difundir o uso de substância entorpecente.

§ 4º As penas aumentam de um têrço, se a substância entorpecente é vendida, aplicada, fornecida ou prescrita a menor de dezoito anos.»

Posteriomente, verificou-se a edição da Lei nº 6.368/76, que inaugurou a bipartição do tratamento penal entre a mercancia e o consumo pessoal.

Nesse momento, há, em relação à regência legislativa anterior, um abrandamento na escala penal para o consumo próprio, que passa receber um apenamento de seis meses a dois anos de detenção, segundo postulava o artigo 16 da Lei nº 6.368/76.

Por outro lado, nota-se uma elevação desta mesma escala ao tratamento dispensado para condutas integrantes do círculo de produção e comercialização de drogas, com pena de três a quinze anos de reclusão, conforme a antiga redação de seu artigo 12.

Todavia, a legislação atual, representada pela vigência da Lei nº 11.343/06, desagua num panorama marcado quase pela despenalização do consumo pessoal, na esteira de seu artigo 28, cuja constitucionalidade é inclusive objeto de apreciação pela Suprema Corte, nos autos do recurso extraordinário 635.659.

Por outra via, a intervenção penal destinada ao ciclo de mercancia torna-se ainda mais intensa, não só com a ampliação dos injustos penais, mas também com um apenamento mais rigoroso, o qual ora atinge um patamar de cinco a vinte anos de reclusão.

Nesse contexto, o processo penal também é alvo de um certo desvirtuamento, sobretudo no plano de suas garantias mais inatas.

Na implacável caçada a esse inimigo, há, no âmbito das agências estatais de persecução, uma suavização no tratamento processual da inviolabilidade domiciliar, com legitimação de acessos desautorizados, bem como da privacidade e intimidade, com revistas pessoais e de veículos automotores, ou até mesmo da dignidade humana, onde, em nome do eficientismo penal, verifica-se a utilização de métodos de identificação de suspeitos com a utilização de técnicas degradantes, vexatórias e até mesmo torturantes.

Enquanto o poder punitivo estatal concentra toda sua energia na guerra às drogas, por outro lado, ele revela uma face extremamente condescendente com outros comportamentos típicos de setores sociais dominantes.

Como exemplo, um olhar mais acurado para a legislação de crimes ambientais, representada pela Lei nº 9.605/98, logo evidencia uma criminalização primária altamente deficiente e marcada, na quase totalidade de suas condutas criminosas, pela presença de crimes de menor potencial ofensivo, associada a uma criminalização secundária praticamente irrisória, com franca ampliação de mecanismos despenalizantes.

Deste modo, a eleição do inimigo no discurso penal antidrogas transforma a comercialização de substâncias entorpecentes (e tão somente assim designadas por uma norma penal em branco) em delito de elevado potencial de ofensividade, com previsão de vigoroso apenamento.

Além disso, há um direcionamento de todo o aparelho estatal, através de suas agências de controle (polícia, magistratura, sistema penitenciário, entre outros), para a repressão e combate ao narcotráfico, segmento que condensa a figura deste demonizado inimigo.

Em contrapartida, o desmatamento em uma área de proteção ambiental, conduta que provoca efeitos nefastos e devastadores para toda coletividade, aparece na legislação criminal como um delito de reduzido potencial ofensivo, com um apenamento brando e ampla sujeição a gatilhos processuais de caráter despenalizante.

A segunda falácia reside na suposição de que toda essa mobilização do poder de penar constitui um meio eficaz no combate aos rotulados inimigos.

Há aí, segundo Moccia[71], uma ilusória construção que coloca os conceitos de segurança pública e garantias individuais numa falsa contraposição.

---

71 **MOCCIA**, Sergio. La perene emergenza: tendenze autoritare nel sistema penale. Nápoles: Edizioni Scientifiche Italiane, 2000.

E sob a égide de qualquer um desses discursos penais contemporâneos (sejam eles o antidrogas, o antiterror ou o anticorrupção) percebe-se, a partir da invocação de um estado de emergência penal, uma forte tendência em reforçar a ideia de que a conquista de um ideal de segurança coletiva não seria compatível com um ambiente político-jurídico de respeito ao rol de garantias individuais.

A questão a ser colocada aqui é a seguinte: qual o limite do poder punitivo frente ao sistema de direitos e garantias de todos os cidadãos?

Esse questionamento, a bem da verdade, reflete a gravidade de se trazer à tona, mesmo que numa roupagem contemporânea, a antiga versão do *hostis judicatus* romano para o direito penal e para o processo penal.

Incorporar esse antigo conceito romano de inimigo no direito penal e no processo penal simboliza apensar também um espectro bélico às ciências penais, que contribui de forma notória para a gradual atenuação de direitos e garantias fundamentais.

Quando esse abrandamento das garantias é tratado num ambiente de "guerra às drogas" ou "guerra ao terror", há uma falsa percepção de que o poder punitivo deve-se manifestar de forma mais incisiva, já que essa atuação, mesmo num aspecto temporário, justifica-se pela extrema necessidade de extermínio do inimigo.

Assim, esse desvirtuamento normativo do direito penal e do processo penal é lido como uma exceção legítima e possível à sua própria normatividade.

E isto representa um grande perigo aos preceitos democráticos, pois, como adverte Agamben[72], se a excepcionalidade normativa integra o direito, ela não pode ser reconhecida como nula, inválida ou mesmo de impossível aplicabilidade.

A partir daí, a limitação de direitos fundamentais no sistema democrático, em prol da aniquilação do perigoso inimigo, deixa de ser tratada como uma questão qualitativa (dever de abstenção estatal na esfera de liberdades públicas) para converter-se numa discussão meramente quantitativa, pois se passa a debater quantos (e não mais quais) desses direitos fundamentais devem ser afastados ou conservados a estes inimigos.

Resgatar a personificação do inimigo (pecadores, narcotraficantes, terroristas, corruptos), cujo potencial danoso tem sua magnitude ampliada por esses discursos jurídico-penais, significa legitimar um tratamento penal diferenciado que mais nos aproxima do Estado Absolutista do que do próprio Estado de Direito.

---

72 **AGAMBEN**, Giorgio. Estado de excepción. Buenos Aires: Adriana Hidalgo editora, 2014.

Nesse contexto, é inegável reconhecer a importância da Criminologia Crítica[73], sobretudo no que tange à sua produção científica latino-americana, no sentido de reacender o debate acerca do papel do direito penal na construção de uma sociedade igualitária e democrática.

É imperioso frisar que essa discussão levantada pela criminologia crítica, não obstante sua tardia recepção no contexto sulamericano, carreou importantes questionamentos sobre os processos de criminalização, reunindo, em sua perspectiva analítica, fatores como a desigualdade na estrutura social, a teoria do *labeling approach*[74] e as estratégias de controle penal.

Toda essa conjuntura presta um importante auxílio na compreensão do papel exercido por esses discursos jurídico-penais, no sentido de conferir legitimidade a processos de franca expansão do direito penal e do processo penal, em detrimento da gradual mitigação de direitos e garantias fundamentais.

Entretanto, com a estagnação do pensamento criminológico crítico, gerada a partir da ausência de mecanismos para o enfrentamento de grandes questões

---

[73] Nesse sentido: Lola Anyar de Castro, Alessandro Baratta, Daniel Melosi, Massimo Pavarini, Iñaki Rivera Beiras, Juarez Cirino dos Santos, entre outros.

[74] **BARATTA**, Alessandro. Criminologia crítica e crítica do direito penal: introdução à sociologia do direito penal. Rio de Janeiro: Revan, 2011.

neoliberais, bem como soluções efetivas para a sedimentação de uma justiça social, inicia-se o caminho para a construção de uma criminologia globalizada.

Essa nova orientação, capitaneada por estudos da Universidade de Barcelona[75], apresenta-se constituída em três bases epitesmológicas: o conceito sociológico de memória coletiva, necessário ao resgate de históricos episódios de genocídios e de crimes raciais ou de massa; a identificação da criminalidade estrutural como meio de compreensão da importância de uma efetiva tutela dos direitos humanos; e a nova perspectiva trazida pela categoria *social harm*, elemento que permite ampliar o objeto de estudo da criminologia para o dano social.

Desta forma, pretende-se perquirir os motivos pelos quais, ao longo de muitos séculos, vivenciamos um cenário de omissão do direito penal (e também do processo penal) em relação aos crimes de lesa-humanidade, às grandes devastações ambientais, à fome e à miséria, aos impactos econômicos negativos gerados a partir de um sistema neocapitalista, entre outros.

E a questão que se impõe é a seguinte: se o direito penal, sob ponto de vista dogmático, legitima uma intervenção punitiva dita de *ultima ratio* na esfera de liberdade, o que ele tem feito diante destas situações que promovem uma danosidade social muito mais gra-

---

75 Observatório do Sistema Penal e Direitos Humanos da Universidade de Barcelona (OSPDH)

ve do que qualquer tipo de conduta delitiva até então estabelecida na legislação penal?

Por esta razão, torna-se imperioso refletir sobre essa contraposição, baseada na ideia de que, enquanto o direito penal tem seu desenho orientado por um discurso jurídico que elege, rotula e persegue um determinado inimigo, cuja ideia de aniquilição é colocada como condição *sine qua non* para o alcance do (utópico) bem-estar coletivo, a sociedade contemporânea vivencia outros aspectos (fome, miséria, devastação ambiental) que, não obstante seu elevado impacto social negativo, passam ao longe do espectro de proteção penal.

Talvez, os rumos para uma criminologia global sejam um caminho viável para remodelar o caráter seletivo e classista da justiça penal, trazendo-se ao debate qual deve ser o papel do direito penal frente às ações e às omissões que geram grandes danos sociais.

Por esse novo paradigma, pode ser investigada a verdadeira criminalidade de poder, de mercado e de Estado, com uma reformulação estrutural das categorias de bens-jurídicos hábeis a atrair a tutela penal e o direcionamento da política criminal para um trajeto mais equalizado. Afinal, não seríamos nós os inimigos de nós mesmos?

II.c. Princípio do Delegado Natural – uma legítima expressão do Estado-Investigador

O presente tema, há muito negligenciado pela doutrina tradicional, aborda o arcabouço dogmático que cerca o princípio do Delegado Natural, com vistas a necessária reinserção deste importante ator processual no âmbito da persecução criminal brasileira.

Nesse cenário, cumpre dimensionar a relevância de seu conteúdo axiológico na construção de um modelo democrático para o processo penal brasileira, consolidando a atuação do Delegado de Polícia, em sua roupagem constitucional de primeiro garantidor dos direitos fundamentais, como protagonista de um sistema investigativo em conformidade com a ordem jurídica instituída.

Inicialmente, cumpre destacar que os pilares estruturantes do sistema de liberdades públicas, consagrados pela Carta Maior através do primado da dignidade humana enquanto preceito reitor da ordem constitucional, reclamam a necessidade de contenção do poder punitivo estatal.

Por vezes, a efetiva concretização dos alicerces do Pacto Republicano, extraídos de suas decisões políticas fundamentais, distancia-se de tal modo da linha principiológica adotada pelo poder constituinte originário, que se torna clara a influência de elementos vestigiais de um estado com viés totalitário na condução da *res* pública.

A partir do nível de flutuação do *jus puniendi* estatal, com sua constante oscilação entre um conjunto de garantias e elementos de exceção, percebe-se, a bem da verdade, a existência do chamado Estado de Direito Real.

Significa dizer que o modelo idealizado, e não menos romântico, do Estado de Direito encontra-se em permanente via de tensão com as molduras autoritárias dos regimes antecessores.

Nesse sentido, precisa a lição de Zaffaroni[76]:

> *"O modelo ideal do Estado de Direito, no qual todos estão submetidos da mesma forma perante a lei, embora seja indispensável como farol do poder jurídico, não é nada além de elemento orientador para o aperfeiçoamento dos Estados de Direito históricos ou reais, mas que nunca se realiza plenamente no mundo. A realização desse ideal sempre será impedida pelas pulsões que atuam para que todos estejamos simplesmente submetidos à vontade arbitrária de quem manda, que é a regra no Estado de Polícia, perma-*

---
76 **ZAFFARONI**, Eugenio Raúl. O inimigo no Direito Penal. Rio de Janeiro: Revan, 2007.

nentemente tentando chegar ao Estado Absoluto, ou seja, à sua máxima realização".

Desta forma, todas as instituições democráticas integrantes do sistema de justiça criminal, no cumprimento de seu mister constitucional, devem tutelar, de forma inequívoca, essa concepção potencializadora do regime de garantias, sob pena de sua conversão em instrumentos legitimadores de um modelo repressor e autoritário, típicos do Estado Absoluto.

Indubitavelmente, o direito penal atua como precípuo vetor de manutenção da paz social e a legitimação de seu poder punitivo, titularizada pelo Estado, ergue-se a partir da supressão do sistema de vingança privada e a subsequente implementação dos critérios de justiça e equidade.

Nessa linha, pontua Jescheck[77]:

"La missión de derecho penal és la protección de la convivencia humana em la comunidad".

A persecução criminal, enquanto via instrumental de aplicação do castigo penal, exsurge como verdadeiro balizador dos elementos autoritários ou democráticos do regime constitucional.

---

77 **JESCHECK**, Hans Heinrich. Tratado de Derecho Penal, Parte General. Granada: Editorial Comares, 2003.

Com precisão, esclarece Lopes Jr.[78] que uma constituição de cariz totalitário sempre refletirá num processo penal utilitarista, decisionista e de eficiência antigarantista.

Por outro lado, uma constituição inspirada pelo escopo republicano (como pretende ser a brasileira) traz consigo a obrigatoriedade de um processo penal democrático e com amplo respeito ao sistema de liberdades.

Por essa razão, infere-se que a marcha processual, principalmente em sua fase preambular de investigação criminal, estrutura-se como um reflexo do próprio regime constitucional e transcorre sob completo monopólio estatal.

Nesse diapasão, Rubens Casara[79] pugna pelo reconhecimento do princípio da democraticidade como elemento unificador do sistema de justiça criminal, na medida em que se presta a perquirir o grau de compatibilidade entre os mecanismos de atuação estatal frente ao escopo democrático republicano.

---

78 **LOPES JR.**, Aury; **GLOECKNER**, Ricardo Jacobsen. Investigação preliminar no processo penal. São Paulo: Saraiva, 2014.

79 **CASARA**, Rubens R. R.; **MELCHIOR**, Antônio Pedro. Teoria do processo penal brasileiro. Dogmática e crítica: conceitos fundamentais. Volume I. Rio de Janeiro: Lumen Juris, 2013.

Para Rui Cunha Martins[80], a democraticidade emerge como ferramenta necessária à delimitação do poder punitivo estatal, na medida em que, reconhecida como axioma orientador do sistema processual penal, harmoniza-se com o escopo político-jurídico do projeto constitucional, em sua dimensão legitimadora e delimitadora do próprio exercício desse poder.

Por evidente, o refreamento das pulsões autoritárias, necessário à tutela das garantias estampadas na ordem jurídica, reclama a existência de um arcabouço principiológico, cuja integração apresenta-se hábil a delimitar os cânones fundamentais da persecução penal democrática.

Nesse contexto, percebe-se um alinhamento dos comandos constitucionais, no sentido de equalizar um conjunto de princípios basilares, ditos princípios naturais, para sustentar a persecução criminal.

Por seu enfoque dialético e multifuncional, o sistema de persecução penal comporta diversos atores processuais, regularmente investidos da autoridade de Estado e responsáveis pelo desenvolvimento de funções específicas, a cargo de diversas agências estatais integrantes do sistema de justiça criminal.

---

80 **CUNHA MARTINS**, Rui. O ponto cego do direito. Rio de Janeiro: Lumen Juris, 2013.

Considerando-se as funções essenciais ao desenvolvimento da justiça e da defesa da ordem democrática, é evidente notar, nesse percurso, a coexistência de um Estado-juiz, de um Estado-acusador, de um Estado-defensor e de um Estado-investigador.

Com efeito, a partir da multiplicidade de tais atribuições, regularmente desempenhadas por instituições de esteio constitucional, despontam, por uma correlação lógica, os princípios do Juiz Natural, do Promotor Natural, do Defensor Natural e do Delegado Natural, este último objeto do presente ensaio.

De forma geral, a doutrina tradicional trata o tema com certo reducionismo, reconhecendo, no todo ou em parte, a existência desses princípios naturais por intermédio de mera subsunção literal a garantias especificamente expressas no texto constitucional.

Entretanto, cabe aqui destacar que tais preceitos, dotados de alto relevo axiológico, decorrem da lógica sistêmica do próprio Estado de Direito, onde o processo penal, em sua função instrumental, atua como um verdadeiro filtro, domando os excessos do poder punitivo estatal.

Nessa esteira, Alberto Binder[81], ao mencionar a garantia do Juiz Natural, confere essa exata dimensão:

---

81 **BINDER**, Alberto M. Introducción al Derecho Procesal Penal. Buenos Aires: Ad-Hoc, 2002.

"Para comprender esta cláusula constitucional hay que tener en cuenta que todo proceso penal estruturado conforme a los principios republicanos tiene uma suerte de "obsesión": evitar toda a manipulación política del juicio y lograr que esse juicio sea verdaderamente imparcial. Um juicio que está bajo la sospecha de pacialidad, perde toda legitimidade y vuelve inútil todo el "trabajo" que se toma el Estado para evitar el uso direto de la fuerza y la aparición de la venganza particular".

Por óbvio, o conteúdo epistemológico desses princípios naturais busca, em sua essência, conferir um complexo mínimo de garantias para o exercício de cada uma das funções processuais monopolizadas pelo Estado, com vistas a conter toda a sorte de interferências políticas e garantir o livre exercício do múnus estatal, constitucionalmente estabelecido a cada um dos atores processuais.

Enunciadas as premissas de sustentação dos princípios naturais, há de se concluir que o arcabouço normativo pátrio, para além dos mandamentos constitucionais de vedação de criação de tribunais de exceção (artigo 5º, XXXVII da CRFB/88) e garantia de processamento e julgamento por uma autoridade competente (artigo 5º, LIII da CRFB/88), também prestigia um conjunto de garantias com base na vitaliciedade, inamovabilidade, independência funcional, entre outras.

A seu turno, é justamente nesse espectro de cautelas, evidentemente adequadas a cada uma das funções de Estado na esfera de incidência da persecução criminal, que se impõe o reconhecimento de tais princípios naturais.

Deste modo, a eventual negação do princípio do Delegado Natural no ordenamento brasileiro constituiria a recusa da existência de uma investigação criminal de viés democrático e, portanto, uma verdadeira renúncia à ordem constitucional.

Primordialmente, há de se reconhecer a base matricial do princípio do Delegado Natural na cláusula geral do devido processo legal, esculpida no artigo 5º, inciso LIV da Carta Republicana, na medida em que o texto constitucional consagra expressamente a garantia de um processo justo e previamente estabelecido.

Discorrendo sobre o tema, André Nicolitt[82] alerta que a simples existência prévia de um rito procedimental não se mostra suficiente para dar concretude à garantia, mas sim a imposição principiológica do devido

---

82 **NICOLITT**, André. Manual de Processo Penal. Rio de Janeiro: Elsevier, 2012

processo legal contempla a tutela pelos preceitos de civilidade jurídica.

O devido processo legal comporta um amplo espectro axiológico, pois dele são extraídos preceitos de condição essencial ao processo penal, como o acesso à justiça, o contraditório e a ampla defesa, a publicidade, a igualdade entre as partes, a fundamentação das decisões, a presunção de inocência, a vedação de utilização de provas ilícitas, a duração razoável do processo, entre outras.

Desse modo, faz-se imperioso depreender que a cláusula geral do devido processo legal congrega, a bem da verdade, um amplo feixe de princípios, dentre os quais os denominados princípios naturais, funcionando como valor axiológico preponderante na manutenção das garantias sistêmicas da ordem jurídica instituída.

Valorosa é a lição de Uadi Lammêgo Bulos[83], ao destacar que o devido processo legal opera como um instrumento de preservação dos direitos fundamentais, pois é através dele que as liberdades públicas são protegidas de indevidas interferências por qualquer tipo de autoridade de Estado, seja essa oriunda do Poder Judiciário, Legislativo ou Executivo.

---

83 **BULOS**, Uadi Lammêgo. Curso de Direito Constitucional. São Paulo: Saraiva, 2011.

Desta forma, induvidoso constatar que o conteúdo axiológico emanado desse preceito norteador legitima o reconhecimento do princípio do Delegado Natural, conferindo ao Delegado de Polícia, na qualidade de titular da investigação criminal, garantias mínimas ao exercício de seu mister constitucional.

Por esse prisma, importa destacar que se trata de uma dupla garantia no curso da investigação criminal, direcionada não só ao Delegado de Polícia que, com independência funcional, titulariza o procedimento investigativo, mas também ao investigado, na medida em que submetido a um procedimento prévio, justo e imparcial, alheio, portanto, às pressões externas de todas as ordens.

Anote-se que os princípios ditos naturais evidenciam uma relação de cooperação, e não de subordinação, entre os diversos atores jurídicos da persecução penal, assegurando-lhes a independência de sua *ratio decidendi* no curso processual.

Por sua vez, o advento da Lei nº 12.830/13, ao dispor sobre a investigação criminal conduzida pelo Delegado de Polícia, consagrou um rol de garantias ao Estado-investigador, como corolário do princípio do Delegado Natural.

A partir de um breve exame do supradito diploma legal, extraem-se as seguintes disposições: (a) vedação de avocação ou redistribuição de procedimentos investigativos em curso, salvo em hipóteses excepcionalmente previstas (art. 2º, § 4º); (b) necessidade de fundamentação (idônea) para remoção de Autoridade Policial (art. 2º, § 5º) e (c) o reconhecimento da decisão de indiciamento como ato privativo de Delegado de Polícia, adstrito à sua fundamentação técnico-jurídica (art. 2º, § 6º).

Desse modo, no tocante às disposições normativas positivadas pela Lei 12.830/13, há de se tecer três valorosas considerações.

Primeiro, cabe destacar que ingressam no ordenamento jurídico interno com *status* de normas materialmente constitucionais, na medida em que dispõem sobre decisões políticas fundamentais, ínsitas ao escopo democrático-republicano.

Segundo, revelam um acervo garantidor destinado ao Estado-investigador, agregando, em certo patamar, valores como imparcialidade, inamovabilidade e independência técnico-funcional à missão constitucionalmente atribuída ao Delegado de Polícia, no curso das investigações criminais sob sua direção.

Por fim, refletem a dimensão do princípio do Delegado Natural, posto que, em observância à cláusula do devido processo legal, imprimem os ditames da imparcialidade, justiça e independência no seio da investigação preambular, possibilitando o seu regular desenvolvimento sob a égide da democraticidade.

A essência democrática da persecução penal, construída através do resguardo de valores fundamentais da ordem jurídica instituída, não pode ser desvirtuada pelo recrudescimento de um poder punitivo teratológico, sob pena de um malsinado retorno às trevas de um regime autoritarista.

Nesse prumo, o princípio do Delegado Natural, cujos troncos axiológicos reconhecidamente decorrem da cláusula geral do devido processo legal e do princípio da democraticidade, emerge como preceito legitimador das garantias inerentes às atribuições constitucionais do Estado-investigador, consagradas no ordenamento pátrio pelas disposições à luz da Lei nº 12.830/13.

A função sistêmica deste princípio natural guarda como objetivo maior a contenção do poder punitivo estatal, rechaçando eventuais perturbações de índole política, financeira ou social, que possam interferir tanto no exercício profissional do Delegado de Polícia, como na mitigação de garantias do imputado, maculando a justeza e imparcialidade da investigação criminal, enquanto momento endoprocessual da persecução penal.

II.d. Juiz de Garantias – considerações necessárias à estética de imparcialidade do julgador

Dentre as inovações legislativas trazidas pela Lei 13.964/19, a introdução da figura do juiz de garantias no sistema processual brasileiro representa, indubitavelmente, um percurso necessário na direção de um processo penal alinhado aos ideais de justiça e democraticidade.

Num plano inicial, torna-se essencial compreender que o advento desse novo ator processual não retrata apenas uma modificação pontual na estrutura organizacional do Poder Judiciário. Para muito além disso, exprime uma verdadeira revolução no horizonte político-criminal do processo penal brasileiro.

Em princípio, é bem plausível imaginar que essa mudança tão relevante no paradigma processual brasileiro ainda não tenha alcançado o eixo de percepção de muitos.

Contudo, convém advertir que não se trata de uma alteração meramente adstrita ao plano normativo, mas sim, uma reformulação estrutural, apta a conferir uma nova roupagem há tempos reclamada pela moderna doutrina processual penal.

A inserção do juiz de garantias no cenário jurídico brasileiro, a bem da verdade, está vinculada ao reconhecimento prévio de dois aspectos fundantes da arquitetura processual penal, qual seja, a consolidação da estrutura acusatória do processo penal e o reconhecimento de uma acepção binária do verdadeiro papel a ser exercido pelo Estado-Investigador.

A adoção de um sistema acusatório representa a consagração do princípio dispositivo como núcleo central do processo penal, cujo desenvolvimento orbita em torno da gestão probatória nas mãos das partes, através da dialética entre a tese de imputação e a tese de defesa, como meio de formação de convencimento de um julgador imparcial que opera num plano recognoscitivo de certeza.

De mesma forma, consolida o necessário resgate do cerne do projeto constitucional, tendo em vista a tensão entre a codificação processual de 1941, de matriz notadamente autoritária, e a Constituição Cidadã de 1988, como produto do escopo democrático-republicano.

Por sua vez, o reconhecimento da acepção binária do Estado-Investigador ressignifica a etapa inicial da marcha processual, onde a investigação criminal, para além de uma atividade persecutória de coleta de elementos vestigiais de autoria e materialidade delitiva, num plano recosgnoscitivo de probabilidade, passa a ser vista também como um importante filtro de preservação de garantias, refreando o poder punitivo estatal e evitando acusações potencialmente injustas.

Firmadas essas premissas inaugurais, cabe adentar num exame mais acurado sobre a figura do juiz de garantias.

Nesse contexto, a primeira questão que se impõe encontra assento no campo terminológico.

Entendemos que a reforma processual, ora trazida pela Lei nº 13.964/19, não andou bem ao adotar a denominação juiz de garantias.

Ocorre que o respeito a todo esse espectro de garantias de índole processual-penal constitui um dever imposto pela própria ordem constitucional e, portanto, de observância obrigatória a todos os atores processuais.

Desta forma, ao optar pela utilização do termo juiz de garantias, abre-se campo para uma tortuosa interpretação no plano da subjetividade, criando-se uma falsa impressão de que, dentre os mais diversos agentes processuais, esse dever de zelo pelas garantias recai tão somente para o magistrado, quando, a bem da verdade, essa é uma determinação que emana do próprio povo, quando da tomada das decisões políticas fundamentais no bojo do pacto republicano, como expressão máxima do poder constituinte originário.

Numa perspectiva de direito comparado, nota-se que outras legislações processuais, ao introduzirem essa mesma categoria subjetiva, adotaram variações terminológicas mais apropriadas.

Nessa linha, o Código Processual Penal português, em seu artigo 17, traz a nomenclatura juiz de instrução, fazendo-se menção ao exercício de seu atuar exclusivamente ligado à fase de investigação preliminar.

No mesmo sentido, a legislação italiana, no artigo 328 de seu Código Processual Penal, utiliza a expressão juiz da apuração preliminar, bem como a codificação espanhola, na redação de seu artigo 622, adota a nomenclatura juiz instrutor.

Um outro debate a ser enfrentado recai sobre a análise da constitucionalidade que envolve a introdução da figura do juiz de garantias no ordenamento jurídico pátrio.

Diante do ajuizamento de diversas arguições de inconstitucionalidade e, não obstante a suspensão inicial da eficácia normativa por decisão do Supremo Tribunal Federal[84], o tema assume grande relevo na medida em que pode impedir ou mesmo limitar a implantação deste novo ator processual.

Em breve síntese, a inovação legislativa, ora sob exame da jurisdição constitucional, fora objeto de im-

---

84 STF MEDIDA CAUTELAR NA ADI 6298/19

pugnação sob alegação de inconstitucionalidade formal e material.

Sob ponto de vista formal, argumenta-se que a inserção do juiz de garantias no sistema processual penal refletiria, em tese, uma ofensa à prerrogativa de auto-organização do Poder Judiciário, na forma estabelecida pelo artigo 96 da Constituição Federal.

Por outro lado, na esfera material, pondera-se que essa introdução do juiz de garantias não teria observado estudos de impactos prévios, dotação orçamentária específica ou mesmo regra de transição para sua implementação, bem como não restaria comprovada uma real efetividade da medida em relação aos mecanismos de combate à criminalidade.

Não se pretende aqui traçar um exame aprofundado acerca da constitucionalidade dos dispositivos ora sob o crivo da jurisdição constitucional, mas sim avaliar as primeiras impressões acerca de um embate que promete se estender por longo período.

Em sua essência, a análise de constitucionalidade de uma norma estrutura-se, em linhas iniciais, pelo critério de parametricidade.

Assim, para que uma norma seja taxada como inconstitucional deve ser indicado, com precisão, qual o parâmetro constitucional por ela contrariado.

Com efeito, considerando as proposições que sustentam a alegação de inconstitucionalidade formal, há de se considerar que, em momento algum, houve ofensa ao sistema de repartição constitucional de competências, cujo artigo 23 trata da competência legislativa exclusiva da União para normas de processo penal, bem como o processo legislativo, vez que observada a sua regular tramitação regimental, conforme artigo 59 e seguintes da Constituição Federal.

Aqui, a única ressalva a ser feita recai sobre o exame da disposição trazida pelo artigo 3-D que, em seu parágrafo único, estipula, como dever para os tribunais, a criação de um sistema de rodízio de magistrados, nos locais onde funcionam varas únicas, a fim de viabilizar a estruturação do juiz de garantias.

Em relação a essa disposição específica, pode-se aferir uma violação constitucional de natureza formal e orgânica, na medida em que, ao impor ao Poder Judiciário esse tipo de obrigatoriedade, aí sim se estaria violando a sua prerrogativa de auto-organização, conforme norma prevista no artigo 96 da Constituição Federal.

Num primeiro momento, a referida disposição normativa aparenta decorrer, até mesmo, de um descuido legislativo, já que, em sua *ratio legis*, esse conteúdo deveria contemplar um teor meramente programático, com objetivo de apenas trazer uma orientação ao Poder Judiciário e não impor, de forma obrigatória, a implantação de um sistema de trabalho que interfira diretamente na sua autonomia de organização administrativa.

Por outra via, a discussão acerca da inconstitucionalidade material revela um complexo de argumentações embasado na ausência de regras de transição, de estudos técnicos de impacto e até mesmo a invocação da natureza híbrida da norma, que consequentemente implicaria em modificação da organização judiciária.

Ora, é cediço que tais ponderações, independente de sua relevância conjuntural, não constituem parâmetros legais hábeis a desafiar a jurisdição constitucional.

O debate central que transita pela discussão sobre a constitucionalidade material pode ser abreviado na seguinte questão: como imaginar que o legislador, ao introduzir uma norma processual penal que prestigia o escopo principiológico da constituição, pode atentar contra ela mesma?

O fortalecimento da democraticidade processual e a consolidação do sistema acusatório que trazem, como seus consectários naturais, a autonomia decisória e a imparcialidade do julgador, encontram-se intimamente associados, como ensina Canotilho[85], à liberdade de conformação do projeto constitucional.

Frise-se que, ao estabelecer o extenso rol de garantias fundamentais, inclusive aquelas de caráter pro-

---

85 **CANOTILHO**, J. J. G. Direito Constitucional e Teoria da Constituição. Coimbra: Editora Almedina, 2008

cessual-penal, o legislador constituinte traz, no parágrafo segundo de seu artigo 5º, a denominada cláusula de abertura, que, por sua vez, legitima e amplia o espectro desses direitos de modo a alcançar todos aqueles decorrentes dos princípios adotados pela própria Constituição, bem como aqueles derivados do plano de convencionalidade.

Nesse sentido, a Declaração Universal dos Direitos Humanos, a Declaração Americana de Direitos Humanos, a Convenção Americana de Direitos Humanos e o Pacto Internacional de Direitos Civis e Políticos representam, no plano internacional, legislações que consignam a imparcialidade do julgador como um direito humano fundamental.

O que está em jogo aqui não é a criação de um novo juiz, mas sim de uma nova função prática à magistratura, que inclusive sacramenta o sistema acusatório, bem como os critérios de imparcialidade e autonomia necessários ao deslinde da marcha processual.

No âmbito processual penal, isso espelha um reforço nas próprias garantias constitucionalmente direcionadas aos imputados, proporcionando a elevação da democraticidade enquanto princípio reitor da ordem jurídica.

Ademais, o advento do juiz de garantias está longe de representar uma interferência na autonomia organizacional do Poder Judiciário.

Primeiro, porque o próprio artigo 3-E, introduzido na codificação processual pela Lei 13.964/19, dispõe que a designação do juiz de garantias observará as normas de organização judiciária da União, Estados e Distrito Federal, segundo os critérios objetivamente estabelecidos e divulgados pelos tribunais.

Segundo, porque a adoção do juiz de garantias potencializa as prerrogativas inerentes ao exercício da magistratura, já que, ao reforçar a sua imparcialidade, realça os preceitos de independência funcional e de autonomia decisória ínsitos à própria atividade judicante.

Por essa via, a norma inaugural acerca do instituto, prevista no artigo 3-B do Código de Processo Penal, é clara ao estabelecer que o juiz de garantias é o ator processual responsável pelo controle da legalidade no âmbito da investigação criminal, bem como pela fiel observância dos direitos e garantias individuais, cuja eventual limitação reclame, aos moldes da Constituição Federal, reserva de jurisdição.

Precisa é a definição de Casara[86], ao ressaltar que, ao juiz de garantias, compete o exercício de toda atividade jurisdicional relacionada à proteção do conjunto de liberdades públicas, devendo ele refrear eventuais

---

86 **CASARA**, Rubens R. R. Juiz das Garantias: entre uma missão de liberdade e o contexto de repressão. In: **COUTINHO,** Jacinto Nelson de Miranda; **CARVALHO,** Luis Gustavo Grandinetti Castanho de (Org.). *O Novo Processo Penal à Luz da Constituição.* v. 1. Rio de Janeiro: Lumen Juris, 2010.

violações de direitos individuais que decorram de uma excessiva manifestação do poder punitivo estatal na etapa de investigação preliminar.

A disposição normativa do referido artigo 3-B do Código de Processo Penal apresenta-se um rol exemplificativo de diversos atos de competência exclusiva do juiz de garantias, que materializam essa necessária atividade de resguardo aos direitos individuais em sua conformidade com o modelo constitucional.

Desta forma, situações que envolvam medidas restritivas de liberdade individual, respeito às garantias processuais e tratamento de investigados, prisão em flagrante e suas formalidades legais, requerimento de ferramentas procedimentais de cautelaridade, entre outras adotadas no curso da investigação criminal, devem ser resolvidas pelo juiz de garantias.

Nessa linha, o artigo 3-C do Código de Processo Penal estipula a competência do juiz de garantias para todas as infrações penais, exceto as de menor potencial ofensivo, delimitando, como marco de sua atuação, o momento endoprocessual do recebimento da denúncia ou queixa que, na forma do artigo 399 do Código de Processo Penal, inaugura a fase de instrução processual da persecução criminal.

A exclusão dos delitos de menor potencial ofensivo do espectro de competência do juiz de garantias deve ser lida como acertada, já que decorre de uma incongruência procedimental sistêmica, na medida em que estas modalidades de infração penal devem ser processadas sob a égide da Lei 9.099/95.

Conforme disposto no artigo 2º da Lei 9.099/95, os delitos com reduzido potencial de ofensividade devem seguir um rito processual próprio, orientado pelos princípios da oralidade, simplicidade, informalidade, celeridade, economicidade, com vistas a alcançar seu escopo legislativo: a breve solução de conflitos através de processos de conciliação e transação.

Frise-se que a etapa de apuração preliminar, afeta aos delitos de menor potencial ofensivo, contempla um rito procedimental intensamente abreviado.

Na esteira do artigo 69 da Lei 9.099/95, ao tomar conhecimento das circunstâncias fático-jurídicas que envolvam o caso penal, deverá o Delegado de Polícia, na qualidade de representante legítimo do Estado-Investigador, lavrar termo circunstanciado e encaminhar imediatamente ao Juizado Especial competente o relatório circunstanciado, assim como o suposto autor do fato e a vítima, com requisição de exames periciais se necessários.

Deste modo, entende-se que, alinhado à sua finalidade constitucional, andou bem o legislador ao afastar a competência do juiz de garantias para a prática de atos jurisdicionais relativos aos delitos de menor potencial ofensivo.

Ponto interessante reside na seguinte questão: a competência do juiz de garantias, na forma do artigo 3-C do CPP, engloba a prática de atos relacionados à apuração de atos infracionais no âmbito da Justiça da Infância e Juventude?

Entendemos que não, na medida em que, da mesma forma que a Lei 9.099/95 congrega um procedimento diferenciado, a jurisdição infanto-juvenil contempla um microssistema jurídico altamente especializado e com missão constitucional bem definida na forma dos artigos 277 e 228 da Constituição Federal.

O legislador, conforme a disposição do artigo 3-C do CPP, assevera que a competência do juiz de garantias engloba todas as infrações penais, com exceção, como já mencionado, daquelas consideradas de menor potencial ofensivo.

Entretanto, deve-se atentar para o fato de que, na esteira do artigo 103 a 105 da Lei 8.069/90 (Estatuto da Criança e do Adolescente), os menores de dezoito anos praticam atos infracionais análogos às infrações penais e estão sujeitos a medidas especificamente previstas na legislação específica.

Não se deve olvidar que, para além da observância deste tecnicismo literal adotado pela Lei nº 13.964/19, a ordem constitucional consagra o sistema de proteção integral à criança e ao adolescente, prestigiando-se os princípios da brevidade, excepcionalidade e respeito à condição peculiar de pessoa em desenvolvimento.

Por esse motivo, seja nas eventuais hipóteses de lavratura de auto de apreensão de adolescente por prática de ato infracional ou mesmo nas investigações que envolvam imputados nessa condição, o rito a ser observado deverá ser aquele previsto nos artigos 171 e seguintes do ECA, vez que se está diante de um microssistema jurídico peculiar e assim orientado pelo escopo constitucional.

A parte final do artigo 3-C do Código de Processo Penal, assim como seu parágrafo primeiro e o subsequente artigo 3-D, representam a delimitação temporal da competência atribuída ao juiz de garantias.

A partir da interpretação sistemática dos citados dispositivos, resta evidente que a atuação do juiz de garantias está intrinsecamente adstrita à etapa de investigação criminal, devendo ser totalmente sustada com o marco endoprocessual do recebimento da denúncia ou queixa.

Reforça ainda o artigo 3-D do Código de Processo Penal que eventual prática de ato no curso da investigação criminal macula a imparcialidade do magistrado, de modo a torná-lo impedido de prosseguir no regular funcionamento do processo.

Por fim, a questão primordial acerca do advento juiz de garantias no ordenamento processual brasileiro cinge-se à necessidade de preservação da imparcialidade do julgador no âmbito de um sistema acusatório.

Em relação a esse tema, Aragoneses Alonso[87] é taxativo ao estabelecer que a imparcialidade constitui o princípio reitor da jurisdição, ou seja, a imparcialidade é uma condição existencial da própria jurisdição.

Nesse aspecto, o primeiro ponto a ser esclarecido reside na correta delimitação do conteúdo da imparcialidade, com especial atenção para a sua desvinculação da antiga ideia de neutralidade.

A concepção da jurisdição tem sua origem fincada na ideia da separação dos poderes, tal qual desenhada por Montesquieu[88] no século XVIII.

Com vistas a promover uma delimitação aos demais poderes estatais, que foram tripartidos após a derrocada do modelo centrado no poder uno e absoluto, o Poder Judiciário foi estruturado para ser autônomo e independente, a fim de garantir a liberdade dos indivíduos através do regular cumprimento dos limites estabelecidos pela lei (e não mais pelo monarca).

---

87 **ARAGONESES ALONSO**, Pedro. Proceso y derecho procesal (introdución). Madrid: Edersa, 1997.
88 **MONTESQUIEU**, Charles de Secondat. O espírito das leis. São Paulo: Martins Fontes, 2000.

Com base nos ideais filosóficos imperantes na época, principalmente sob a influência do racionalismo de Descartes e Spinoza, nasce essa concepção da atuação do magistrado como um implacável aplicador da lei, ou seja, aquele que deveria manifestar exatamente a vontade da lei. É nesse cenário que se viu estruturada a percepção de neutralidade.

Contudo, torna-se fundamental esclarecer que a imparcialidade, no atual estágio de sua construção jurídica, encontra-se integralmente apartada da ideia de neutralidade.

A bem da verdade, a neutralidade decorre de um estado avalorativo e que foi incutido no atuar do magistrado como produto de um recorte histórico oriundo do racionalismo moderno.

Entretanto, reconhecer ou exigir neutralidade de um julgador significa descredenciar a sua própria e inseparável condição de humano.

A neutralidade está no plano da utopia, já que não se pode desprezar o conhecimento obtido através da antropologia, da psicologia e da psicanálise, a ponto de imaginar que um ser humano comum seja capaz de julgar de modo neutro, ou seja, completamente afastado de sua própria subjetividade.

É evidente que, por detrás de qualquer juiz, há um ser humano, produto de um determinado contexto social e dotado de um aparelho psíquico altamente complexo, cujas decisões recebem, a todo tempo, forte influência da interação de seus próprios processo mentais.

Como ensina Zaffaroni[89], não se pode exigir neutralidade de um magistrado, pois a neutralidade ideológica somente é observada em seres humanos quando estes se encontram sob influência de estados psicológicos irregulares, como, por exemplo, na apatia, no irracionalismo ou na demência.

Desta forma, não há de se falar em neutralidade, nem tampouco agregá-la de qualquer forma ao conteúdo da imparcialidade.

Ao longo da persecução criminal, há uma prestação jurisdicional concretizada por um ser humano e, portanto, as decisões tomadas por ele recebem um constante influxo de suas cargas valorativas pré-concebidas, qual seja, suas crenças e costumes, traumas e emoções, vivências sócio-culturais, entre outras.

Por essa razão, a (re)leitura do princípio da imparcialidade deve guardar como premissa fundamental a consolidação de seu protagonismo na marcha processual penal como sendo uma construção jurídica dedicada à preservação do juízo recognitivo do magistrado,

---

89 **ZAFFARONI**, Eugênio Raul. Poder Judiciário: crises, acertos e desacertos. São Paulo: Revista dos Tribunais, 1995.

contemplando uma delimitação aos efeitos nocivos decorrentes da subjetividade individual do próprio julgador/humano.

Dessa forma, a posição do magistrado em um processo penal de cariz acusatório reveste-se desse caráter de alheamento, ou seja, um atuar desvinculado aos interesses da acusação e da defesa que, enquanto detentoras da gestão probatória e à luz do princípio dispositivo, devem seguir na dialética entre suas tese e antítese, a fim de influenciar na formação de convencimento do juiz.

É o que Ferrajoli[90] denomina *terzietá*, a presença de um terceiro imparcial e alheio aos interesses das partes que, ao final, dará a palavra resolutiva do conflito.

No âmbito de um sistema acusatório, essa imparcialidade, enquanto princípio essencial da jurisdição, apresenta um duplo aspecto.

Se por um lado, a imparcialidade volta-se para a tutela dos processos mentais de recognição do julgador, de outro, ela promove a conservação do nível de confiabilidade social do Poder Judiciário.

Esse panorama, com realce a uma dupla face do princípio da imparcialidade, tem assento desde 1982 na jurisprudência do Tribunal Europeu de Direitos Huma-

---

90 **FERRAJOLI**, Luigi. Direito e Razão: teoria do garantismo penal. São Paulo: Editora Revista dos Tribunais, 2002.

nos[91] (Caso Piersack vs. Bélgica). E é justamente daqui que se extraem os conceitos de imparcialidade subjetiva e imparcialidade objetiva.

A imparcialidade subjetiva está voltada ao exame de foro íntimo do magistrado, buscando-se evitar que o processo seja orientado por alguém que já tenha se manifestado previamente sobre o caso penal.

A seu turno, a imparcialidade objetiva dirige-se ao aspecto comportamental do julgador, imbuído da necessidade de transparecer, tanto para o acusado quanto para a própria sociedade, que dirige a marcha processual de forma equalizada, despido de qualquer tipo de propensão a beneficiar a acusação ou a defesa.

Em sua perspectiva objetiva, espera-se que a imparcialidade alcance não só a confiança de toda a sociedade nas instituições de justiça, mas também transmita ao acusado, de forma cristalina, uma aparência, uma impressão de imparcialidade. É o que se denomina estética de imparcialidade objetiva[92].

Com vistas a preservar essa imparcialidade (ou melhor estética de imparcialidade) como um elemento

---

91 European Court of Humans Rights. Case Piersack vs. Belgium. Application nº 8692. 1 October 1982. Disponível em: https://hudoc.echr.coe.int/eng?i=001-57557#. Acesso em: 10 jan 2020.

92 **RAMÍRES**, Germán Echeverría. La garantia de igual aplicación de la ley penal. Santiago de Chile: Legal Publishing, 2013.

tão essencial à jurisdição, a persecução criminal deve valer-se de mecanismos que concorram nesse sentido.

No Código de Processo Penal, percebe-se a adoção de institutos jurídicos que buscam cumprir essa finalidade, como, por exemplo, os impedimentos, as incompatibilidades e a suspeição (artigos 252 a 256 do CPP).

Nesse contexto, o advento do juiz de garantias, tal qual introduzido pela Lei 13.964/19, vem consolidar esse fortalecimento da imparcialidade, na medida em que justamente ele vem garantir sua efetividade principiológica, ameaçada em determinadas circunstâncias da marcha processual.

Quando um magistrado decreta, no curso de uma investigação criminal, uma medida cautelar, como uma prisão temporária ou busca e apreensão, ele obrigatoriamente forma um juízo de valoração sobre a autoria e a materialidade delitiva daquele caso penal, de modo que, futuramente, será ele o mesmo responsável pela decisão final.

Certamente, essa manifestação prévia do magistrado, ainda em sede de investigação preliminar, interfere na estética de imparcialidade objetiva que deve ser transmitida ao imputado.

De mesmo modo, outros tipos de intervenção, como o contato do magistrado com conteúdo probatório da investigação, a prevenção como critério de fixação de competência, a produção de provas *ex officio*, estremecem a aparência de imparcialidade que, no âmbito do processo penal, o julgador deve passar ao acusado.

Entretanto, a relevância do ingresso do juiz de garantias no ordenamento processual brasileiro não está voltada tão somente para a tutela da estética de imparcialidade em sua pespectiva objetiva (dirigida ao imputado), mas também a preserva sob seu prisma subjetivo (dirigida ao magistrado).

A compreensão dessa necessidade, tão premente no processo penal, recebe uma fantástica contribuição da psicologia social, à luz da teoria da dissonância cognitiva[93].

A teoria da dissonância cognitiva parte de uma premissa fundamental: todo ser humano persegue um estado de equilíbrio na interação dinâmica de seus processos mentais.

Isto significa dizer que toda a nossa carga de valores, crenças, costumes, opiniões, atitudes, conhecimentos e hábitos buscam alcançar sempre um estado de coerência entre eles, ou seja, um estado de consonância cognitiva.

Porém, em determinadas situações, o indivíduo depara-se com a ruptura deste estado, de modo a se

---

[93] **FESTINGER**, Leon. Teoria da dissonância cognitiva. Rio de Janeiro: Zahar, 1975.

instalar uma incongruência entre seu complexo cognitivo e um determinado pensamento, ação ou conhecimento.

Instalado esse panorama antagônico, o indivíduo insere-se num estado de desconforto e angústia, ou seja, num estado de dissonância, na medida em que há um conflito entre seus processos mentais.

Um exemplo simples e clássico da literatura da psicologia social é de um indivíduo fumante[94], pois ele tem como hábito, de um lado, a prática do tabagismo (ação) e, por outro, conhece os malefícios da nicotina à sua saúde (conhecimento). Esse estado antagônico recebe a denominação de dissonância cognitiva.

A questão central da teoria reside no fato de que, instalado o estado de dissonância cognitiva, os processos mentais do indivíduo tendem a se balizar por dois caminhos distintos.

Primeiro, haverá de toda forma uma tentativa, mesmo no plano do inconsciente, de reduzir este estado de dissonância. Em paralelo, ocorrerá também um processo de rejeição a novas circunstâncias que possam aumentar o nível de dissonância[95].

---

94 **RODRIGUES**, Aroldo. Aplicações da psicologia social: à escola, à clínica, às organizações, à ação comunitária. Petrópolis: Vozes, 1983.

95 **FESTINGER**, Leon. Teoria da dissonância cognitiva. Rio de Janeiro: Zahar, 1975.

Esse trajeto, de tentativa de restauração de um estado de consonância cognitiva, opera a partir de uma correlação dinâmica de quatro principais mecanismos cognitivos-comportamentais.

Num primeiro plano, pode ocorrer a alteração do fator cognitivo dissonante, ou seja, o indivíduo aceita a circunstância responsável por introduzir o estado de dissonância e o incorpora a sua nova carga cognitiva, eliminando a inquietação gerada e retomando o estado de consonância.

Por essa operação, aquele indivíduo tabagista simplesmente admite a nocividade de seu hábito e o abandona. Assim, ele deixa de fumar e, portanto, modifica sua atitude e passa a atuar em consonância com sua carga de conhecimento cognitivo (fumar faz mal a saúde).

Um segundo mecanismo reside na depreciação dos fatores cognitivos dissonantes, a partir do qual o indivíduo reduz o grau de importância que se atribui a esse fator e retoma o estado de consonância.

Seguindo o exemplo inicial, aqui o indivíduo fumante descredencia de algum modo o seu hábito nocivo (eu fumo pouco, uso cigarro com baixo teor de nicotina, minha avó fumava e viveu mais de cem anos etc.) e, após internalizar essa desvalorização, afasta o estado de dissonância.

Esse trajeto cognitivo, baseado na desvalorização de fatores dissonantes em prol de fatores consonantes, recebeu a denominação de Schünemann[96] de efeito perseverança ou inércia".

Num terceiro plano, verifica-se também um movimento de somatização de novos fatores cognitivos consonantes. Por essa via, o indivíduo busca retornar ao seu estado de consonância através da perseguição voluntária de novos elementos cognitivos que reforcem e confirmem a sua cognição pré-existente.

Ou então, simplesmente ele passa a explorar outros fatores dissonantes, mas que automaticamente são de fácil rejeição e, deste modo, pretendem alcançar o mesmo efeito.

Seguindo nosso modelo prático, aquele indivíduo tabagista poderia reunir estudos indicativos de que os efeitos maléficos da nicotina causam prejuízos a uma pequena parcela da população, ou então, que os malefícios apontados não provêm de uma certeza científica.

Por mais uma vez, Schünemann[97] intitula esse processo cognitivo-comportamental de princípio da busca

---

96 **SCHÜNEMANN**, Bernd. Estudos de direito penal, processo penal e filosofia do direito. Luis Greco (coord.). São Paulo: Marcial Pons, 2013.
97 **SCHÜNEMANN**, Bernd. Estudos de direito penal, processo penal e filosofia do direito. Luis Greco (coord.). São Paulo: Marcial Pons, 2013.

seletiva por informações, onde o ser humano, em pleno estado de dissonância, pesquisa por dados cognitivos que ratifiquem sua carga valorativa inicial, ou então, por informações dissonantes, mas altamente contestáveis, como meio de regresso ao estado de consonância.

O quarto mecanismo encontra assento num complexo processo de esquivamento de fatores de elevação da carga cognitiva dissonante.

Isso ocorre porque, no curso do estado de dissonância, o encontro com novos elementos de desconformidade pode ser inevitável, obrigando o indivíduo a lançar mão de novas estratégias defensivas, com escopo de afastar qualquer elevação no grau de dissonância.

Basicamente, essas estratégias são identificadas por Festinger[98] através dos processos de percepção errônea, invalidação e esquecimento seletivo.

Em primeiro lugar, a percepção errônea reflete uma tentativa de incorporação distorcida do fator dissonante, visando conferir a ela uma interpretação tão elástica a ponto de transformá-la em consonante.

O método de invalidação consiste em atribuir ao fator dissonante o caráter de exceção a um regramento geral, transmitindo-se a ideia de que ela ocorre apenas em hipóteses extraordinárias.

---

98 **FESTINGER**, Leon. Teoria da dissonância cognitiva. Rio de Janeiro: Zahar, 1975.

Por fim, a estratégia do esquecimento seletivo identifica a existência de uma propensão individual voltada para obliterar os fatores cognitivos dissonantes. Aqui é o fator tempo que concorre naturalmente para a atenuação do estado de dissonância.

Além do aporte teórico da dissonância cognitiva, a psicologia social ainda oferece, no campo de pesquisa acerca da percepção pessoal, um outro fenômeno de grande interesse para o processo penal: a dissonância pós-primeira impressão[99].

Esse fenômeno investiga o nexo de causalidade entre as impressões inicialmente obtidas e a formatação da impressão em caráter definitivo.

Por sua construção, denota-se que as cognições obtidas a partir de uma primeira impressão, associadas a outras já pré-concebidas e consonantes, são dotadas de um elevado teor de ingerência na concepção final. Essa forte influência recebeu a denominação de efeito primazia[100].

O efeito primazia indica que há uma predileção das cognições inicialmente obtidas em relação às posteriores. Além disso, sinaliza que estas cognições pos-

---
99 **HASTORF**, Albert; **SCHNEIDER**, David J.; **POLEFKA**, Judith. Percepção da Pessoa. São Paulo: Editora da Universidade de São Paulo, 1973.
100 **GOLDSTEIN**, Jeffrey H. Psicologia Social. Rio de Janeiro: Editora Guanabara Dois, 1983.

teriores tendem a ser enquadradas numa mesma conjuntura daquela carga valorativa inaugural.

Isso nos revela que os elementos cognitivos oriundos da impressão inicial não apenas inauguram os processos mentais de interação, mas também os orientam de forma determinante.

A dissonância pós-primeira impressão consiste num fenômeno perceptivo alinhado aos mecanismos da teoria da dissonância cognitiva.

Desta forma, os elementos cognitivos de primeira impressão são internalizados a partir de uma valoração preponderante àqueles que são recebidos depois (efeito primazia).

Com isso, verifica-se a formação de um estado de consonância sob forte influência dessa impressão inicial, de modo que, com a eventual chegada de novos fatores dissonantes, entra em cena todo aquele complexo de mecanismos cognitivo-comportamentais para a retomada do estado mental de equilíbrio (alteração do fator cognitivo dissonante, depreciação dos fatores cognitivos dissonantes, somatização de novos fatores cognitivos consonantes, esquivamento de fatores de elevação da carga cognitiva dissonante, percepção errônea, invalidação e esquecimento seletivo).

Estabelecidas as primeiras linhas acerca da teoria da dissonância cognitiva e do efeito primazia decorrente da dissonância pós-primeira impressão, cabe agora examinar os seus reflexos na seara processual penal, mormente em relação à percepção de seus efeitos nos processos de tomada de decisão ao longo da persecução criminal.

Esse diálogo de fontes, além de enriquecedor, assume grande relevo na seara processual penal, pois nos revela que todo ato decisório não há de ser visto como uma simples deliberação.

Muito pelo contrário, ele gera um elevado grau de comprometimento dos processos mentais do julgador que, no plano de sua subjetividade, sempre estará em busca de um equilíbrio, ou melhor, de um estado de consonância.

E quando se fala em imparcialidade, principalmente em sua perspectiva subjetiva, deve-se levar em consideração que todos os atos decisórios de um julgador estão sob real influência desses processos mentais altamente dinâmicos.

À luz das contribuições trazidas pela teoria da dissonância cognitiva, percebe-se que há um impulso natural e involuntário, decorrente da própria condição humana, em se buscar a preservação desse estado de coerência.

Nesse contexto, imagine-se a seguinte situação fática: no curso de um inquérito policial, um magistrado defere medidas de busca e apreensão, afastamento de sigilo bancário e fiscal, interceptacão das comunicações telefônicas, mandado de condução coercitiva e mandado de prisão temporária em desfavor de um certo investigado.

Ora, é inegável que, ao longo dessa investigação criminal, esse julgador, sob ponto de vista de sua própria subjetividade, estruturou toda uma carga valorativa de seus processos mentais em desfavor do investigado, orientada a partir das primeiras impressões (efeito primazia) e buscando, a todo tempo, preservar o seu estado de consonância.

Com efeito, no transcurso da marcha processual (recebimento da denúncia, instrução probatória e debates), é muito provável que os elementos defensivos sejam decodificados como fatores dissonantes, vez que entrarão em conflito com a sua percepção inicialmente construída sobre o caso penal.

Nesse cenário, torna-se impossível exigir uma imparcialidade subjetiva do julgador, na medida em que esta já se apresenta "contaminada" por elementos cognitivos de primeira impressão (efeito primazia), consonantes com a tese de imputação.

Assim, a recepção de qualquer elemento dissonante (ou seja, favorável a tese defensiva) será rechaçado através de seu aparato cognitivo-comportamental, com vistas a preservar o estado de consonância.

Nessa linha, Schünemann[101], mais uma vez amparado pela psicologia social, sinaliza para uma outra circunstância denominada efeito aliança.

Com base nos estudos dos processos de comparação social[102], assevera-se que há uma propensão humana no sentido de que, diante da ausência de parâmetros objetivos, o indivíduo, em seus atos decisórios, adota referências comparativas a comportamentos de outras pessoas de seu convívio social.

Por esse prisma subjetivo, adite-se o fato de que o magistrado, no âmbito do processo penal, ainda recebe, como um reforço em seus elementos cognitivos consonantes, um juízo de valoração de confirmação da tese de acusação tanto pelo resultado da investigação criminal, quanto pelo oferecimento da denúncia, a partir do efeito aliança estabelecido, respectivamente, com o Delegado de Polícia e com o Promotor de Justiça.

Por essa razão, a figura do juiz de garantias assume um papel fundamental no reforço da imparcialidade e, por consequência, prestigia a democra-

---

101 **SCHÜNEMANN**, Bernd. Estudos de direito penal, processo penal e filosofia do direito. Luis Greco (coord.). São Paulo: Marcial Pons, 2013.

102 **ARONSON**, Elliot. O animal social: introdução ao estudo do comportamento humano. São Paulo: IBRASA, 1997.

ticidade necessária à consolidação de um sistema processual acusatório.

Não há mais espaço (e nem motivos) para manter essa deformada arquitetura processual penal que, concebida pelo projeto constitucional no intuito de enaltecer a democraticidade, permanece cerceada por vestígios inquisitórios.

TÍTULO III

INVESTIGAÇÃO CRIMINAL E PODER SIMBÓLICO – A (DES)CONSTRUÇÃO DA IMAGEM RITUALÍSTICA DO INVESTIGADO

TÍTULO III

INVESTIGAÇÃO CRIMINAL E PODER SIMBÓLICO – A (DES)CONSTRUÇÃO DA IMAGEM RITUALÍSTICA DO INVESTIGADO

III.a. As Misérias da Persecução Penal – reflexões sobre a dignidade humana e o status de investigado.

Uma vez deflagrada, a persecução criminal nunca tem fim para o imputado.

Essa questão, intensamente trabalhada na obra do brilhante jurista italiano Carnelutti[103], sinaliza para

---

103 **CARNELUTTI**, Francesco. As misérias do processo penal. São Paulo: Edijur, 2015.

a necessidade de uma reflexão acerca dos reais efeitos do processo penal sobre a condição humana do imputado.

Nessa perspectiva, interessante desvelar que o processo penal, ao contrário do que se possa imaginar, não termina com a sentença e nem tampouco a pena termina com a libertação do cárcere.

Na verdade, uma vez inserido no polo passivo da persecução criminal, o *status* de imputado, independente de sua real culpabilidade ou mesmo da complexidade do caso penal, parece agregar um estigma quase que indelével à sua condição de humano.

A angústia do imputado é claramente perceptível ao longo de toda a marcha processual.

No campo de sua subjetividade, ele percebe que há um sentimento de aversão natural à sua própria figura, o qual decorre, não só da postura dos demais atores processuais, mas também de toda a estrutura ritualística do processo penal.

A toga como vestimenta padronizada; a utilização de uma linguagem rebuscada, com expressões e palavras sacramentais (muitas delas brocardos latinos); a simbologia da imagem de Cristo crucificado na parede; a disposição arquitetônica do local de julgamento, onde se reservam, tanto ao magistrado quanto ao promotor, assentos contíguos e em patamar superior ao da defesa;

a entrada (triunfal às avessas) do acusado, devidamente escoltado, com algemas nos pulsos e trajando o uniforme penitenciário, constituem aspectos relevantes a serem (re)examinados.

Ainda na fase preliminar de investigação criminal, a emblemática autoridade do Estado-investigador, representada pela figura do Delegado de Polícia e seus agentes; a decretação de medidas cautelares de restrição de liberdade ou de direitos, como interceptação das comunicações telefônicas, mandados de busca ou de prisão, já representam um impacto negativo que reforça esse estado de impotência do investigado frente ao poder estatal.

Todo esse complexo de circunstâncias multisensoriais gera uma representatividade imensurável em desfavor do imputado, a ponto de associar, de certa forma, um panorama de incivilidade ao processo penal.

Porém, o desenho constitucional de um processo penal democrático requer justamente o contrário.

Isso significa dizer que, na perspectiva constitucional de um Estado Democrático de Direito, o processo penal deve ser traduzido como um momento de garantias, estando arraigado à sua essência a preservação daquilo que lhe é mais precioso: a humanidade.

Por essa razão, Aragoneses Alonso[104] alertava que, num Estado de Direito, o processo penal também possui um dever de proteção voltado ao próprio delinquente, pois tutelar a sua humanidade constitui uma das funções da justiça.

O exercício do poder punitivo, no âmbito das microrrelações entre o Estado e seus indivíduos, comporta uma autolimitação materializada a partir de um complexo de garantias que visa, justamente, preservar esse aspecto humanitário.

Segundo Jellinek[105], em sua teoria dos quatro status, o indivíduo, em suas interações com o Estado, pode ocupar quatro posições jurídico-relacionais abstratamente distintas.

Por essa construção, o estágio inicial é denominado *status* passivo ou *status subjectiones*, onde se verifica uma subordinação do indivíduo frente ao poder do Estado. Trata-se de um posicionamento típico do Absolutismo, onde o indivíduo era visto como mero objeto do agir estatal, tão somente sujeito a um complexo de deveres para com a figura do Estado.

Num segundo estado, identifica-se o *status* negativo ou *status libertatis*. Nele, há um dever de abs-

---

104 ARAGONESES ALONSO, Pedro. Instituciones de derecho procesal penal. Madri: Rubi Artes Gráficas, 1984

105 **JELLINEK**, Georg. Teoria general del estado. Buenos Aires: Albatroz, 1970.

tenção do Estado no que diz respeito à preservação de um conjunto de liberdades públicas, ínsitas à própria personalidade individual. Aqui são encontrados os direitos fundamentais de primeira dimensão, ou seja, as denominadas liberdades negativas.

O terceiro posicionamento decorre do *status* positivo ou *status civitatis*, através do qual se faculta ao indivíduo cobrar do Estado a realização de certos deveres prestacionais, como condição lógica à efetiva concretização de suas necessidades mais essenciais. Neste campo estão os direitos fundamentais de segunda dimensão, ou seja, as liberdades positivas.

Por fim, o denominado *status* ativo reflete a capacidade de influência do indivíduo na conformação política do Estado. Como exemplo, tem-se os direitos políticos, bem como outros instrumentos de participação como a ação popular, o direito de petição e a iniciativa popular de lei.

Por essa visão, pode-se afirmar que a estruturação do processo penal democrático encontra amparo no *status* negativo, na medida em que a atividade persecutória, enquanto manifestação exclusiva e monopolizada pelo Estado, apresenta-se delimitada por um conjunto de garantias individuais de cunho processual, com natureza jurídica de direitos fundamentais de primeira dimensão.

É esse intocável sistema de liberdades públicas que, ao domar possíveis excessos do atuar estatal, garante a preservação da humanidade, enquanto pilar fundamental do processo penal.

A partir da doutrina de Goldschmidt[106] e Pisapia[107], acertadamente Aury Lopes Júnior[108] identifica três vínculos fundamentais do processo penal, que passam a ser determinantes na conformação do Estado de Direito.

O primeiro deles refere-se à íntima conexão entre o processo penal e os próprios ideais democráticos, onde a civilidade e o grau de desenvolvimento humano a ser alcançado por uma determinada sociedade estão condicionados ao respeito a um conjunto de garantias reservadas ao imputado no curso do processo penal.

O segundo diz respeito ao elo estabelecido entre o processo penal e a política. Nessa linha, pode-se verificar que os cenários de ruptura política são frequentemente acompanhados de alterações no sistema processual penal, de sorte que as tensões políticas totalitárias

---

106 **GOLDSCHMIDT**, James. Problemas jurídicos y políticos del proceso penal. Buenos Aires: IBdeF, 2016.

107 **PISAPIA**, Gian Domenico. Compendio di procedura penale. Padova: Cedam, 1988.

108 **LOPES JÚNIOR**, Aury; **GLOECKNER**, Ricardo Jacobsen. Investigação preliminar no processo penal. São Paulo: Saraiva, 2014.

caminham lado a lado com a inserção de mecanismos processuais dotados de alto grau de mitigação de direitos fundamentais.

A terceira correlação, verificada entre o processo penal e o poder punitivo estatal, aborda uma questão existencial do próprio processo penal, a partir de seu importante papel no refreamento dos excessos de manifestação do poder punitivo.

No sistema jurídico-democrático, o processo penal assume esse protagonismo enquanto instrumento de contenção do Estado que, por titularizar de forma exclusiva o poder de punir, guarda o dever de observar os limites de sua atuação, na forma estabelecida pelo regramento processual.

A compreensão desta questão, qual seja, do papel do processo penal como instrumento de consolidação do projeto democrático, passa necessariamente pela manutenção e pelo respeito à condição humana do imputado.

E para isso, torna-se primordial reconhecer que, assim como a vida, a liberdade e a propriedade, as garantias como devido processo legal, ampla defesa, contraditório, duração razoável do processo, vedação de utilização de provas ilícitas, imparcialidade, entre outras, também constituem direitos fundamentais de idêntico relevo no plano constitucional.

Ao tratar da teoria dos direitos fundamentais, é possível constatar três distintas abordagens acerca de sua legitimação no ordenamento jurídico.

Pela visão juspositivista de Kelsen[109], inexiste uma causa de justificação racional desses direitos essenciais, na medida em que a legitimação ocorre a partir de sua positivação no ordenamento jurídico, conferindo uma natureza constitutiva aos direitos fundamentais, emanada pelo poder constituinte originário.

Em sentido oposto, a teoria jusnaturalista de Dworkin[110] defende a existência de uma causa de justificação racional e preexistente dos direitos básicos, denominada de autoconsciência racional da dignidade humana. Desta forma, a legitimação dos direitos fundamentais, no que diz respeito à sua positivação no ordenamento jurídico, reveste-se de natureza meramente declaratória.

Numa terceira percepção, surge a teoria realista de Bobbio[111] para ressaltar que a legitimação dos direitos fundamentais efetivou-se com a Declaração Universal dos Direitos do Homem em 1948, de sorte que, atual-

---

109 **KELSEN**, Hans. Teoria pura do direito. São Paulo: Martins Fontes, 2000.

110 **DWORKIN**, Ronald. Levando os direitos à sério. São Paulo: Martins Fontes, 2010.

111 **BOBBIO**, Norberto. A era dos direitos. Rio de Janeiro: Elsevier, 2004.

mente, tal questão afigura-se meramente secundária, pois a preocupação central se volta, não para a legitimação desses direitos, mas sim, pela defesa de sua real efetivação.

Não resta dúvida que o atual sistema constitucional encontra assento na cláusula geral da dignidade da pessoa humana e, de seu conteúdo axiológico, derivam-se todos os demais direitos fundamentais, os quais devem ser respeitados, efetivados e garantidos, sob pena de perda de legitimidade e subversão do próprio poder do Estado.

Para Hesse[112], a dignidade humana comporta uma dupla natureza. Num prisma subjetivo, ela se insere como uma categoria especial de direito subjetivo, conferindo a seus titulares uma pretensão para que se adote um comportamento, positivo ou negativo, em sua estrita observância.

Em sua face objetiva, a dignidade humana emerge como elemento constitutivo do direito objetivo, integrando o núcleo do ordenamento jurídico, de tal forma que sua preservação condiciona a legitimidade do próprio Estado de Direito.

A concepção da dignidade humana, com sua origem filosófico-teológica milenar, foi alçada, sobretudo

---

112 **HESSE**, Konrad. Temas fundamentais do direito constitucional. São Paulo: Saraiva, 2009.

após o cenário degradante provocado pela 2ª Guerra Mundial, a uma hierarquia especial nos ordenamentos jurídicos dos países democráticos.

A Lei Fundamental alemã, em seu artigo inaugural prevê que a dignidade da pessoa humana possui um caráter intocável, sendo dever de todos os poderes estatais observá-la e protegê-la.

Seguindo a linha constitucionalista alemã, diversos países adotaram a cláusula geral da dignidade humana como principal norte de seus projetos democráticos, transformando-a num princípio supremo da ordem constitucional.

Diante de sua inequívoca essencialidade, a Constituição Federal brasileira, em seu artigo 1º, inciso III, também concedeu destaque à dignidade da pessoa humana, erigindo-a ao patamar de fundamento da república.

Desta forma, a cláusula geral da dignidade humana passa a ocupar o epicentro da ordem jurídica, conferindo unidade, sentido e orientação a todo o sistema constitucional.

No campo doutrinário, a conceituação da dignidade humana comporta múltiplas vertentes.

Numa acepção positiva da dignidade humana, com base na doutrina de Canotilho[113], encontra-se a

---

113 **CANOTILHO**, José Joaquim Gomes. Direito constitucional e teoria da constituição. Coimbra: Almedina, 2006.

teoria dos cinco componentes, com forte conotação antropológica.

Nessa construção, busca-se traçar uma visão sobre aquilo que é humano em suas distintas perspectivas relacionais e, a partir daí, extrair os elementos mínimos para a configuração da dignidade.

Desta forma, pelo gradual panorama do humano como pessoa, cidadão, trabalhador e administrado retiram-se, enquanto seus componentes fundamentais, a integridade física e psíquica, o desenvolvimento sadio de sua personalidade, os mecanismos sociais de garantia do mínimo existencial, a autonomia individual frente ao Estado e a igualdade perante a lei.

Pelo somatório desses cinco componentes, acoplados a partir de diferentes perspectivas antropológicas da condição do humano, restaria consolidada a formulação conceitual dignidade da pessoa humana.

Numa acepção negativa da dignidade humana, com base na doutrina germânica de Häberle[114], verifica-se a identificação da dignidade humana a partir da denominada fórmula de objeto, posteriormente aperfeiçoada por Durig[115].

---

114 **HÄBERLE**, Peter. El estado constitucional. Buenos Aires: Astrea, 2007.

115 **DÜRIG**, Günter. Escritos Reunidos: 1952-1983. São Paulo: Saraiva, 2016.

Por essa concepção de forte inspiração na filosofia kantiana, a identificação da dignidade humana ocorre a partir de sua violação, ou seja, a partir do momento em que o tratamento dispensado a determinada pessoa põe em dúvida a sua própria condição de humano.

Para Häberle, as circunstâncias que implicam no reconhecimento da violação da dignidade humana não devem ser generalizadas ou mesmo banalizadas.

Pelo contrário, deve o intérprete sempre estar atento à integração de todos os fatores temporalmente condicionados à situação concreta. Esse é seu conceito de pós-compreensão (*Nachverständnis*)[116], baseado na ideia de que as especificidades culturais que giram em torno da noção da dignidade humana são dinâmicas e variáveis a partir do binômio tempo-espaço.

Nesse sentido, aspectos como o grau de civilidade, o nível de desenvolvimento cultural e o conjunto de tradições de uma determinada sociedade são fatores determinantes para o reconhecimento de distintas formas de identificação e concretização da dignidade humana.

A compreensão que recai sobre esse aspecto dinâmico e multifatorial é fundamental para a correta

---

116 **HÄBERLE**, Peter. A dignidade humana como fundamento da comunidade estatal. In: Ingo Wolfgang Sarlet (Org.). Dimensões da Dignidade: Ensaios de Filosofia do Direito e Direito Constitucional. Porto Alegre: Livraria do Advogado, 2009.

inserção da dignidade humana como valor supremo numa ordem jurídica democrática.

O Tribunal Constitucional Alemão[117], por exemplo, ao enfrentar a tensão entre o respeito à dignidade da pessoa humana e a imposição de uma pena criminal de caráter perpétuo reconhece a legitimidade de aplicação da pena perpétua em seu ordenamento jurídico, desde que acompanhada da possibilidade de eventual recuperação da liberdade.

No panorama brasileiro, o ordenamento constitucional, na esteira do artigo 5º, inciso XLVII, alínea b, da Carta Republicana, veda expressamente a aplicação de penas de caráter perpétuo.

Esse contraste evidencia a assertiva de Häberle, quando alerta que a identificação de situações violadoras da dignidade humana comporta variações temporais, espaciais e circunstâncias.

Com seu brilhantismo característico, Rabinovich-Berkman[118] sinaliza que a concepção de dignidade

---

117 **MARTINS**, Leonardo. Tribunal Constitucional Federal Alemão: decisões anotadas sobre direitos fundamentais. Volume 1: Dignidade humana, livre desenvolvimento da personalidade, direito fundamental à vida e à integridade física, igualdade. São Paulo: Konrad-Adenauer Stiftung – KAS, 2016.

118 **RABINOVICH-BERKMAN**, Ricardo David. ¿Como se hicieron los derechos humanos? Un viaje por la historia de los principales derecho humanos. Buenos Aires: Didot, 2013.

humana é paradoxal e contempla diversos desdobramentos.

Para este autor, a noção de dignidade humana busca concentrar os nossos poucos valores comuns num mundo caracteristicamente marcado pelo pluralismo filosófico. Baseia-se, portanto, no reconhecimento de um preceito de suprema importância, um valor universal de inviolabilidade da pessoa humana.

Com efeito, alcançar esse núcleo comum no plano do multiculturalismo mundial não é das tarefas mais simples.

Pelo contrário, antes de tudo torna-se imperioso questionar: seria a dignidade humana uma construção ideológica, fundada na hegemonia do pensamento ocidental? Ou seria ela uma criação cultural da contemporaneidade, forjada a partir de uma imposição civilizatória de respeito a tudo aquilo que é humano?

Mesmo afirmando que estas questões estão abertas ao debate, Rabinovich-Berkman assevera, com razão, que a cláusula geral da dignidade humana é uma construção fenomenal, erguida a partir da coragem, da dor, do sangue e das lágrimas de milhões de seres humanos. Para ele, a cláusula da dignidade é uma construção humana para o próprio humano.

Outra questão interessante, mas igualmente capaz de provocar uma frontal afetação na (des)humanidade do imputado, reside na atual relação entre os meios de comunicação e o processo penal.

Acertadamente, Casara[119] denuncia a chamada era do processo penal do espetáculo.

Analisando a função do espetáculo e seus múltiplos desdobramentos enquanto produto de uma construção social, alerta para a trágica inserção dos julgamentos penais nesse palco.

Adverte ainda que o processo penal, instrumento essencial para a consolidação do projeto democrático, não deve ser deslocado para a condição do entretenimento, pois essa (des)orientação desagua num cenário de mitigação das garantias individuais.

O processo penal como espetáculo apresenta-se desnaturado em sua própria essência, na medida em que anula o princípio dispositivo, suprimindo a gestão probatória como um produto da atividade dialética entre as teses de acusação e defesa, bem como direcionando a solução do caso penal para um "enredo" que conforte e corresponda às expectativas pulsionais das massas populares.

Esse panorama ainda é mais aterrador quando se nota uma intensa amplificação desse fenômeno ainda na fase de investigação criminal.

---

119 **CASARA**, Rubens R.R.. Processo penal do espetáculo e outros ensaios. São Paulo; Tirant, 2018.

Com efeito, a então denominada investigação criminal do espetáculo retroalimenta um processo vigoroso de estigmatização de investigados que permite o direcionamento e a transformação de elementos vestigiais de autoria e materialidade em provas cabais de sua culpabilidade.

No embate jurídico desta questão, percebe-se que os veículos de comunicação, sob o manto da publicidade dos atos processuais e, principalmente, da liberdade de expressão, propagam informações de procedimentos investigativos, acompanham em tempo real o cumprimento de diligências policiais e até mesmo divulgam imagens de investigados ou conteúdos sigilosos.

Entretanto, a publicidade dos atos processuais, estabelecida pelo artigo 5º, inciso XL da Constituição Federal, assim como a liberdade de imprensa e de expressão, enquanto corolários da liberdade de pensamento, na esteira do artigo 5º, inciso IX da Carta Republicana, encontram, como seu núcleo orientador, a cláusula geral da dignidade humana.

Desta forma, qualquer ato que, mesmo sob justificativa de exercício de direito de liberdade ou de publicidade, sinalize um tratamento individual que, de algum modo, pareça desnaturar a condição de humano a partir de um processo de reificação, constituirá inevitavelmente uma afronta à ordem constitucional.

Nesse contexto, a Lei nº 13.869/19, que disciplina os delitos de abuso de autoridade, andou bem ao trazer, respectivamente em seus artigos 13 e 38, a tipificação penal de condutas de agentes públicos que geram exposição vexatória de investigados ou mesmo divulgação antecipada de juízo de valor acerca de sua eventual responsabilização penal.

Frise-se que, não é a mera exposição da imagem do investigado ou mesmo a divulgação de informações sobre o caso penal que atraem a incidência dos citados dispositivos penais.

Como requisitos normativos essenciais para a aplicação desta legislação especial, destacam-se inicialmente a condição de agente público do sujeito ativo (abarcando a possibilidade de alcance de terceiros pelo fenômeno da pluralidade delitiva, na forma do artigo 29 do Código Penal), bem como a comprovação inequívoca do dolo específico, enquanto elemento subjetivo especial do tipo de injusto.

Contudo, importa destacar que a norma, a bem da verdade, pretende conferir uma proteção ao investigado nas hipóteses de exposição indevida de sua imagem ou mesmo na replicação injustificada de informações sobre investigação de tal modo que represente de alguma forma a antecipação de um juízo recognitivo de certeza da imputação.

Na avaliação destas situações concretas, há de se ponderar os valores constitucionais da publicidade dos atos processuais e da liberdade de expressão com a cláusula geral da dignidade humana, pois, como já explicado, é esta última o valor supremo da ordem jurídica instituída e dela se extrai toda a coerência e unidade do sistema de direitos fundamentais.

Desta forma, impende questionar: será que a divulgação desautorizada da imagem de um investigado durante a sua prisão ou mesmo a difusão de informações sobre o teor das investigações com menção à autoria delitiva, quando realizado por agentes policiais, constituiria automaticamente crime de abuso de autoridade?

Por óbvio, a resposta que se impõe é negativa.

A princípio, em ambos os casos, a configuração de delito de abuso de autoridade esta adstrita à comprovação do dolo específico do agente, ou seja, a constatação de uma conduta direcionada à finalidade especial de alcançar um benefício próprio ou de terceiro, um prejuízo a outrem ou uma satisfação de ordem pessoal.

Num segundo plano, a exposição da imagem do investigado, na forma contemplada pelo delito de abuso, deve ser necessariamente injustificada e desmedida, pois aí sim restaria violada a sua dignidade. Nessa hipótese, a apresentação da imagem corresponderia à redução do investigado à condição de objeto (reificação), produto de uma indevida manipulação do agir estatal.

Por outro lado, quando a exposição da imagem de um determinado investigado está intimamente associada ao escopo investigativo, a condição anterior, tal qual exigida pela norma proibitiva, resta afastada. Aqui não se tem uma exposição de ordem vexatória, mas sim dotada de viés instrumental.

É a hipótese, por exemplo, da exposição da imagem de um investigado por crimes sexuais em série, com objetivo de ampliar o acervo probatório testemunhal de casos correlatos investigados.

De mesmo modo, no caso de difusão de informações sobre a investigação com indicação de autoria delitiva, a configuração do delito de abuso está vinculada à manifestação do agente no sentido de formular um juízo de valoração antecipado sobre a responsabilidade penal do investigado.

A divulgação de informações, desde que observada a técnica jurídica, voltada para esclarecer o transcurso verticalizado das diligências investigatórias, com menção aos indícios de autoria e materialidade delitiva, até então coletados num panorama de probabilidade, não constitui, por si só, delito de abuso.

É o caso, por exemplo, de uma coletiva de imprensa, realizada após a deflagração de uma operação policial, para informar acerca do andamento de uma determinada investigação, em cuja transmissão seja declarada a constatação de elementos indiciários da autoria delitiva em desfavor de um investigado, num juízo cognitivo que orbita no campo da probabilidade.

Por essa razão, nesses casos deve-se ter em mente que a proteção penal abarca justamente a dignidade da pessoa do imputado, enquanto bem juridicamente tutelado. Para a perfectibilização delitiva, torna-se imprescindível que a conduta do agente público, enquanto legítimo representante do poder estatal, reduza o investigado a uma condição incompatível com o próprio grau de humanidade.

A preservação da dignidade humana do imputado ao longo da marcha processual constitui uma imposição do projeto constitucional-democrático. E essa percepção, ao contrário do que muitos acreditam (e propagam), em nada tem a ver com impunidade.

Ao assumir o monopólio do poder punitivo, o Estado, através de seus agentes, tem por obrigação precípua a tutela de todo esse complexo de garantias processuais.

Aliás, a própria legitimidade do atuar estatal encontra-se umbilicalmente ligada a essa observância, na medida em que o ordenamento jurídico contempla a cláusula geral da dignidade humana como seu núcleo fundante e o devido processo legal como norteador do ritual processual.

III.b. O Ocaso da Verdade – a valoração probatória no sistema persecutório.

"Não existem fatos, apenas interpretações"[120].

A citação ao fragmento póstumo (7 [60] fim 1886-primavera 1887) de Nietzsche tem muito a contribuir para o exame de um ponto crucial a ser desenvolvido no campo doutrinário: a valoração probatória da verdade enquanto indicador epistêmico no processo penal.

A partir do perspectivismo nietzscheano, é possível extrair um olhar crítico acerca do conceito tradicional da verdade. Apesar de comumente revestida pelas noções de universalidade, imutabilidade e unicidade, a idealização da verdade não pode estar atrelada a esse caráter de definitividade, mas, pelo contrário, deve estar sistematicamente aberta à múltiplas formas de discussão e tematização.

Na obra Sobre Verdade e Mentira[121], Nietzsche tece uma inter-relação entre a linguagem, o conhecimento e a verdade, de modo a denunciar que nos processos de busca pelo conhecimento há uma propulsão quase que natural para a verdade, vindo a denominar esse impulso de vontade de verdade.

---

120 **MARTON**, S. Nietzsche: das forças cósmicas aos valores humanos. Belo Horizonte: UFMG, 2000.

121 **NIETZSCHE**, Friedrich. Sobre verdade e mentira no sentido extra-moral. São Paulo: Hedra, 2008.

E é justamente essa "vontade de verdade", tal qual descrita por Nietzsche, que ainda marca forte presença como uma ilusória finalidade do processo penal.

Num primeiro momento, torna-se necessário desvelar que o processo penal, em sua conformação democrático-constitucional, à luz de um sistema acusatório, regido pelo princípio dispositivo e baseado na gestão probatória como produto da dialética entre as partes antagônicas, jamais há de estar acoplado à noção de verdade, enquanto sua primordial finalidade.

A busca de uma verdade absoluta, reveladora e quase que mitológica constitui uma característica ínsita ao desenvolvimento histórico do modelo processual inquisitório.

Nesse campo, a perseguição de uma verdade real ou absoluta, enquanto escopo do processo penal, abriu as portas para uma das eras mais sombrias da humanidade, onde, em nome dessa verdade "libertadora", dentro de sua perspectiva divina, admitia-se a tortura como meio de obtenção de provas, a confissão como elemento probatório tarifado no mais alto valor e a concentração de atividades de investigação, acusação e julgamento nas mãos da figura do juiz inquisidor. Tudo em nome do alcance dessa verdade, idealizada como um dever sagrado[122].

---

122 **IBAÑEZ**, Perfecto Andrés. Garantismo y processo penal. Granada; Revista de la Facultad de Derecho de la Universidad de Granada, nº02, 1999.

Não se pretende aqui tratar, com maior profundidade, do papel da verdade nesse modelo processual inquisitorial, até mesmo porque o tema já se encontra sedimentado em capítulo próprio desta obra. Mas tão somente estabelecer, como ponto de partida, que toda essa influência vestigial da busca de uma verdade como finalidade do processo penal guarda suas raízes nesse recorte histórico que, não obstante os séculos que hoje nos distanciam das fogueiras, forcas e guilhotinas da inquisição, ainda exerce um grande influxo na dimensão do processual penal.

O posicionamento da noção de verdade como núcleo fundante do processo penal, originalmente extraído do modelo inquisitorial, desenvolveu uma cultura inquisitiva no processo penal contemporâneo de tal forma que, mesmo em sistemas processuais de matriz acusatória, é comum encontrar seus vestígios.

No Código de Processo Penal brasileiro, por exemplo, quando se trata dos requisitos de admissibilidade da prisão preventiva, na forma do artigo 312, a "garantia da ordem pública", como uma expressão do interesse coletivo sobre o individual, encontra legitimidade na (nobre) finalidade de busca da verdade.

De mesma forma, o artigo 156 do Código de Processo Penal, ao estabelecer poderes instrutórios ao juiz, também nos revela uma justificação fundada na perseguição da verdade.

Com acerto, Aury Lopes Júnior[123] pontua que essa idealização da busca pela verdade, originada na inquisição, posteriormente ganha corpo nos diversos ordenamentos jurídicos contemporâneos com a finalidade de justificar exercício abusivo do poder estatal e mitigação de garantias. Trata-se da velha ótica utilitarista em que os "fins justificam os meios".

A verdade como meta a ser alcançada no final do processo (verdade revelada pela sentença) constitui uma herança inquisitorial que ultrapassou muitos séculos e ainda marca presença na atual disposição do ritual processual.

A nosso ver, a noção de verdade é inconciliável ao processo penal e uma das questões iniciais a serem abordadas reside na própria complexidade conceitual da verdade.

Para se ter a exata dimensão da complexidade desse campo teórico, Nicolás e Frápoli[124], ao aprofundar a temática da verdade no século XX, classificam as distintas linhas de pensamento filosófico como pragmáticas, semânticas, não-semânticas, pró-oracionais, fenomenológicas, hermenêuticas, coerenciais e interssubjetivas.

---

123 **LOPES JR.**, Aury; **GLOECKNER**, Ricardo Jacobsen. Investigação preliminar no processo penal. São Paulo: Saraiva, 2014.

124 **NICOLÁS**, Juan Antônio; **FRÁPOLI**, Maria José. Teorías de la verdade en el siglo XX. Madri: Tecnos, 1997.

Nas filosofias clássica e medieval, sobretudo em Aristóteles[125] e Santo Agostinho[126], percebe-se uma grande influência da ontologia, com uma aflição em desvelar a essência e a natureza do ser.

É nesse ambiente que se fundem as noções de verdade e realidade, fazendo brotar a quimera da verdade real que, logo em seguida, iria reinar no epicentro do processo penal medieval e alongar seus tentáculos até os dias de hoje.

Na filosofia moderna, principalmente sob influência do racionalismo de Descartes[127], verifica-se um modelo de pensamento estruturado no método científico, na verificação e na experimentação, de modo a afastar a verdade de concepções teológicas ou pluralistas, transformando-as em verdades universais, absolutas e "cientificamente" incontestáveis.

Nesse ponto, a ontologia do pensamento aristotélico, centrado na questão existencial e essencial do ser, dá lugar a uma questão mais importante, qual seja, a epistemologia, enquanto método de investigação do conhecimento.

Essas bases filosóficas, ao construírem a ideia de uma verdade totalizante, como fruto de um conhecimento universal e imutável, exerceram influência no

---

125 **ARISTÓTELES**. Metafísica. São Paulo: Loyola, 2002.
126 **AGOSTINHO**, Santo. A natureza do bem. Rio de Janeiro: Sétimo Selo, 2005.
127 **DESCARTES**, René. Discurso do método. São Paulo: L&PM, 2005.

Direito enquanto ciência, preservando-se a simbiose entre a dimensão da realidade e a questão da verdade.

Com efeito, mesmo diante do inicial embate entre o racionalismo moderno e o empirismo de Hume[128] e Locke[129], foi a partir do século XX que essa equivocada premissa de fundir realidade e verdade foi contestada com maior fôlego.

Em sua teoria da relatividade, Einstein[130] demonstrou os caminhos para a inteligência relativa e incerta das noções de tempo e espaço, praticamente enterrando a matriz universal das leis do conhecimento.

Na mesma linha, desta vez no campo da psicanálise, Lacan[131], em seu movimento de releitura da teoria freudiana, anuncia que na dimensão inconsciente habita um saber que não se sabe. Ao estabelecer a tripartição estrutural do real-simbólico-imaginário, nos ensina que a dimensão do real é inalcançável e que a realidade deriva da ordem da fantasia, fruto da articulação entre o simbólico e o imaginário.

---

128 **HUME**, David. Investigações sobre o entendimento humano e os princípios da moral. São Paulo: Unesp, 2017.

129 **LOCKE**, John. Ensaio sobre o entendimento humano. São Paulo: Martins Fontes, 2012.

130 **EINSTEIN**, Albert. Teoria da relatividade: sobre a teoria da relatividade especial e geral. São Paulo: LP&M, 2015.

131 **JORGE**, Marco Antônio Coutinho. Fundamentos da psicanálise de Freud a Lacan, volume I: as bases conceituais. Rio de Janeiro: Zahar, 2005.

Nessas primeiras linhas, demonstra-se apenas uma breve síntese da complexidade que cerca o conceito de verdade, identificando sua fusão com a realidade e a subsequente transposição dessa ideia para o processo penal, com início, conforme já mencionado, no processo medieval e a subsequente extensão desses valores para o desenho contemporâneo.

Em nosso sentir, reputamos que esta relação entre processo penal e verdade constituem estruturas inconciliáveis, na medida em que o processo se apresenta como uma via instrumental e necessária para a constatação de um injusto penal e a subsequente aplicação de um castigo.

Ocorre que a marcha processual se desenvolve a partir da reconstituição histórica do crime que, por óbvio, ocorreu no passado, está sendo objeto de apreciação no presente e implicará em consequências futuras.

Nesse contexto, verifica-se uma atividade recognitiva sobre vestígios de fatos passados. Assim, os atores processuais que desenvolvem atividades decisórias, seja o Magistrado na instrução processual, seja o Delegado de Polícia, no curso da investigação criminal, operam alheios ao campo da realidade, sob influência de sua própria subjetividade, bem como dos efeitos do binômio tempo-espaço.

Esse processo de reconstrução histórico-lógica do delito provém de uma visão limitada e falha sobre a noção de verdade, na medida em que nesse trajeto essa prova dos fatos é constituída a partir de elementos integrativos subtraídos da esfera de valoração cognitiva pelos mais diversos atores processuais.

Quando, por exemplo, se está diante do depoimento de uma testemunha em sede policial, é evidente que essa testemunha, ao trazer à tona fatos passados, elimina e conserva dados de sua cognição. Por sua vez, o Delegado de Polícia, ao ouvir sua narrativa, também elimina e conserva dados de sua cognição, no âmbito da atividade de gestão dessa carga probatória.

Esse modelo de atividade recognitiva, típico da estrutura do processo penal e ínsito à própria natureza humana, encontra-se completamente apartado da ideia de verdade.

Ao delimitar essa atividade de recognição, Marrero[132] aponta para uma zona de interseção entre a epistemologia, a filosofia do direito e o direito probatório, identificando a justificação dos processos decisórios como parte integrante desses três campos do saber.

---

132 **MARRERO**, Danny. Capítulo I: Lineamientos generales para uma epistemología jurídica. In: PÁEZ, Andrés. Hechos, evidencia y estándares de prueba: ensayos de epistemología jurídica. Bogotá: Uniandes, 2015.

Na mesma direção, Geraldo Prado[133] identifica dois problemas.

O primeiro deles no campo da formação jurídica dos atores processuais com atividade decisória, pois tanto os Magistrados como também os Delegados de Polícia possuem formação na área do Direito e a atividade recognitiva necessária ao desenvolvimento da persecução criminal situa-se no plano comum da epistemologia, da filosofia do direito e do direito probatório.

O segundo, já no âmbito da fusão entre verdade e realidade, encontra-se na falsa crença de que o critério de valoração probatória, com base no livre convencimento motivado do magistrado[134], seria capaz de superar qualquer equívoco na valoração da prova.

Nessa mesma orientação, acreditamos também que a famigerada característica de "dispensabilidade" do inquérito policial constitui uma equivocada premissa que, para além de reduzir a concepção garantista da investigação criminal, cria a falsa ideia de que todo conteúdo vestigial produzido de forma ilegítima será expurgado na fase judicial.

---

133 **PRADO**, Geraldo. Cadeia de custódia da prova no processo penal. São Paulo; Marcial Pons: 2019.

134 Artigo 155 CPP. O juiz formará sua convicção pela livre apreciação da prova produzida em contraditório judicial, não podendo fundamentar sua decisão exclusivamente nos elementos informativos colhidos na investigação, ressalvadas as provas cautelares, não repetíveis e antecipadas.

Por essa razão, torna-se imperioso aniquilar a ideia central de que a atividade recognitiva desenvolvida ao longo do processo penal, materializada a partir da coleta probatória, tem como finalidade principal resgatar a verdade ocorrida no passado.

Hassemer[135] assinala que a atividade persecutória recai sobre um recorte da realidade e engloba necessariamente a associação de uma série de elementos de alta complexidade, como a incidência do arcabouço normativo penal, a conflitividade dos interesses das partes antagônicas no embate entre as teses de imputação e de defesa e ainda a observância do regramento processual, como transposição de um caminho obrigatório para o alcance de uma decisão final.

Nesse sentido, colocar a busca da verdade como meta finalística do processo penal significa conferir à atividade probatória a falsa ideia acerca da possibilidade de um resgate fidedigno do passado.

Esse cenário desvirtuado enseja a crença de que a persuasão racional do Magistrado, como método de valoração da prova, é uma máquina do tempo, que o transporta ao passado, colocando-o em contato com aquela realidade-verdade, tal como ocorreu.

---

135 **HASSEMER**, Winfred. La verdad y la búsqueda de la verdad en el processo penal: la medida de la Constituición.

Desta forma, a sentença, como decisão final, passa a ser um ato de revelação da verdade que foi recuperada do passado, reproduzindo-se a tônica da revelação da verdade sagrada do medievo e o simbolismo do Magistrado como portador desta verdade.

No campo doutrinário, processualistas de inestimável valor admitem a busca da verdade real como sendo a finalidade do processo penal.

Mirabete[136], em sua obra, afirma que o processo penal apresenta sua estrutura escorada na busca da verdade real, acrescentando, inclusive, que a iniciativa probatória do Magistrado encontra legitimação nesse trajeto de resgate da verdade dos fatos.

Essa idealização da verdade real no processo penal ainda é tão viva no ordenamento jurídico que encontra amparo em decisões do Supremo Tribunal Federal.

Observe-se o extrato do julgado nos autos do Inquérito Policial 4023/2016 – Amapá, da lavra da Ministra Carmen Lúcia:

*"O Ministério Público é o titular da ação penal, detentor da opinio delicti e a quem compete avaliar se o acervo probatório produzido, até o momento, é suficiente para a instauração do processo penal. Se não for, poderá a prova ser produzida e complementada durante a instrução processual, caminhando-se na **busca da***

---
136 **MIRABETE**, Julio Fabrini. Processo penal. São Paulo. Atlas, 2000.

verdade real, *princípio orientador do processo penal*. (grifo nosso).

Por outra via, parte respeitável da doutrina, reconhecendo a incongruência da noção de verdade real ou absoluta na persecução criminal de um sistema acusatório, sustenta a legitimação no processo penal da denominada verdade formal ou processual.

Cuida-se aqui de uma nova roupagem da verdade, apartada da ideia original de verdade absoluta, real, única e imutável. Trata-se de uma verdade processualmente construída a partir dos limites fixados pela atividade probatória.

Ferrajoli[137] situa a verdade formal num ambiente probatório condicionado ao respeito irrestrito às regras procedimentais e as garantias da defesa. Para este autor, a verdade formal é uma verdade de caráter aproximativo, vez que guarda em si um conteúdo relativo, contingenciado, indisponível ao conhecimento.

Identifica ainda a distinção entre uma verdade processual fática, derivada do resgate de fatos históricos pela atividade probatória, e uma verdade processual jurídica, dedicada à valoração dos fatos passados de acordo com as respectivas categorias jurídicas normatizadas pelo ordenamento processual.

---
137 **FERRAJOLI**, Luigi. Direito e Razão: teoria do garantismo penal. São Paulo: Editora Revista dos Tribunais, 2002.

Na mesma dicção, Badaró[138] assinala que a verdade formal ou processual sempre é revestida por um caráter relativo, produto da atividade de exame do contexto probatório pelo Magistrado, com vistas a atingir a maior aproximação possível da verdade.

Ao enfrentar a correlação entre verdade e atividade probatória processual, Taruffo[139] aborda três vertentes de pensamento distintas: racionalista, ritualística e simbólica.

A primeira concepção, de índole racionalista, sustenta a possibilidade de alcance da verdade dos fatos através da atividade probatória.

Por essa via, a prova encontra-se intrinsecamente ligada a essa atividade de reconstrução da verdade, que assume o papel finalístico do processo.

Essa é a orientação utilizada pela doutrina tradicional do processo penal, seja pela legitimação do papel da verdade real, seja por seu desvio conceitual a partir da construção teórica das demais categorias derivadas da adjetivação da verdade (processual ou formal).

Numa segunda concepção, a atividade probatória tem uma funcionalidade ritualística, voltada para con-

---

138 **BADARÓ**, Gustavo Henrique Righi Ivahy. Ônus da prova no processo penal. São Paulo; Revista dos Tribunais, 2003.
139 **TARUFFO**, Michele. La prueba de los hechos. Madri: Trotta Editorial, 2011.

ferir uma credibilidade aos mecanismos processuais que sustentam a responsabilização criminal do imputado.

Nessa visão, a verdade não constitui um princípio orientador do processo penal, sendo meramente contingencial (e não essencial) para o seu desenvolvimento.

Por fim, numa terceira corrente, a atividade probatória comporta uma arquitetura simbólica, que se desenvolve a partir da análise de um conjunto de signos que são utilizados pelas partes para sustentar suas respectivas versões para o caso penal.

Aqui, o papel da verdade não é fundante, na medida em que a estrutura simbólica da prova, com suas narrativas, sinais e significantes, desvela uma função persuasiva, dirigida ao convencimento do Estado-Juiz.

Com acerto, Lopes Jr.[140] admite a coexistência das concepções ritualística e simbólica, bem como destaca a impossibilidade de prosseguir com a idealização de base racionalista entre verdade e atividade probatória no processo penal.

A questão central reside no fato de que o grande problema está na associação da verdade, seja ela real, absoluta, formal ou processual, como uma meta a ser atingida pelo processo penal.

---

140 **LOPES JÚNIOR**, Aury; **GLOECKNER**, Ricardo Jacobsen. Investigação preliminar no processo penal. São Paulo: Saraiva, 2014.

É inegável que o conceito de verdade, principalmente da forma como foi transportado ao processo penal, contém um excesso epistêmico que, ao ser legitimado, carreia para a persecução criminal um paradigma inquisitivo, colocando-se em risco os ideais de democraticidade de um sistema processual acusatório.

A instrumentalidade do processo penal, como via hábil a propiciar a responsabilização criminal, não está imersa na dimensão verdade-realidade, na medida em que opera sobre elementos fáticos passados e, portanto, têmporo-espacialmente inacessíveis.

Aragoneses Alonso[141] pontua que essa reconstrução histórica de fatos passados constitui uma tarefa da atividade probatória ao longo da marcha processual, voltada para obter o convencimento psicológico do julgador.

Desta forma, o processo penal, em seu percurso de ligação do fato punível até sua correspondente sanção, deve ser lido como a passagem de um estado de incerteza para um estado de certeza.

Nesse trajeto, a estruturação da prova penal desenvolve-se a partir de uma atividade recognitiva, levada a efeito pelos diversos atores processuais, com des-

---

141 **ARAGONESES ALONSO**, Pedro. Instituciones de derecho procesal penal. Madri: Rubi Artes Gráficas, 1984.

taque para o Delegado de Polícia e para o Magistrado, principais agentes epistêmicos de equalização da fiabilidade probatória.

Por óbvio, esse esforço recognitivo, por mais que submetido ao crivo das garantias constitucionais, apresenta-se como um esforço humano e, portanto, sujeito a inevitáveis graus de contaminação.

Com efeito, o ato decisório, por estar justamente inserido nessa nebulosa permeada por vícios, desvios, contágios e subjetivismos, não há de comportar espaço para o conceito de verdade (real ou processual).

A busca da verdade não constitui (e está longe de constituir) a finalidade de um processo penal democrático e de cariz acusatório.

Como acentua Marrero[142], os sistemas jurídicos consolidam suas finalidades epistemológicas a partir de duas orientações distintas: a busca da verdade ou a prevenção de incorreções.

Portanto, já ultrapassamos o momento de reconhecer a extrema incongruência da noção de verdade (real ou processual) no âmbito de um processo penal acusatório.

---

142 **MARRERO**, Danny. Capítulo I: Lineamientos generales para uma epistemología jurídica. In: PÁEZ, Andrés. Hechos, evidencia y estándares de prueba: ensayos de epistemología jurídica. Bogotá: Uniandes, 2015

A persecução criminal representa um trajeto de alteração de um estado de total incerteza para um estado de certeza, de modo a permitir a responsabilização criminal a partir do exame do contexto probatório do caso penal.

A preocupação em um processo penal democrático, apartada da esquizofrênica fixação pela verdade, deve estar centrada no reconhecimento de que a marcha processual comporta distintos estágios de valoração recognitiva nessa metodologia histórico-lógica de reconstrução de fatos passados.

Nessa dimensão reconstitutiva de fatos passados, toda atividade probatória deve receber uma filtragem, realizada a partir de um sistema de controles epistêmicos, com *standards* bem definidos, com vistas a proporcionar mecanismos mais eficientes para a gestão de riscos probatórios, otimizando não só os seus processos de valoração, mas também de fiabilidade.

Nesse contexto, a sentença deixa de ser vista como um ato de revelação da verdade, para se tornar o que ela realmente deve ser: um ato de convencimento do Estado-Juiz, produto de um conjunto de *standards* probatórios, com a utilização do critério da prova para além da dúvida razoável (*beyond a resonable doubt*), como método de gestão de riscos da decisão final.

III.c. Devido Processo Legal Investigativo – em busca das garantias perdidas.

É preciso estabelecer novas premissas para desestabilizar velhas verdades.

A persecução criminal, em sua condição natural, constitui um trajeto vivo, dinâmico e cercado por incertezas, cujo resultado final abre a única margem legítima de interferência no campo das liberdades individuais, enquanto garantia constitucionalmente estabelecida pela ordem jurídica.

Quando o Estado Democrático traz para si o monopólio do poder punitivo, o processo penal assume o papel instrumental de delimitação do exercício desse poder, de modo que o desvirtuamento dessa essência constitucional, transforma-o numa máquina punitiva, apartada, portanto, dos ideais republicanos.

Por essa razão, o desenvolvimento do processo penal, marcado pelo encadeamento lógico de seus diversos atos integrativos, deve contemplar uma gestão de riscos, cujas engrenagens de controle estabeleçam um sistema mínimo de garantias, a fim de proporcionar a responsabilização criminal segundo os parâmetros de democraticidade, justiça e dignidade humana.

Baseado nessa concepção, o legislador constituinte estabeleceu um complexo de garantias constitucionais de índole processual penal, cuja base matricial encontra assento na cláusula geral do devido processo legal.

Em sua perspectiva constitucional, o devido processo legal, na esteira do artigo 5º, inciso LIV da Carta Republicana, emerge como um sobreprincípio, vez que dele se extraem os fundamentos de validade para diversas outras garantias de mesma linhagem.

Acertadamente, Bulos[143] assevera que o devido processo legal constitui um verdadeiro reservatório de garantias constitucionais que se prestam a delimitar o atuar do poder estatal.

No mesmo tom, Dantas[144] acrescenta inclusive que, sob ponto de vista terminológico, a tradução mais apropriada da matriz original *due process of law* refletiria, com mais clareza, o sentido de "perfeita adequação ao direito" ao invés da expressão utilizada como devido processo legal.

Historicamente, o devido processo legal tem sua origem vinculada ao artigo 39 da Magna Carta Inglesa[145]

---

143 **BULOS**, Uadi Lammêgo. Curso de direito constitucional. São Paulo: Saraiva, 2011.

144 **DANTAS**, San Tiago. Problemas do direito positivo: estudos e pareceres. Rio de Janeiro; Forense, 1953.

145 "Art. 39: Nenhum homem livre será detido ou sujeito à prisão, ou privado de seus bens, ou colocado fora da lei ou exilado, ou de qualquer modo molestado e nós não procederemos ou mandaremos proceder contra ele, senão mediante um julgamento de seus pares e de harmonia com as leis do país."

de 1215 (*law of the land*), onde o Rei João "Sem Terra", apesar de não utilizar expressamente a locução devido processo legal, determinou que a restrição da liberdade ou de bens de um homem livre não poderia ser concretizada sem um julgamento prévio de conforme as leis do país.

Somente em 1354, o parlamento inglês, durante o reinado de Eduardo III, substitui a expressão inicial pelo *due process of law*, tal como empregado até os dias de hoje.

Embora identificada sua gênese principiológica no século XIII, somente a partir do século XX é que a estruturação do devido processo legal no protagonismo dos ordenamentos jurídicos contemporâneos restou verificada com maior vigor.

A partir daí, o devido processo legal vem assumir um papel de grande relevo no arcabouço normativo, na medida em que passa a operar como um potente instrumento de tutela de direitos fundamentais.

Sob ponto de vista doutrinário, o devido processo legal possui uma amplitude bifásica, representada pelo devido processo legal material (*substantive due process of law*) e pelo devido processo legal formal (*procedural due process of law*).

Em síntese, no direito público, o devido processo legal, em sua dimensão formal, manifesta-se pela possibilidade de acesso à Justiça (*his day in Court*), como meio legítimo de reivindicação de direitos dos cidadãos. Nesse contexto, estão inseridas todas as garantias relativas ao desenvolvimento de um processo justo e equitativo, com paridade de armas, meios de defesa, vedação à autoincriminação, entre outros.

A seu turno, o devido processo legal material apresenta-se como meio de tutela dos administrados no controle dos atos decisórios emanados pelo poder público, em prestígio aos preceitos de razoabilidade e proporcionalidade que norteiam a atividade estatal.

Com efeito, o conteúdo axiológico do devido processo legal, em suas vertentes material e procedimental, possui um espectro amplo, de sorte a irradiar seus efeitos para um vasto conjunto de princípios dele derivados.

Desta forma, a dogmática constitucionalista indica que os princípios do contraditório, da ampla defesa, da inadmissibilidade de provas ilícitas, da publicidade, da duração razoável do processo, da motivação das decisões, entre outros, estariam no rol desses preceitos decorrentes da cláusula do devido processo legal.

Apesar do acerto desta colocação, verifica-se que, no campo processual penal, há certo reducionismo por parte da doutrina tradicional, no que tange à orientação desses princípios no âmbito da investigação criminal.

Grande parte da doutrina processualista, ao reconhecer não só a importância da cláusula do devido processo legal, mas também dos demais preceitos que dela se originam, direcionam a efetividade de tais garantias tão somente à instrução processual.

Sob o manto de falsas premissas, como a famigerada "dispensabilidade do inquérito policial", a sua natureza de procedimento "meramente administrativo", ou mesmo pela adoção de um sistema processual "misto", a atividade de investigação criminal, sob essa perspectiva dogmática, passa a ser relegada a um plano secundário, quando, a bem da verdade, ela é dotada de um papel fundamental no sistema de justiça criminal: a filtragem de acusações injustas ou infundadas (concepção binária do Estado-Investigador).

Por óbvio, a marcha processual representa, como já afirmamos, a passagem de um estado de incerteza para um estado de certeza, que possibilita a responsabilização criminal do imputado, através de uma reconstrução histórico-lógica do caso penal.

E esse caminho, no processo penal brasileiro, apresenta-se dividido em duas etapas que se encontram umbilicalmente interligadas: uma instrução preliminar, representada pela investigação criminal, e uma instrução definitiva, a partir da instrução judicial.

Ao enfatizar o papel do devido processo legal, Canotilho[146] assinala que o exercício do poder estatal não é livre, mas sim condicionado aos preceitos sistêmicos que devem orientar todo arcabouço procedimental.

Nessa linha, Nicolitt[147] alerta que a engrenagem processual penal deve ser materialmente orientada pelo critério de justiça, tomando por base sua concepção filosófica na perspectiva aristotélica, onde processo justo é sinônimo de processo equitativo.

Eis que se chega numa questão central: a cláusula do devido processo legal deve ter efetiva aplicabilidade na investigação criminal?

Num primeiro momento, a resposta positiva aparenta uma obviedade cristalina (e assim o é).

Contudo, no campo doutrinário, é comum nos depararmos com as mais diversas resistências teóricas em sentido contrário, com base em construções jurídicas destoantes do próprio escopo constitucional.

Ressalte-se que admitir a incidência do devido processo legal na atividade de investigação criminal

---

146 **CANOTILHO**, Joaquim José Gomes. Direito Constitucional e teoria da constituição. Coimbra: Almedina, 2003.
147 **NICOLITT**, André Luiz. Manual de Processo Penal. São Paulo, Revista dos Tribunais, 2016.

implica, por uma consequência lógica, em reconhecer a efetividade de todo o rol de princípios dele derivados.

E nesse ponto, grande parcela da doutrina tradicional negligencia qualquer tipo de aprofundamento teórico, sobretudo no que diz respeito aos preceitos relacionados à ampla defesa, contraditório, duração razoável, inadmissibilidade de provas ilícitas, entre outros.

Nesse sentido, Paulo Rangel[148], ao tratar da inquisitorialidade enquanto característica do inquérito policial, nega a possibilidade de exercício de defesa pelo investigado, sob alegação de que, nesse momento, não há acusação formal, apenas uma atividade de mera pesquisa dos fatos realizada pela Autoridade Policial.

Na mesma direção, Mirabete[149] sustenta que os princípios constitucionais de índole processual (contraditório, ampla defesa, entre outros) não são aplicáveis ao inquérito policial por serem exclusivos da instrução processual.

Com a devida vênia da importância do pensamento desses eminentes processualistas, ousamos divergir.

---

148 **RANGEL**, Paulo. Direito processual penal. Rio de Janeiro: Lumen juris, 2007.

149 MIRABETE, Julio Fabrinni. Código de processo penal comentado. São Paulo: Atlas, 2006.

É evidente que as etapas da persecução criminal contêm peculiaridades e marcas distintivas próprias. Investigação criminal e instrução processual constituem momentos procedimentais diferentes.

Entretanto, não se pode negar a integração sistêmica da investigação criminal com a ordem constitucional instituída e seus princípios orientadores.

Conforme já analisado, a função principiológica do devido processo legal guarda, desde sua embrionária origem, o dever de contenção dos arbítrios do poder punitivo estatal.

Ressalte-se ainda que a existência de um regramento processual, sob ponto de vista meramente formal, acerca da atividade de investigação criminal, conforme se depreende da leitura dos artigos 4º ao 23 do Código de Processo Penal, está longe do ideal preconizado pela cláusula do devido processo legal e de seus demais consectários.

Desta forma, sendo a investigação criminal a primeira etapa dessa atividade persecutória, não se pode admiti-la como um espaço permeado por decisionismos, subjetivismos, achados aleatórios, empirismos, afastado, portanto, dos ditames constitucionais.

É forçoso também reconhecer que a investigação criminal necessita de um aporte epistemológico seguro, com vistas a equalizar a sua dupla função de coleta indiciária de autoria e materialidade do caso penal e a tutela de garantias para filtragem de acusações injustas ou temerárias.

Nesse cenário, reconhecemos ser extremamente plausível que a cláusula do devido processo legal, bem como seus demais corolários naturais, exerça uma orientação efetiva sobre a atividade de investigação criminal.

É nesse conjunto de feixes principiológicos, com vistas a conferir estabilidade democrática e manutenção dos ideais de justiça e dignidade humana no decurso da atividade de investigação criminal, que reconhecemos a dimensão do chamado devido processo legal investigativo.

O devido processo legal investigativo, como reflexo da cláusula do devido processo legal na investigação criminal, reúne todo o arsenal de preceitos constitucionais necessários ao seu controle epistêmico.

A coleta de elementos indiciários de autoria e materialidade do caso penal, enquanto uma das funções precípuas da investigação criminal, não pode figurar como um produto de decisões arbitrárias, intuitivas, empíricas e baseadas no senso comum.

Uma investigação criminal desvinculada de uma filtragem constitucional e epistemológica, para além de abrir as portas ao arbítrio punitivo, implica em grave prejuízo à gestão de riscos da persecução criminal.

A formalização de providências investigativas, tal qual enumeradas pelo artigo 6º do Código de Processo Penal, não pode estar descolada desta noção de devido processo legal investigativo, vez que ela se mostra necessária a sedimentar que toda atividade inerente ao curso da investigação criminal encontra-se orientada por princípios constitucionais de índole processual penal, bem como deve obrigatoriamente observar critérios racionais, com metodologia e técnicas adequadas à redução de riscos na admissibilidade e valoração das evidências coletadas.

Desta forma, a preservação de um local de crime, o depoimento de testemunhas, a apreensão de objetos, a confissão, o reconhecimento de pessoas, entre outras providências preliminares típicas da verticalização do curso da investigação devem ser inspiradas pelo denominado devido processo legal investigativo, preservando-se as garantias constitucionais e otimizando o controle epistêmico do conjunto probatório.

Tomando-se, como exemplo, o reconhecimento de pessoas, com previsão nos artigos 6º, inciso VII e 226 do Código de Processo Penal, percebe-se que, em grande parte dos casos, há um elevado grau de contaminação desta evidência indiciária, motivada justamente pela inobservância dos preceitos constitucionais inseridos na dimensão do devido processo legal investigativo.

Trabalhos realizados pela organização Innocence Project[150] demonstram, por exemplo, que nas revisões criminais resultantes em absolvição de acusados, em cerca de 70% dos casos os suspeitos haviam sido reconhecidos por vítimas ou testemunhas.

Inicialmente, observa-se que a técnica do *show up*, que consiste em utilizar no procedimento de reconhecimento de pessoas apenas um único suspeito, seja presencialmente ou por imagem fotográfica, é utilizada em larga escala.

A partir dos conhecimentos trazidos pela psicologia cognitiva[151], é cediço que esse modo de produção de evidência probatória é cercado por diversas intercorrências.

Primeiro, porque essa prática apresenta-se inadequada por oferecer apenas duas soluções à testemunha: reconhecer ou não reconhecer o imputado como autor. E isso eleva a probabilidade de reconhecimento falso de um suspeito quando a testemunha guarda em seu

---

150 www.innocenceproject.org

151 **MATIDA**, Janaína. Standards de prova: a modéstia necessária a juízes e o abandono da prova por convicção". In: Arquivos da resistência: ensaios e anais do VII Seminário Nacional do IBADPP, Florianópolis: Tirant lo blanch, 2019.

acervo de memória apenas poucas características do agente.

Segundo, porque enseja um direcionamento sugestivo à memória, de modo a induzir o reconhecimento positivo da vítima ou da testemunha, elevando-se o risco de uma imputação temerária ou injusta.

Esse padrão de reconhecimento de pessoas, além de metodologicamente inapropriado, destoa dos preceitos constitucionais reunidos no devido processo legal investigativo.

Há uma clara inobservância às formalidades estabelecidas pela norma processual, uma violação grave ao *status dignitatis* do imputado e uma deturpação ao filtro de inadmissibilidade de provas ilícitas.

A bem da verdade, tanto o ordenamento processual, quanto o tecnicismo investigativo, aproximam-se da técnica denominada alinhamento (*line up*), sendo recomendada a apresentação do suspeito em conjunto com outros não suspeitos de características físicas similares, permitindo-se não só a melhor distribuição dos riscos de um falso reconhecimento na hipótese de eventual dúvida da testemunha, mas também o aumento da credibilidade de um reconhecimento verdadeiro por ela realizado.

Outro problema associado ao reconhecimento de pessoas é constatado na serial reiteração de reconhecimentos, leitura rotineira no decurso da persecução criminal (reconhecimento por registro fotográfico, reconhecimento pessoal em sede policial, reconhecimento em juízo).

Essa circunstância ignora por completo os processos de aprendizagem da memória humana, pois na medida em que há uma associação inicial do registro fotográfico apresentado com a imagem do suspeito que cometeu o crime, é essa cognição que ingressa no acervo da memória da testemunha que, provavelmente, será replicada nos demais procedimentos futuros.

Por derradeiro, a explicação prévia à testemunha sobre as possibilidades resultantes do procedimento de reconhecimento de pessoas, ou seja, sua plena ciência de que pode ou não reconhecer um suspeito, ou mesmo afirmar que não tem segurança para efetuar um reconhecimento, também constitui um fator importante à gestão de riscos da produção dessa evidência.

Ocorre que o reconhecimento de pessoas, enquanto elemento probatório massivamente utilizado no processo penal brasileiro, apesar de receber o tratamento de prova repetível, ajusta-se, com mais precisão, ao contexto de prova irrepetível.

Nesse panorama de reprodução sequencial, o reconhecimento de pessoas, uma vez realizado sem a devida observância dos preceitos constitucionais e epistemológicos adequados, gera uma contaminação avassaladora na marcha processual.

Com efeito, é na legitimação deste devido processo legal investigativo que se busca resgatar uma essencial orientação constitucional e epistemológica, adequada ao momento endoprocessual que conota o ambiente de investigação criminal.

Nesse contexto, um dos grandes desacertos da doutrina processual penal assenta-se, indubitavelmente, na negação dos princípios da ampla defesa e contraditório no ambiente investigativo.

Sendo um dos principais consectários lógicos da cláusula do devido processo legal, o contraditório e a ampla defesa gozam do status de garantias individuais, expressamente previstas no artigo 5º, inciso LV, da Constituição Federal, bem como no artigo 8.2 da Convenção Americana de Diretos Humanos.

Sob uma ótica extremamente reducionista, parcela da doutrina, através de uma tortuosa hermenêutica, postula o afastamento de tais importantes preceitos, sob a falsa premissa de que a dicção constitucional, ao mencionar o termo "aos acusados em geral" (e não indiciados), estaria se referindo tão somente à segunda etapa da persecução criminal.

Ousamos divergir desta posição, vez que reputamos inaceitável qualquer mitigação de garantias individuais deste quilate, cuja natureza remonta à tomada de decisões políticas fundantes na conformação do próprio Estado de Direito.

A deflagração de um procedimento investigatório em desfavor de qualquer indivíduo há de naturalmente gerar, no âmago da dignidade humana, um direito natural de resistência, sob pena de subversão do escopo democrático.

Nessa linha, MORENO CATENA[152] assinala que o direto de defesa, hoje positivado na grande maioria das constituições modernas, afigura-se como um direito inato à condição humana.

Ademais, resta evidente que o constituinte originário, ao utilizar a locução "acusados em geral", expandiu o espectro terminológico de forma a abarcar qualquer tipo de imputação.

Reconhecendo a distinção entre as etapas da persecução criminal, mas sem negar a incidência das garantias de defesa e contraditório, a doutrina mais moderna[153] afirma que, no âmbito da investigação criminal, mormente em razão de seu caráter informativo e despido de uma atividade dialética típica da instrução processual, existe o exercício de defesa, mas não

---

152 **MORENO CATENA**, Victor. La defensa en el proceso penal. Madri: Civitas, 1982.

153 **NICOLITT**, André. Manual de Processo Penal. Rio de Janeiro: Elsevier, 2012

ampla, bem como um contraditório, mas em caráter diferido.

Compartilhamos desse mesmo entendimento, mas com ressalvas às adjetivações realizadas (direito de defesa **não-ampla** e contraditório **diferido**).

Tanto o exercício da ampla defesa, como o contraditório tem guarida no panorama investigativo, já que decorrem de uma imposição do norte orientador extraído da cláusula do devido processo legal.

Contudo, como bem observado pela própria disposição constitucional, o exercício da ampla defesa e do contraditório, como garantias individuais conferidas aos imputados, desenvolve-se a partir dos "meios e recursos a ele inerentes".

Por evidente, como as etapas da persecução criminal trabalham em diferentes estratos de valoração recognitiva do caso penal, cujo objetivo caminha no sentido de migrar de um estado inicial de incerteza para um estado de certeza, o nível de recursos e mecanismos de defesa à disposição do imputado na instrução preliminar há de ser naturalmente reduzido quando comparado à instrução definitiva.

É nesse contexto que está inserido o ora denominado devido processo legal investigativo, como um reflexo vivo da cláusula geral do devido processo legal e que reúne todo o complexo de garantias processuais de espectro constitucional, com sua efetividade voltada ao ambiente de investigação criminal, observadas as devidas adequações às peculiariedades desta importante etapa persecutória.

O devido processo legal investigativo possibilita a oxigenação constitucional da dinâmica investigativa, bem como aponta a necessidade de adoção de um sistema de controles epistêmicos que deve orientar toda a atividade de coleta de evidências do caso penal.

Nesse contexto, estão inseridos mecanismos de preservação da cadeia de custódia probatória desde a deflagração da fase investigativa, de modo a sedimentar critérios de fiabilidade probatória durante todo o curso processual.

Desta forma, a dimensão do devido processo legal investigativo opera como um redutor de danos na atividade de investigação criminal, permitindo um contigenciamento de riscos graves e futuros à decisão final sobre o caso penal.

No campo doutrinário, não há mais espaço para negligenciar a investigação criminal de modo a reservar para ela um papel secundário no processo penal, dissociando-a, cada vez mais, de um paradigma democrático.

É imperioso frisar que na condução da investigação criminal pelo Estado-Investigador, o Delegado de Polícia, no exercício de seu mister constitucional, vem agregando elementos vestigiais do caso penal, de modo a gradualmente formar sua convicção acerca da existência de indícios de autoria e materialidade delitiva.

Todos os atos decisórios por ele adotados no campo técnico-jurídico resultam de um juízo de valoração sobre as diversas hipóteses fáticas prováveis das linhas de investigação.

Por essa razão, a legitimação de um devido processo legal investigativo apresenta-se como uma espinha dorsal da instrução preliminar, já que permite a incidência de garantias processuais fundantes, como a ampla defesa, o contraditório, a inadmissibilidade de provas ilícitas, com os recursos adequados e possíveis ao ambiente investigativo.

Como resultado, pretende-se alcançar uma investigação de cariz mais democrático, a partir da equalização entre as cargas indiciárias de imputação e de defesa, com objetivo de promover a redução de riscos de dano ao provimento final do processo.

Afinal, a investigação criminal, como o primeiro sistema de filtragem da ordem constitucional, também deve ser lida como um ato de restituir humanidades negadas.

III.d. Ato de Indiciamento – uma prerrogativa de titularidade da investigação criminal.

O ato de indiciamento, não obstante sua extrema importância no âmbito do processo penal, constitui um território quase inexplorado pela doutrina tradicional.

Apesar de constituir um dos mais relevantes marcos processuais da atividade de investigação criminal, percebe-se que, dogmaticamente, foram tímidos os avanços realizados acerca de seu conceito, elementos integrativos, finalidades, momentos de configuração, titularidade e efeitos processuais-penais.

No plano legislativo, o Código de Processo Penal faz referências esparsas ao indiciamento (artigos 5º, 6º, 10, 14, 14-A, 15, 21, 23, 125, 134, 137, 282, 317, 319, 320, 405), carecendo de contornos mais claros e bem definidos, compatíveis com a real dimensão que esse momento requer.

Recentemente, com o advento da Lei nº 12.830/13, presenciou-se um avanço quanto a certos aspectos do ato de indiciamento, mormente em relação à titularidade da investigação criminal e seus elementos integrativos, mas sem adentrar de forma mais incisiva em outras questões de mesma grandeza para a correta delineação do ato.

Apesar de ser um momento endoprocessual fundamental para o caminho a ser trilhado pelo processual penal, refletido na passagem de um estado de incerteza para um estado de certeza acerca do caso penal, o indiciamento ainda se reveste com um tom enigmático que reduz o seu papel na estrutura do sistema processual brasileiro[154].

Nessa direção, assinala Giacomolli[155] que o interesse da doutrina pelo tema do indiciamento reflete um histórico menoscabo, sobretudo do ponto de vista acadêmico, com a etapa de instrução preliminar, o que, em outra perspectiva, pode-se revelar como sendo um campo fértil para o arbítrio e para a mitigação de direitos fundamentais.

Para a exata compreensão do ato de indiciamento, bem como de seus desdobramentos na seara processual penal, torna-se necessário ressaltar que o sujeito passivo, no transcurso das distintas etapas processuais, pode assumir status jurídicos diferenciados, a depender da valoração recognitiva acerca de sua responsabilização criminal.

Mesmo diante da ausência de uma normativa expressa e clara acerca de tais estados no Código de Pro-

---

154 **CHOUKR**, Fauzi Hassan. Garantias constitucionais na investigação criminal. Rio de Janeiro: Lumen juris, 2006.

155 **GIACOMOLLI**, Nereu José. A fase preliminar do processo penal: crises, misérias e novas metodologias investigatórias. Rio de Janeiro: Lumen juris, 2011.

cesso Penal, é possível extrair do plano doutrinário a distinção entre quatro estágios de sujeição passiva do imputado[156] em um caso penal: suspeito, indiciado, acusado e condenado.

Desta forma, o imputado considerado suspeito encontra-se num estágio inicial de valoração recognitiva, onde há uma mera conjectura acerca da autoria do evento criminoso. Nesse caso, a hipótese fática tem como substrato a existência de um juízo de mera possibilidade em relação à autoria delitiva.

Num passo adiante, o status de indiciado, assim como o de acusado, representa a incidência de elementos vestigiais de autoria no plano da probabilidade. Aqui, o juízo de recognição, a partir da verticalização do procedimento investigativo, revela que a hipótese fática viável reúne elementos indicativos prováveis da autoria do imputado no caso penal.

A distinção entre os estágios de indiciado e acusado não se encontra vinculada ao grau de valoração recognitiva quanto à autoria, vez que ambos operam no campo da probabilidade; mas sim, diferenciam-se por estarem associados a marcos processuais objetivamente delimitados pela titularidade desse reconhecimento.

---

156 Sobre o status passivo de imputado no processo penal: **CARNELUTTI**, Francesco. Cuestiones sobre el proceso penal. Buenos Aires: Libreria el foro, 1994.

Assim, o status de indiciado decorre do reconhecimento pelo Delegado de Polícia, na qualidade de titular da instrução preliminar, da presença de evidências indicativas de autoria delitiva no curso investigativo, que se perfaz pela decisão de indiciamento, na forma do artigo 6º, § 2º, da Lei 12.2830/13.

Por outro lado, a qualidade jurídica de acusado enseja a sinalização positiva do Magistrado acerca de um juízo de admissibilidade da ação penal, a partir do reconhecimento da existência de indícios prováveis de autoria delitiva, levado a efeito, via de regra, pelo Membro do Ministério Público (ou, nos casos de ação privada, pelo ofendido), enquanto titular legítimo da *persecutio criminis in judicio*, nos moldes dos artigos 396 e 399 do Código de Processo Penal.

Por fim, a qualificação jurídica de condenado deriva de uma valoração recognitiva no plano de certeza, realizada pelo Magistrado quando da análise das hipóteses fáticas resultantes da atividade dialética entre acusação e defesa, sedimentada no decreto penal condenatório transitado em julgado.

O reclame pela utilização correta e dentro de um padrão técnico de tais terminologias, para além de evidenciar o escalonamento jurídico-processual do imputado, revela os seus distintos graus de sujeição passiva à persecução penal.

O indiciamento, portanto, indica um momento endoprocessual que contempla a reunião de evidências indicativas de autoria delitiva coletadas durante a etapa de instrução preliminar, no campo da probabilidade.

Segundo Moraes Pitombo[157], a reunião de um acervo probatório indicativo de autoria delitiva, que inicialmente recai sobre um suspeito, traz consigo o dever de indiciamento. Caso contrário, diante da fragilidade de um quadro indiciário de autoria, deve o suspeito permanecer em tal status.

Desta forma, o ato de indiciamento, que confere ao imputado o status passivo de indiciado, consolida o momento técnico-jurídico em que o Estado-Investigador, representado no sistema processual brasileiro pelo Delegado de Polícia, conclui, em sua esfera de valoração recognitiva de probabilidade da hipótese fática, pela existência de evidências indicativas de autoria delitiva do caso penal.

Nessa linha, assevera Lopes Jr.[158] que o status de suspeito é antecedente lógico do status de indiciado, o qual, a partir da decisão de indiciamento, substitui o primeiro e evidencia o alcance de um grau de conven-

---

157 **MORAES PITOMBO**, Sérgio Marcos. O indiciamento como ato de polícia judiciária. São Paulo: Revista dos Tribunais, 1983.
158 **LOPES JR.**, Aury; **GLOECKNER**, Ricardo Jacobsen. Investigação preliminar no processo penal. São Paulo: Saraiva, 2014.

cimento imediatamente superior com relação à autoria delitiva.

E essa prerrogativa, no sistema processual brasileiro, foi conferida ao Delegado de Polícia, reconhecido como legítimo representante do Estado-Investigador, na esteira dos artigos 144, § 1º, inciso V e § 4º da Constituição Federal, do artigo 4º do Código de Processo Penal, bem como ratificada pela disposição do artigo 2º, § 6º da Lei nº 12.830/13.

Aliás, a redação do mencionado dispositivo legal é cristalina ao atribuir, de forma privativa, o ato de indiciamento ao Delegado de Polícia que, no exercício de seu mister constitucional, detém o poder-dever de, após análise técnico-jurídica do caso penal, expor, de modo fundamentado, o seu convencimento acerca da hipótese fática provável, indiciativa da autoria delitiva.

Com efeito, seja a decisão de indiciamento realizada no curso da investigação criminal, ou mesmo na homologação de uma prisão-captura em estado de flagrante delito, é somente através dela que se legitima o status de indiciado.

Questão relevante recai sobre a análise quanto à possibilidade de indiciamento por requisição do Magistrado ou por Membro do Ministério Público.

Nesse aspecto, entendemos que uma postura ativa do Estado-Juiz, no sentido de expor qualquer tipo de direcionamento na formação de seu convencimento acerca do status jurídico do imputado no curso da investigação criminal, constitui uma grave afronta ao sistema acusatório e à necessária democraticidade que deve inspirar a persecução criminal.

No caso de requisição por intermédio de Membro do Ministério Público, também reconhecemos a total impossibilidade, tendo em vista que a decisão de indiciamento constitui ato exclusivo do Delegado de Polícia, na esteira do artigo 2º, § 6º da Lei nº 12.830/13.

O estabelecimento de um juízo valorativo de recognição acerca da existência de evidências indicativas de autoria delitiva é mister privativo de Delegado de Polícia, fruto de sua análise técnico-jurídica do caso penal.

Desta forma, não se pode admitir que haja uma requisição de indiciamento, seja por parte do Magistrado, seja pelo Membro do Ministério Público. Até porque, em via transversa, a decisão de indiciamento não vincula o ato de propositura da correspondente ação penal, titularizado pelo Estado-Acusador, nem tampouco tem o condão de obrigatoriamente impor a decretação de um provimento final condenatório pelo Estado-Juiz.

A decisão de indiciamento, no que concerne a seus elementos integrativos, deve resultar de um exame técnico-jurídico sobre as hipóteses fáticas que compõem o caso penal.

Nesse ponto, essa análise técnico-jurídica, que conota a atividade de investigação criminal, deve mirar a delimitação da autoria, da materialidade e de todas as demais circunstâncias que permeiam o fato criminoso.

A dimensão que comporta a análise técnico-jurídica exigida na decisão de indiciamento abrange, a um só tempo, os aspectos metodológicos de coleta de elementos indiciários que, submetidos a filtros epistemológicos adequados, irão delinear os critérios de fiabilidade da cadeia probatória; bem como assinala uma necessária verificação de todos os componentes analíticos que integram o conceito de crime.

Com efeito, o ato de indiciamento contempla um dos momentos de maior complexidade da investigação criminal, onde o Estado-Investigador, na reconstrução histórico-lógica do fato criminoso, transita com profundidade pela teoria do delito, na medida em que deve obrigatoriamente examinar não só a adequação típica do fato noticiado, mas também a existência de causas de justificação ou de afastamento da culpabilidade.

É impensável, como entende alguma doutrina, que a determinação do fato delituoso no âmbito da investigação criminal seja meramente uma operação reduzida ao campo da tipicidade penal.

Como já mencionado, o Direito Penal é um direito abstrato, castrado, desprovido de qualquer realidade concreta, de sorte que a materialização do fato criminoso decorre do caráter instrumental do processo penal.

Assim, a investigação criminal, como primeira etapa da persecução punitiva, pauta-se num exame integral de todos os componentes do plano conceitual de delito.

Saliente-se que essa perquirição comporta todos os estágios de filtragem analítica da noção de crime, com necessário e escalonado enfrentamento da tipicidade fática, da ilicitude e da culpabilidade, bem como da estrita observância aos princípios reitores do direito penal.

Isso significa que a decisão de indiciamento compreende um momento valorativo onde se insere uma justificativa positiva ou negativa quanto ao estado passivo do imputado.

A partir dela, sobretudo quando pautada no reconhecimento de eventual hipótese de afastamento da ocorrência de crime, a decisão negativa de indiciamento opera no sentido de restituir o estado de inocência do imputado.

É o caso, por exemplo, da constatação de uma das causas de justificação, na esteira do artigo 23 do Código Penal, ou mesmo de verificação do esvaziamento da tipicidade material a partir da incidência do princípio da insignificância.

Nas duas hipóteses citadas, teremos uma condição equivalente ao estado de não-crime, sendo no primeiro caso pelo reconhecimento de uma conduta legitimada pelo próprio direito e, no segundo, pela desvaloração da conduta e de seu resultado diante do iníquo grau de lesividade ao bem jurídico tutelado.

Outro ponto bastante tormentoso ao tema do indiciamento diz respeito ao seu momento configurativo.

Identificado o ato de indiciamento como um momento endoprocessual de recognição valorativa no campo da probabilidade, em relação ao acervo de evidências indicativas de autoria delitiva que recai sobre o imputado, pode-se aferir que a dinâmica investigativa do sistema processual brasileiro congrega três grandes instâncias temporais passíveis de sua configuração: a homologação da prisão-captura em estado de flagrante delito, a representação por medidas de cautelaridade restritivas de liberdade e o relatório de investigação.

A prisão em flagrante delito, na forma definida pelos artigos 301 e 302 do Código de Processo Penal, decorre de um relativo grau de certeza, visual ou presumida, de autoria e materialidade do fato criminoso.

A restrição de liberdade, iniciada com a captura do suspeito, deve ser necessariamente submetida ao crivo da Autoridade Policial competente que, à luz do artigo 304 e reconhecida a incidência das hipóteses legais do artigo 302, ambos do Código de Processo Penal, homologará tal captura a partir da lavratura do respectivo auto.

A homologação da prisão-captura pela lavratura do auto de prisão em flagrante inaugura um momento peculiar e excepcional da marcha processual, na medida em que ela comporta a formação de convencimento da Autoridade Policial acerca da provável autoria e materialidade delitiva, a partir de uma cognição coercitiva do fato criminoso.

Esse reconhecimento decorre de uma verificação sumária que recai sobre um complexo de evidências, trazidas ao imediato conhecimento da Autoridade Policial, em função de uma relativa certeza da autoria e materialidade delitiva, nos campos real (artigo 302, incisos I e II do Código de Processo Penal) ou ficto (artigo 302, incisos III e IV do Código de Processo Penal).

Apesar do Código de Processo Penal não contemplar dispositivo expresso acerca do ato de indiciamento durante a lavratura do auto prisional, entendemos que a nota de culpa, documento que, na esteira do artigo 306, § 2º do Código de Processo Penal, estabelece os fundamentos da prisão, a identificação dos responsáveis pela captura e demais testemunhas, congrega uma imputação formal equivalente ao ato de indiciamento.

Título III – Investigação Criminal e Poder Simbólico　231

A seu turno, o requerimento de algumas medidas cautelares, enquanto ferramentas necessárias ao deslinde da atividade de investigação criminal que implicam em restrição de liberdade do imputado, também comportam a prévia formalização da decisão de indiciamento.

Neste campo, podem ser citadas as representações por prisão preventiva, na esteira do artigo 312 do Código de Processo Penal e por prisão temporária, com amparo no artigo 1º da Lei nº 7.960/89.

Desta forma, o requerimento de tais medidas de cautelaridade enseja o reconhecimento de um conjunto previamente sedimentado de indícios de autoria delitiva, compatíveis com a qualidade passiva de indiciado, por expressa disposição legal.

Por essa razão, no curso de uma investigação criminal, a decisão de indiciamento constitui ato sincrônico à representação por medidas cautelares que impliquem em restrição de liberdade do imputado.

Não obstante a própria disposição legal das prisões cautelares exigir tal *standard* probatório como requisito de admissibilidade, a sistemática do processo penal, inspirada pelo princípio da presunção de inocência como um de seus principais filtros epistemológicos, guarda orientação no mesmo sentido, já que seria juridicamente inviável uma interferência na liberdade individual do imputado despida de elementos indiciários de sua autoria no caso penal.

Por fim, a terceira instância de configuração da decisão de indiciamento, considerada como via ordinária de sua exterioração, assenta-se no relatório de investigação, consoante artigo 10, § 1º do Código de Processo Penal.

Nesse momento da persecução criminal, o Estado-Investigador encerra sua atividade investigativa, a partir da exposição dos motivos técnicos-jurídicos que embasaram a formação de seu juízo recognitivo quanto ao caso penal.

Em seu conteúdo, o relatório de investigação reúne, de forma ordenada, todo o acervo de evidências indicativas de autoria e materialidade delitiva, a partir dos elementos informativos coletados com as diligências realizadas.

A partir desse iter recognitivo, o Delegado de Polícia consolida seu mister investigativo, com a indicação conclusiva pela existência (ou inexistência) de componentes probatórios que confirmam a hipótese fática provável em relação a autoria e a materialidade delitiva aplicadas ao caso penal por ele examinado.

Entretanto, deve-se reconhecer, mais uma vez, que esta etapa da instrução preliminar exsurge como um trajeto altamente dinâmico, dotado de uma produção probatória escalonada no sentido de ultrapassar o grau inicial de incerteza, que conota a própria deflagração do procedimento investigativo, com vistas a alcançar um juízo de probabilidade acerca da responsabilização criminal do imputado pelo fato criminoso.

Com efeito, a convergência de elementos indicativos de autoria delitiva, hábeis ao reconhecimento do status de indiciado, podem surgir em momento anterior ao da finalização do curso investigativo.

Ressalte-se que, em investigações criminais de alta complexidade, ou mesmo naquelas destinadas à apuração de organizações criminosas, inspiradas pela pluralidade delitiva, na forma do artigo 29 do Código Penal, a congregação de evidências de autoria delitiva de um ou mais indiciados é comumente verificada em momento anterior ao da finalização do curso investigativo.

Essa imprecisão legislativa gera infindáveis transtornos à arquitetura democrática do processo penal, cedendo espaço para ampliação de medidas de cunho autoritário que, cada vez mais, desequilibram a paridade de armas e as garantias fundamentais destinadas ao imputado no curso da investigação criminal.

Por essa razão, a inexistência de um marco temporal bem definido para o indiciamento, para além do silêncio normativo da codificação processual, representa um grande desafio para a consolidação da democraticidade do processo penal.

Aliado a essa inconsistência, adite-se o fato de que o artigo 6º, inciso V do Código de Processo Penal, ao cuidar das providências investigativas preliminares, menciona que, ao depoimento do indiciado, aplicam-se as disposições normativas estabelecidas para o interrogatório do acusado, na forma do artigo 185 e seguintes do Código de Processo Penal.

Diante desse cenário de incerteza legislativa, cabe reforçar que o status jurídico de indiciado, como já demonstrado, carreia ao polo passivo da investigação criminal um maior grau de responsabilização criminal quando comparado ao estágio de mera suspeição.

Com isso, há uma necessidade ainda maior de observância dos preceitos derivados da ampla defesa e do contraditório, em sua adequação constitucional ao devido processo legal investigativo.

Nossa posição vai no sentido de que o imputado, no âmbito da investigação criminal, é sujeito de direitos. Não há mais espaço para considerá-lo um mero objeto do agir estatal, conforme assinala parte da doutrina[159].

---

159 **TOURINHO FILHO**, Fernando da Costa. Processo Penal. São Paulo: Saraiva, 2009.

E esse tratamento de esteio constitucional abrange, antes de tudo, o conhecimento prévio do imputado acerca de sua própria qualidade jurídica no curso da investigação criminal.

Nesse contexto, Lopes Jr.[160] entende que a inexistência de um marco legal e seguro para o momento de indiciamento, sobretudo nessas hipóteses, autoriza o reconhecimento do interrogatório em sede policial como sendo esse instante, possibilitando-se agregar ao imputado todo o complexo de garantias constitucionais a ele reservadas.

Com o advento da Lei nº 13.964/19, intitulada de Pacote Anticrime, chama atenção, em meio a essa turbulência que cerca o ato de indiciamento, a nova disciplina procedimental inserida pelo artigo 14-A no Código de Processo Penal.

Segundo a redação do citado dispositivo, nas hipóteses de investigações criminais em desfavor de agentes integrantes das entidades de segurança pública, identificados pelo rol do artigo 144 da Constituição Federal, cuja imputação envolva a análise de causa de justificação em decorrência de uso de força letal no exercício de suas funções, deverá o indiciado ser citado para apresentação de defensor no prazo de 48h (artigo

---
160 **LOPES JÚNIOR**, Aury; **GLOECKNER**, Ricardo Jacobsen. Investigação preliminar no processo penal. São Paulo: Saraiva, 2014.

14-A, § 1º CPP) e, em caso de não constituição, a instituição estatal deverá ser intimada pelo Delegado de Polícia para fazê-lo.

Independente dos contornos políticos pela introdução do citado dispositivo, bem como sua atecnia legislativa, com imprecisão terminológica verificada na alternância das expressões investigado e indiciado, importa salientar que o conteúdo trazido pelo seu § 1º, ao estipular a notificação do imputado para constituição de defensor, constitui, a nosso ver, um importante avanço na delineação do ato de indiciamento e os respectivos efeitos dele decorrentes.

A ampliação do espectro normativo do artigo 14-A do Código de Processo Penal, de modo a abarcar todos os indiciados no curso da instrução preliminar, representaria uma otimização na gestão de riscos do processo penal, reduzindo a típica hipertrofia da carga acusatória com a subsequente ampliação da paridade de armas durante a investigação criminal.

No mesmo sentido, a disposição normativa trazida pelo artigo 23, parágrafo único da Lei nº 12.850/13, a qual sinaliza pela abertura de prazo de três dias, para vista prévia dos autos pelo defensor do imputado, antes do ato de seu depoimento, mesmo inicialmente adstrita ao ambiente das investigações de organizações criminosas, deveria ser observada nos demais procedimentos, com vistas a equalizar a gestão probatória na etapa de investigação preliminar.

Em nossa atividade profissional na Polícia Civil do Estado do Rio de Janeiro, o protocolo investigativo vigente impõe que o status jurídico de indiciado seja claramente justificado pelo Delegado de Polícia em peça procedimental apropriada, denominada decisão de indiciamento.

Entendemos que a introdução de uma norma regulamentadora nesse sentido, com previsão de uma decisão de indiciamento, seguida de notificação do imputado para ciência de seu status jurídico e possibilidade de adoção de providências defensivas, seja um dos caminhos mais seguros para a oxigenação constitucional da atividade de investigação criminal.

Em última análise dos temas propostos, cumpre enfrentar os efeitos do ato de indiciamento.

Inicialmente, cabe salientar que tais efeitos podem ser subdivididos em duas vertentes: efeitos extraprocessuais e efeitos endoprocessuais.

Os efeitos extraprocessuais são aqueles inerentes ao campo de subjetividade do imputado e as considerações quanto a este aspecto estão inseridas no subtítulo III.a, para o qual remetemos o leitor.

Neste campo, interessa-nos cuidar dos efeitos endoprocessuais gerados ao imputado quando este é alçado à qualidade jurídica de indiciado.

Numa primeira linha de pensamento, parcela da doutrina[161] assevera que o indiciamento constitui um ato sem qualquer efeito, sob argumento de que o procedimento investigativo tem caráter meramente informativo e natureza dispensável.

Situamos nosso entendimento em sentido diametralmente oposto, na medida em que a decisão de indiciamento representa uma escalada no grau de sujeição do imputado ao longo da marcha processual.

O indiciamento constitui um marco processual em que o Estado-Investigador reconhece a existência de um conjunto de evidências acerca da autoria delitiva no campo da probabilidade. Por evidente, isso implica num considerável aumento da carga probatória em desfavor do imputado, permitindo-se, inclusive, que o poder estatal adote medidas restritivas em maior grau de intensidade, como decretação de prisões cautelares, constrição de bens patrimoniais, entre outras.

É certo que, no âmbito da investigação criminal, o Estado-Investigador detém a gestão desses elementos probatórios, no sentido de alcançar evidências de autoria e materialidade do caso penal.

Contudo, isso não significa que a etapa preliminar do processo penal seja orientada tão somente pela

---

161 **CHOUKR**, Fauzi Hassan. Garantias constitucionais na investigação criminal. Rio de Janeiro: Lumen juris, 2006.

coleta de elementos de reforço da tese de imputação, sobejando ao indiciado uma postura passiva.

Pelo contrário, conforme já exposto no capítulo antecedente, o devido processo legal investigativo, bem como os preceitos daí decorrentes, garante ao imputado a adoção de mecanismos de defesa, de contraditório, de contestação de provas ilícitas, de não-autoincriminação, dentre outros, com intuito de ver seus argumentos apreciados, bem como sua condição humana, respeitados pelo Estado-Investigador.

Não se pode esvaziar o caráter normativo da presunção de inocência, a partir de falsas premissas. O fato do imputado não possuir maiores encargos probatórios não corresponde, por sua parte, à adoção de uma postura completamente apática ao deslinde da instrução processual.

O artigo 14 do Código de Processo Penal não pode ser interpretado como uma letra morta e esvaziada, de sorte que materializa um direito pleno do imputado em dar luz a elementos informativos estrutrurantes para sua tese de defesa, ainda no ambiente de investigação criminal.

A investigação criminal democrática não comporta espaços para negação de garantias fundamentais que só se prestam a dar margem ao autoritarismo e ao arbítrio.

O artigo 5º da Constituição Federal, ao expor o rol de direitos essenciais, sobretudo na dimensão da cláusula de abertura de seu § 2º, deixa claro que as garantias estabelecidas ao imputado no âmbito processual-penal e alinhadas ao plano internacional, na esteira do artigo 8º da Convenção Americana de Direitos Humanos (Pacto de San José da Costa Rica), são dotadas de um caráter inalienável.

Tanto é que um indiciamento desarrazoado, desprovido de um sólido conjunto de elementos justificantes, tem o condão de caracterizar abuso de poder e patente constrangimento ilegal, sujeito à impugnação via *habeas corpus*, com amparo no artigo 5º, inciso LXVIII da Carta Republicana.

Frise-se que, nesta hipótese, é plenamente viável que a decisão de indiciamento, eventualmente desafiada pela via do *habeas corpus*, seja estritamente limitada ao desfazimento do ato e seus efeitos, sem que isso importe numa necessária interrupção do curso investigativo, por meio de trancamento do inquérito policial.

Desta forma, não há que se confundir a cassação da decisão de indiciamento e seus respectivos efeitos com o trancamento integral do inquérito policial que, neste último caso, reflete a interrupção completa do curso investigativo.

Reconhecida a importância da decisão de indiciamento no plano investigativo, sobretudo em relação aos efeitos da significativa alteração do status passivo do imputado, deve-se ter em mente que esse momento inaugura uma nova etapa procedimental, franqueando-se ao indiciado um rol de direitos como, por exemplo, exercício de defesa (autodefesa e técnica), contraditório (ciência da imputação e de suas circunstâncias e possibilidade de juntada de elementos de acervo defensivo), contestação de evidências produzidas sem a fiabilidade probatória (filtragem normativa da presunção de inocência), impugnação da decisão de indiciamento (impetração de habeas corpus), dentre outras.

Esses são efeitos endoprocessuais que decorrem naturalmente da decisão de indiciamento, a partir de sua filtragem constitucional em um processo penal de matriz acusatória.

Mesmo diante da inexistência de um conteúdo legislativo mais preciso nesse sentido, o que indubitavelmente traria um cenário de maior segurança ao sistema processual, não se pode negar o escopo democrático-constitucional da investigação criminal, centrado na preservação da dignidade humana e orientado pelo devido processo legal investigativo.

A conjunção das garantias processuais estabelecidas pelo artigo 5º, da Constituição Federal, bem como as disposições dos artigos 4º, 6º, 10, 14 e 14-A do Código de Processo Penal, aliados à regulação da investigação criminal na forma introduzida pela Lei nº 12.830/13, permitem, a partir de uma interpretação lógico-sistemática, a alcance desse objetivo.

Desta forma, entendemos como plenamente possível que a decisão de indiciamento seja devidamente fundamentada pelo Delegado de Polícia, na qualidade de gestor da produção indiciária e legítimo titular da investigação criminal, com indicação clara dos elementos informativos cotejados que justificam a alteração do status passivo do imputado num juízo de valoração recognitiva no plano da probabilidade.

Nessa senda, o advento da qualidade jurídica de indiciado, ao sinalizar que a verticalização do procedimento de investigação criminal alcança uma carga probatória mais robusta em relação à autoria do fato criminoso, impõe uma rígida observância às garantias constitucionais de índole processual penal.

É justamente essa equalização na coleta de evidências, possibilitando, desde logo, a valoração entre os elementos informativos que integram hipóteses fáticas favoráveis ou desfavoráveis à responsabilização criminal, que se espera de uma instrução preliminar democrática e orientada pela ordem jurídica vigente.

TÍTULO IV

INVESTIGAÇÃO CRIMINAL E CADEIA DE CUSTÓDIA PROBATÓRIA – O NECESSÁRIO RESGATE DO TECNICISMO JURÍDICO-PENAL

TÍTULO IV

INVESTIGAÇÃO CRIMINAL E CADEIA DE CUSTÓDIA PROBATÓRIA – O NECESSÁRIO RESGATE DO TECNICISMO JURÍDICO-PENAL

IV.a. Persecução Penal – estágios de cognição na marcha processual

Ainda no século XVIII, Beccaria[103] já nos alertava que a marcha do processo penal, por si só, carreia um ônus tal para o imputado que desagua no sofrimento de sua alma e na penitência de seu espírito.

---
103 **BECCARIA**, Cesare. Dos delitos e das penas. São Paulo: Edipro, 2017.

A persecução penal, com amparo na cláusula do *nulla poena sine iudicio*, constitui o trajeto único e necessário para a aplicação de um castigo no âmbito penal.

Essa imposição, que eleva o princípio da necessidade à condição de vetor primário da ordem processual penal, deriva do movimento de supressão da vingança privada e do subsequente monopólio do poder punitivo operado com o advento do Estado de Direito.

Na lição de Aragoneses Alonso[104], o Estado avoca para si a titularidade jurídico-penal para gerir de forma exclusiva o percurso entre o fato punível e sua correspondente sanção, com vistas à consolidação do bem comum e dos ideais de justiça.

No mesmo sentido, Goldschmidt[105] assinala que a pena somente se legitima através do processo penal, que deve ser visto como um trajeto singular e fundamental de manifestação da própria justiça.

A partir da constatação desta verdadeira simbiose entre o Direito Penal e o Direito Processual Penal, extrai-se o caráter instrumental deste último, com vistas não só a conferir realidade concreta ao campo do direi-

---

104 **ARAGONESES ALONSO**, Pedro. Instituciones de derecho procesal penal. Madri: Rubi Artes Gráficas, 1984.
105 **GOLDSCHMIDT**, James. Problemas jurídicos y políticos del proceso penal. Buenos Aires: IBdeF, 2016.

to substantivo, mas também de garantir a efetividade do projeto constitucional.

Importante sinalizar que essa função instrumental da marcha processual não há de ser confundida como um mecanismo de garantia da segurança pública ou mesmo como um meio de combate à criminalidade.

Nessa linha, acertadamente Morais da Rosa[106] alerta que a construção de um discurso panpenalista e a ilusória conversão de atores processuais, como Magistrados ou Delegados de Polícia, em justiceiros e restauradores de um estado de lei e ordem desconfiguram a verdadeira função constitucional do processo penal, pautada na consolidação do projeto democrático.

Por essa razão, a persecução penal, ao sedimentar a responsabilização criminal do imputado a partir da investigação de um fato criminoso, congrega uma inegável dimensão epistêmica[107] e é justamente através dela que a marcha processual deve ser vista como um transcurso escalonado de reconstrução desse fato criminoso, a partir de distintas etapas de valoração cognitiva, baseadas em standards probatórios bem definidos e delimitados pelos preceitos estabelecidos pela ordem constitucional.

---

106 **MORAIS DA ROSA**, Alexandre. Direito infracional: garantismo, psicanálise e movimento antiterror. Florianópolis: Habitus, 2005.

107 **PRADO**, Geraldo. A cadeia de custódia no processo penal. São Paulo: Marcial Pons, 2019.

Desta forma, a persecução penal caracteriza-se pela transposição de um estágio inicial de incerteza para um estágio final de certeza, momento em que efetivamente resta legitimada a responsabilização criminal.

Com efeito, esse plano inicial de incerteza, que recai sobre a imputação de um fato criminoso, é delimitado, sob ponto de vista constitucional, pelo princípio da presunção de inocência, na esteira do artigo 5º, inciso LVII da Constituição Federal.

Na lição de Sanchez-Vera Gómez-Trelles[108], é justamente nessa dimensão que se insere o valor normativo da presunção de inocência, instaurando um estado de incerteza sobre a imputação penal e condicionando o provimento final condenatório à existência de fundamentação jurídica com base em standards de prova para além da dúvida razoável.

Somente a partir daí é que se pode considerar superado o estado inicial de incerteza, inspirado pelo valor normativo da presunção de inocência, e alcançado o estado de certeza, justificando a aplicação do castigo penal.

---

108 **SANCHEZ-VERA GOMÉZ-TRELLES,** Javier. Variaciones sobre la presunción de inocência: análisis funcional desde el derecho penal. Madri: Marcial Pons, 2012.

Com acerto, Nicolitt[109] atribui à presunção de inocência um conteúdo axiológico tridimensional, irradiando seus efeitos enquanto regras de garantia, de tratamento e de julgamento.

Por isso, não se pode considerar o princípio da presunção de inocência como um valor meramente decorativo na ordem jurídica, despido de qualquer efetividade prática, nem tampouco reduzi-lo a ideia de que ele estabelece um grandioso manto protetor sobre imputado, franqueando-lhe a adoção de uma postura integralmente passiva ao longo do curso processual.

Desta forma, a presunção de inocência constitui um princípio reitor do processo penal que, ao inaugurar esse estado de incerteza, obriga que a marcha processual obre no sentido de reunir, segundo os critérios jurídicos estabelecidos pelo ordenamento, um acervo probatório hábil a suplantar esse status inicial, convertendo-o num estado de certeza.

É preciso compreender que essa transição, que conota a cláusula fundante do *nulla poena sine iudicio*, enseja o reconhecimento de uma dimensão recognitiva da persecução criminal, permeada por distintos juízos de valoração sobre os elementos probatórios que compõem as hipóteses fáticas de sustentação das teses de imputação e de defesa.

---

109 **NICOLITT**, André. Manual de Processo Penal. São Paulo: Revista dos Tribunais, 2016.

A estrutura da persecução criminal brasileira comporta dois grandes estágios, sendo uma etapa de instrução preliminar, denominada investigação criminal e titularizada pelo Estado-Investigador, e uma etapa de instrução definitiva, caracterizada pela instrução judicial e onde se identifica a concepção propriamente dita de processo[110].

Em uma nova abordagem, Prado[111] sustenta a superação da tradicional bipartição da persecução criminal, a partir da ideia de um modelo trifásico caracterizado pela investigação criminal, pela admissibilidade da acusação e pela instrução probatória.

Na visão deste brilhante processualista, a disciplina inserida pelo artigo 394 do Código de Processo Penal inaugura uma importante etapa de filtragem de acusações infundadas ou temerárias, bem como assegura um controle epistêmico sobre o ingresso de provas ilícitas, fortalecendo a concepção de um processo penal acusatório, orientado pela observância dos valores ínsitos à dignidade da pessoa humana.

---

110 Em sentido oposto, entendendo que a ideia de processo abrange as etapas de instrução preliminar e definitiva: **PASTOR LÓPEZ**, Miguel. El proceso de persecución. Valencia: Universidad de Valencia, 1979.

111 **PRADO**, Geraldo. A cadeia de custódia da prova no processo penal. São Paulo: Marcial Pons, 2019.

Na mesma direção, Cordero[112] ressalta a necessidade de superação da herança inquisitiva no processo penal acusatório, ainda assombrada pela concepção de um processo misto que funda a tradicional divisão da persecução penal em duas etapas.

Em nosso sentir, concordamos com a ideia de que a disposição trazida pelo artigo 394 do Código de Processo Penal, ao estabelecer os critérios de admissibilidade da denúncia, assim como a possibilidade de absolvição sumária, na esteira do artigo 397, constitui um importante marco de controle de legalidade da marcha processual.

Entretanto, não conseguimos visualizá-la como uma etapa apartada, mas sim ínsita ao próprio desenvolvimento da atividade de instrução definitiva.

Nesse momento endoprocessual, o Estado-Acusação, diante de um juízo recognitivo de probabilidade da imputação penal, manifesta o exercício da pretensão acusatória por ele titularizada, submetendo-a ao plano inicial de admissibilidade do Estado-Juiz.

Inclusive, como por nós já abordado em capítulo próprio, a introdução da figura do juiz de garantias, na forma do artigo 3-B, inciso XIV do Código de Processo Penal, vem fortalecer a importância desse momento processual.

---

112 **CORDERO**, Franco. Procedimiento Penal. Bogotá: Temis, 2000.

Assim sendo, nossa divergência situa-se tão somente em não vislumbrar que a admissibilidade do pleito acusatório constitua uma etapa independente da instrução definitiva, mas sim uma engrenagem estrutural deste estágio que já denota a instauração da relação processual propriamente dita.

Entendemos que o resgate dos preceitos de justiça e democraticidade, no âmbito da finalidade orientadora de um processo penal acusatório, decorre da ampliação da concepção do *fair trial* durante toda a persecução criminal, sobretudo a partir da superação da corrompida ideia de que a instrução preliminar é um momento exclusivamente impregnado pela *carried in the dark*, com a produção de elementos indiciários que se prestam tão somente a sustentar a tese de imputação e avessos ao conhecimento do imputado (*unfair surprise*).

Uma investigação criminal com teor unilateral, dissociada dos efeitos constitucionais que derivam da cláusula do devido processo legal, provoca um desequilíbrio avassalador no processo penal, reduzindo-o a um mero ritual que precede a aplicação do castigo penal.

Então, é preciso reconhecer, desde logo, a necessidade de transpor e efetivar esse complexo de garantias constitucionais no ambiente investigativo, bem como estabelecer um sistema de controle epistêmico no campo probatório, a fim de equalizar o desenvolvimento da marcha processual.

O legado inquisitorial que assombra a atividade de investigação criminal encontra sustentação na falsa premissa de que o processo penal guarda como meta a busca da verdade a qualquer custo, bem como na mitológica (des)construção do inquérito policial como instrumento dispensável e avalorado, desprezando-se os incalculáveis prejuízos trazidos ao processo penal pela hipertrofia da carga de imputação durante a investigação criminal, cujos efeitos a persuasão racional do Estado-Juiz não comporta (e jamais comportará) fôlego suficiente para a restauração da paridade de armas.

A leitura do axioma *nulla poena sine iudicio* deve necessariamente nos remeter a ideia de que a persecução criminal se desenvolve a partir de uma arquitetura eminentemente recognitiva, pautada na construção de distintos juízos de valoração sobre o acervo probatório produzido, como meio de justificação e legitimação dos atos decisórios tomados no âmbito de atribuição dos atores processuais responsáveis pela condução da marcha processual em cada uma de suas etapas.

Ao longo desse percurso processual, que contempla a ligação do fato criminoso à sua correlata sanção, podem-se identificar, atrelado aos principais marcos endoprocessuais distintivos da persecução criminal, três juízos de valoração recognitiva: juízo de possibilidade, juízo de probabilidade e juízo de certeza.

O juízo de possibilidade é aquele que permite a deflagração da atividade de instrução preliminar, vez que o Estado-Investigador, no fiel cumprimento de seu mister constitucional e ao se deparar com a notícia de um fato criminoso, deve iniciar um processo de verticalização da atividade investigativa, com vistas a coletar elementos indicativos da materialidade e da autoria delitiva, hábil a sinalizar pela viabilidade ou não de exercício futuro da pretensão acusatória.

Percebe-se aqui os primeiros passos na conformação de um sistema escalonado de responsabilização penal, demarcado pela obrigatória transição no plano jurídico de um estado de incerteza para um estado de certeza, como meio de legitimação do castigo penal.

Sob ponto de vista estrutural, deve-se atentar para o fato de que o desenvolvimento da persecução criminal opera de forma a estabelecer juízos de valoração escalonados, mas não necessariamente progressivos em relação à culpabilidade do imputado.

Não obstante a doutrina tradicional apontar a unidirecionalidade como sendo uma das características do inquérito policial, no sentido de que a atividade investigativa estaria finalisticamente direcionada a angariar elementos de sustentação para uma acusação formal, entendemos que essa orientação destoa da finalidade constitucional destinada à instrução preliminar.

Por óbvio, o reconhecimento desse atributo de unidirecionalidade não há de prosperar.

A uma, pois resta evidente que os rumos da investigação criminal podem conduzir a juízos de valoração progressivos ou regressivos sobre os elementos indiciários de responsabilização criminal.

A duas, porque o principal escopo da atividade de investigação criminal reside na filtragem de acusações injustas ou temerárias, que, como bem pontuado por Canuto Mendes[113], traz como primeiro benefício a proteção do inculpado na medida em que infirma se há ou não embasamento para a acusação.

A três, pelo fato de que o castigo penal só pode ser legitimado pela superação completa do princípio da presunção de inocência, responsável pela instalação desse estado de incerteza que recai sobre a imputação penal.

O juízo de possibilidade analisa tão somente a viabilidade da pretensão investigativa. Como bem leciona Carnelutti[114], verifica-se uma equivalência nas razões favoráveis ou contrárias à imputação criminal, sendo, nesse momento, dispensável qualquer demonstração de preponderância entre elas.

---

113 **CANUTO MENDES DE ALMEIDA**, Joaquim. A contrariedade na instrução criminal. São Paulo: Universidade de São Paulo, 1937.

114 **CARNELUTTI**, Francesco. Lecciones sobre el proceso penal. Buenos Aires; Bosch, 1950.

Em nosso Código de Processo Penal, esse momento endoprocessual está vinculado, por exemplo, à instauração de um inquérito policial, que possibilita o início da atividade de investigação a partir da notícia de um fato criminoso.

Frise-se, inclusive, que esse juízo de possibilidade comporta a análise inicial e necessária ao exercício de uma pretensão investigativa levada a efeito pelo Estado-Investigador. Essa disposição encontra assento no artigo 5º, § 3º do Código de Processo Penal, onde o legislador conferiu ao Delegado de Polícia o poder-dever de verificar a procedência das informações recebidas, antes mesmo da deflagração de seu específico e aprofundado mister investigativo.

O juízo de possibilidade constitui o *input* primário no desenvolvimento da persecução criminal, com a determinação de providências investigativas preliminares, na esteira dos artigos 6º e 7º do Código de Processo Penal, permitindo-se que o Estado-Investigador colete elementos indiciários acerca da existência do fato criminoso e de sua autoria.

Cuida-se, portanto, de um momento inaugural da investigação criminal, cercado por um conjunto de medidas que visam identificar as hipóteses fáticas, comumente denominadas de linhas de investigação, relacionadas à materialidade e à autoria delitiva.

Anote-se, desde já, que o progresso da atividade investigativa está condicionado ao exercício de uma gestão dos elementos probatórios pelo Delegado de Polícia, na qualidade de representante do Estado-Investigador. Desta forma, a coleta de evidências deve atentar para critérios técnico-jurídicos que, para além de observarem as garantias constitucionais estabelecidas no âmbito de um processo penal acusatório, visem preservar a fiabilidade da cadeia de custódia da prova.

Imperioso reforçar que, no ambiente investigativo, realiza-se uma cognição sumária dos fatos, inaugurada por esse juízo de possibilidade e com vistas a alcançar, posteriormente, um juízo de probabilidade, momento este que, por sua vez, agrega um grau de verossimilitude superior em relação à materialidade e autoria delitiva.

O juízo de probabilidade apresenta-se como um momento bastante distintivo e de grande relevo ao desenvolvimento do processo penal, onde se constata a prevalência, no dizer de Carnelutti[115], das razões positivas sobre as razões negativas que sustentam as hipóteses fáticas do caso penal.

Por razões positivas deve-se entender como sendo o complexo de signos indiciários acerca da existência do fato criminoso e da autoria delitiva, cuja valoração

---

[115] **CARNELUTTI**, Francesco. Lecciones sobre el proceso penal. Buenos Aires; Bosch, 1950

conjuntural, no plano da probabilidade, legitima a tese de imputação, sinalizando a viabilidade de exercício da pretensão acusatória.

A seu turno, as razões negativas assentam-se num grupo de elementos informativos que, no plano da probabilidade e inspirados pelo princípio da presunção de inocência, operam no sentido de desconstituir a ocorrência do fato criminoso ou afastar a autoria delitiva, sinalizando o arquivamento da persecução criminal.

No campo do Direito Penal, a coleta desses elementos informativos, considerados positivos ou negativos, deve comportar uma análise técnico-jurídica de todo o arcabouço analítico da concepção de crime (tipicidade ou atipicidade, ilicitude ou justificação, culpabilidade ou exculpação), bem como acerca da qualidade da imputação (autoria, participação e pluralidade delitiva) e das demais circunstâncias do fato criminoso (condições pessoais, objetivas ou anímicas do delito).

No curso da investigação criminal, hipóteses fáticas que atestem a ocorrência, num cenário provável, de uma causa de justificação (legítima defesa) ou mesmo da incidência de um princípio do direito penal que afaste a tipicidade material (aplicação do princípio da insignificância) constituem razões negativas que obstam o prosseguimento da persecução penal.

Título IV – *Investigação Criminal e Cadeia de Custódia Probatória*

Apesar de ter assento comum na doutrina tradicional, convém aqui destacar uma constante impropriedade conceitual, baseada na falsa premissa de que a formação deste juízo recognitvo de probabilidade estaria orientada pelo aforismo do *in dubio pro societat*.

Em breve síntese, é notório que este brocardo originário do direito romano ultrapassou muitos séculos, vindo a penetrar de forma nebulosa no tecido jurídico da reforma processual penal italiana pelas tintas de Manzini[116] que, em franca oposição aos ideais franceses de democraticidade, buscou reduzir o conteúdo da presunção de inocência.

Esse entendimento, que fincou suas raízes na doutrina brasileira, é fruto de uma construção altamente teratológica e irradia efeitos nefastos ao processo penal.

Por ela, parte-se do princípio de que, pendente qualquer estado de dúvida sobre a imputação no início da instrução processual, ela deveria prosseguir em função da prevalência de um interesse social nesse momento endoprocessual.

Não há, como alguma doutrina pretende sustentar, qualquer tipo de embate entre presunção de inocência e *in dubio pro societat* no plano processual.

---

116 **MANZINI**, Vicenzo. Tratado de derecho procesal penal. Barcelona: Ediciones Jurídicas Europa-América, 1951.

Até porque a única garantia constitucionalmente estabelecida e que inspira o trajeto do processo penal é a presunção de inocência. É justamente a partir de seu valor normativo que se instala sobre o caso penal um estado de incerteza, cuja superação integral afigura-se como condição *sine qua non* para a imposição do castigo penal.

Com efeito, é inegável que a marcha processual atinge um momento crucial, na medida em que a investigação criminal permite a formação de um juízo recognitivo de probabilidade sobre o caso penal, ou seja, uma prevalência de todos os elementos indicativos da existência do delito e de sua autoria sobre todos os elementos negativos correspondentes.

Caso contrário, não se constando esta sobreposição dos elementos positivos, o qual denominamos tese de imputação, sobre os elementos negativos, por nós designados como tese de defesa, a valoração recognitiva do realizado pelo Delegado de Polícia acerca das hipóteses fáticas do caso penal reduzem-se ao plano da possibilidade, inviabilizando-se a continuidade da persecução criminal e impondo-se o seu arquivamento.

Por isso, não há que se invocar qualquer incidência do *in dubio pro societat*. Ou a investigação criminal alcança um juízo recognitivo de probabilidade, com preponderância dos elementos positivos que compõem a tese de imputação sobre os elementos negativos da tese defensiva, ou então, o seu resultado permanece no campo da possibilidade, obstando o avanço da marcha processual.

Frise-se, por importante, que esse status recognitivo de probabilidade constitui um momento endoprocessual comum a diversos marcos processuais, como a decisão de indiciamento (artigo 2º, § 6º da Lei nº 12.830/13), o relatório de inquérito policial (artigo 10, § 1º do CPP), o auto de prisão em flagrante (artigos 302 e 304 do CPP), a medida cautelar de prisão preventiva (artigo 311 e 312 do CPP), a denúncia (artigo 41 do CPP), a justa causa como requisito de admissibilidade da acusação (artigo 395, III do CPP), entre outros.

Todos esses estágios formais do processo penal decorem, sob ponto de vista cognitivo, do alcance de um juízo valorativo no campo da probabilidade que integra a esfera de convencimento dos distintos atores processuais por ele responsáveis.

Portanto, seja quando um Delegado de Polícia lavra um auto de prisão em flagrante, representa pela adoção de uma medida cautelar de prisão preventiva ou decide pelo indiciamento do imputado, ou mesmo, quando um Membro do Ministério Público oferece a exordial acusatória, tais providências derivam da constatação deste juízo de probabilidade em relação ao caso penal.

Quando se fala em juízo de probabilidade, convém reforçar que há nele uma sumariedade cognitiva, pois neste estágio processual não é exigida uma cognição exauriente e aprofundada acerca de todos os aspectos que cercam a imputação penal.

Como bem acentua Lopes Jr.[117], essa sumariedade possui uma dimensão qualitativa, que limita a atividade recognitiva e o grau de convicção exigido na fase de investigação criminal, bem como uma dimensão quantitativa, que circunscreve o exercício da atividade investigativa a uma limitação temporal.

Verifica-se que o sistema processual penal brasileiro congrega esses dois critérios, vez que os momentos endoprocessuais deflagrados a partir do reconhecimento de um juízo de probabilidade estão submetidos à dimensão qualitativa, baseada no grau de convicção sumária acerca da materialidade e autoria delitiva, bem como à dimensão quantitativa, vez que comportam moderações objetivas ou subjetivas de ordem temporal.

Por isso, pode-se dizer que a instrução preliminar tem um duplo objeto finalístico, por um lado, caracterizado pela coleta de evidências prováveis do caso penal e, por outro, pela filtragem constitucional e epistêmica desta atividade probatória, como meio de evitar acusações infundadas e temerárias.

---

117 **LOPES JÚNIOR**, Aury; **GLOECKNER**, Ricardo Jacobsen. Investigação preliminar no processo penal. São Paulo: Saraiva, 2014.

O estabelecimento de um juízo de probabilidade do caso penal sinaliza a viabilidade de exercício da pretensão acusatória, de modo que, a partir do oferecimento e admissibilidade da denúncia, inaugura-se a segunda etapa da persecução criminal.

A instrução definitiva, verificada no âmbito da concepção de processo propriamente dita, constitui o trajeto final da marcha processual que, a partir da instrução probatória e dos debates, tem como meta a obtenção de uma valoração recognitiva exauriente, permitindo o alcance de um juízo de certeza sobre o caso penal.

O juízo de certeza é construído a partir de uma recognição valorativa plena, resultante da dialética entre as teses de acusação e de defesa que, enquanto gestoras da atividade probatória, visam persuadir a esfera de convicção do Estado-Juiz.

Desta forma, o juízo de certeza somente é obtido quando há um predomínio total e absoluto das razões positivas que integram a tese de acusação sobre as razões negativas da tese de defesa.

Nesse ambiente, um provimento final condenatório há de ser alcançado quando a tese de acusação extermina completamente a tese defensiva[118]. A partir daí, verifica-se um absoluto afastamento dos efeitos decor-

---

118 **CORDERO**, Franco. Procedimiento Penal. Bogotá: Temis, 2000.

rentes da presunção de inocência, princípio responsável pela perpetuação de um grau de incerteza sobre a imputação, com o subsequente estabelecimento de um grau de certeza, em conformidade com *standards* probatórios para além da dúvida razoável (**BARD**).

Trata-se de um grau máximo de valoração recognitiva, imprescindível, portanto, para a sustentação de um decreto penal condenatório.

Nesse ponto, torna-se importante destacar as lições de Cunha Martins[119], ao esclarecer que os atos decisórios do processo penal, fundados em seus distintos estágios de cognição (possibilidade, probabilidade e certeza), devem ser submetidos a sistemas de depuração epistêmica, sem olvidar que, ainda sim, possam estar impregnados por elementos de crença de ordem extrínseca (políticos, sociais, ambientais) e intrínseca (crença, valores, costumes, inconsciente).

Os marcos decisórios do processo penal não podem estar atrelados a uma crença inicial e contaminada dos atores processuais, mas sim, necessitam de uma filtragem por meios de controles epistêmicos que permitam, no campo jurídico, a otimização da gestão de riscos ao longo da persecução criminal.

---

119 **CUNHA MARTINS**, Rui. O ponto cego do direito: the brazilian lessons. Rio de Janeiro: Lumen Juris, 2010.

Nos dias de hoje, é impensável admitir que velhos postulados, como a "dispensabilidade do inquérito policial" ou mesmo seu caráter "meramente informativo e unidirecional", bem como a "persuasão racional" do magistrado, continuem sendo consideradas como premissas de sustentação do processo penal.

Pelo contrário, deve-se estar aberto e atento a um novo redirecionamento do processo penal, onde todo os atos decisórios sejam visualizados como engrenagens comuns de um sistema escalonado de valoração recognitiva, com respeito aos preceitos constitucionais e definição de standards probatórios desde o início da marcha processual.

Nesse contexto, estamos com Prado[120] quando afirma que o sistema probatório deve estar munido de mecanismos de identificação e afastamento de elementos de prova que, num contexto jurídico, estejam alheios a um padrão de confiança, com objetivo de evitar o recrudescimento do grau de contaminação da crença dos atores processuais em nível decisório.

A cadeia de custódia das provas, inspirada pelos princípios da mesmidade e da desconfiança, constitui uma ferramenta crucial para assegurar um ideal de padrão probatório que tenha o condão de conferir legiti-

---

120 **PRADO**, Geraldo. A cadeia de custódia da prova no processo penal. São Paulo: Marcial Pons, 2019.

midade ao percurso processual, justificando-se, assim, a imposição de um decreto condenatório.

Por mais uma vez, reconhecemos acerto nas lições de Prado ao destacar que, para além dos aspectos que cercam a valoração probatória, deve-se ter atenção especial à fiabilidade probatória, reportando-se aos procedimentos necessários ao ingresso, a admissibilidade e a preservação dos elementos probatórios desde o início da persecução penal.

A fiabilidade probatória sinaliza para um controle de qualidade de toda a atividade probatória, com definição de parâmetros de ingresso, obtenção, produção e manutenção do acervo probatório, permitindo uma gestão de riscos mais qualificada ao longo do processo penal.

Deste modo, pretende-se abandonar o caráter até certo ponto figurativo de um dos mais importantes filtros constitucionais do direito probatório, sedimentado na vedação de utilização de provas ilícitas, conforme disposição do artigo 5º, inciso LVI da Carta Constitucional.

Esses são, portanto, os caminhos para a construção de uma persecução penal alinhada aos preceitos de justiça e democraticidade preconizados pela ordem constitucional instituída.

IV.b. A Prisão Captura – requisitos de homologação pelo Estado-Investigador

Dentre as diversas espécies de prisão, enquanto expressões máximas do grau de restrição da liberdade individual no ordenamento jurídico, a prisão em estado de flagrante delito merece especial destaque, tendo em vista seus especiais contornos na marcha processual.

Num primeiro plano, é importante ressaltar que a ordem constitucional estabelece um complexo de garantias individuais em primeira dimensão (garantias negativas), denominado sistema constitucional de liberdades públicas, que contempla a liberdade como um dos mais relevantes primados decorrentes da cláusula geral da dignidade da pessoa humana.

Ao dispor sobre o tema, o artigo 5º, inciso LXI da Magna Carta, estatui que a prisão é medida excepcional e só se legitima quando adstrita às hipóteses exigidas constitucionalmente.

É nesse contexto que, ao lado da prisão por ordem judicial fundamentada e daquelas previstas em transgressões do regime disciplinar militar, a prisão em flagrante delito apresenta-se como uma dessas hipóteses que autorizam, de forma extraordinária, a restrição da liberdade.

Dentro desse sistema de liberdades públicas, o reconhecimento do estado de flagrante delito ainda aparece como pressuposto legal de afastamento da inviolabilidade domiciliar e da privacidade, na medida em que o artigo 5º, inciso XI da Constituição Federal, admite o ingresso desautorizado no ambiente domiciliar.

Por fim, tem-se que o estado flagrancial também configura elemento de mitigação da imunidade parlamentar, vez que, na dicção do artigo 53, § 2º da Carta Republicana, permite esta modalidade prisional em crimes inafiançáveis de membros diplomados do Congresso Nacional.

No âmbito processual penal, a prisão em flagrante delito, conforme já explicado em capítulo anterior, representa um momento endoprocessual marcado pela formação de um juízo de valoração recognitiva, titularizada pelo Estado-Investigador, que incide no campo da probabilidade, a partir da constatação de preponderância dos aspectos positivos (tese de imputação) sobre os negativos (tese de defesa) em relação aos elementos vestigiais de autoria e materialidade que integram o caso penal.

Parcela autorizada da doutrina[121] sustenta que a prisão em flagrante tem natureza jurídica pré-cautelar,

---

121 Nesse sentido: **LOPES JR.**, Aury. Introdução crítica ao processo penal: fundamentos da instrumentalidade garantista. Rio de Janeiro: Lumen Juris, 2004.

Título IV – Investigação Criminal e Cadeia de Custódia Probatória

na medida em que não se estaria diante de um provimento voltado para a conservação do resultado final do processo, mas sim inspirado por um caráter administrativo, hábil a permitir o acautelamento temporário de um indivíduo até a adoção ou não de uma medida de cautelaridade pelo Estado-Juiz.

Com a devida vênia, nossa posição vem em sentido diverso, reconhecendo o caráter de cautelaridade da prisão em flagrante.

A uma, vez que a existência de um processo penal cautelar (a qual não nos furtamos em reconhecer) tem suas bases teóricas estabelecidas a partir de uma transposição indevida, ao ambiente da persecução criminal, de institutos originários do processo civil, que trabalha exclusivamente com a tríplice concepção de ação, jurisdição e processo.

A duas, porque a restrição de liberdade estabelecida pela prisão em flagrante, legitimada a partir de um comando emanado pelo poder constituinte originário, assenta-se em dois aspectos fundantes: primeiro, o reconhecimento da excepcionalidade da medida restritiva de liberdade individual e, segundo, a legitimação da medida como sendo uma atividade estatal exclusiva, fruto das microrrelações de poder entre Estado e indivíduo. Desta forma, no caso da prisão em flagrante, é o Estado-Investigador, representado pelo Delegado de

Polícia, que detém esse poder-dever derivado de seu mister constitucional.

A três, porque o próprio Código de Processo Penal, ao dispor sobre a prisão em flagrante delito, estrutura-a topograficamente em seu Título IX, onde estão disciplinadas as medidas cautelares, as prisões e a liberdade provisória, institutos inerentes ao processo penal cautelar.

Por essa razão, entendemos que a prisão em flagrante tem sim natureza cautelar, na medida em que dotada de amparo constitucional, homologada por um agente típico de Estado com atribuição exclusiva e, por fim, com a finalidade de tutelar a persecução criminal.

É inegável reconhecer que a estrutura processual penal brasileira comporta zonas de interseção entre os seus diversos marcos decisórios para concluir o trajeto necessário entre o fato criminoso e sua correspondente sanção penal.

E esse percurso deve ser (re)visto como um caminho único e escalonado, onde o atuar estatal, justamente por monopolizar o poder punitivo, manifesta-se através de seus distintos representantes, cada qual inserido em suas respectivas esferas de atribuição (Estado-Investigador, Estado-Acusação, Estado-Juiz).

Com efeito, negar o caráter cautelar da prisão em flagrante, seja rotulando-a como uma prisão meramente administrativa, seja adjetivando-a de pré-cautelar, significa persistir numa visão reducionista e de inspiração inquisitiva, distante dos ideais de um processo penal democrático conforme estipula o projeto constitucional.

A prisão flagrancial reflete um estado em que o cometimento do delito ocorre de forma iniludível, explícita e manifesta, que chega ao conhecimento do Estado de maneira coercitiva, a partir da captura do provável autor do fato criminoso.

Nessa linha, o artigo 301 do Código de Processo Penal estipula que a captura decorrente do estado flagrancial constitui uma faculdade a qualquer cidadão e uma obrigação para a Autoridade Policial e seus agentes.

Deve-se atentar para o fato de que utilização da expressão "autoridade policiais" corresponde ao respectivo titular da atividade de investigação criminal, papel constitucionalmente destinado de forma ordinária ao Delegado de Polícia; bem como a terminologia "e seus agentes" compreende aqueles que, direta ou indiretamente, exercem função auxiliar na persecução criminal, seja em atividades típicas de polícia judiciária (auxílio direto) ou mesmo em atividade de polícia ostensiva (auxílio indireto).

As hipóteses de configuração da prisão em flagrante estão delineadas no artigo 302 do Código de Processo Penal.

Tradicionalmente, a doutrina classifica essas circunstâncias através das terminologias conceituais de flagrante próprio ou perfeito (artigo 302, incisos I e II do CPP), flagrante impróprio, imperfeito ou quase flagrante (artigo 302, inciso III do CPP) e flagrante presumido (artigo 302, inciso IV do CPP).

Inicialmente, é preciso compreender que a situação flagrancial comporta dois grandes momentos distintos, mas sequencialmente interligados: a captura e a homologação.

A ação de captura consiste na legítima detenção de um indivíduo que, em tese, se encontra em uma das hipóteses permissivas do artigo 302 do Código de Processo Penal, podendo vir a ser concretizada como uma faculdade (qualquer do povo) ou como uma obrigação (autoridade policial e seus agentes), conforme estabelece o artigo 301 do Código de Processo Penal.

A seu turno, a homologação constitui uma atividade exclusiva do Estado-Investigador, ordinariamente atribuída ao Delegado de Polícia, através da qual há uma ratificação da captura com sua subsequente conversão em prisão flagrancial, nos termos do artigo 304 do Código de Processo Penal.

Passemos então a analisar detidamente essas etapas.

Não obstante a tradicional classificação doutrinária (conceitos aos quais nos filiamos sem qualquer objeção), devemos partir do pressuposto que a definição do estado flagrancial, a bem da verdade, está associada a duas grandes dimensões, as quais denominamos flagrante real e flagrante ficto.

O flagrante real é aquele em que a captura ocorre numa dimensão temporal sincrônica à finalização dos atos executórios de um fato criminoso. Nele estão inseridas as categorias previstas nos incisos I e II do Código de Processo Penal, razão pela qual o legislador optou pelas terminologias "está cometendo" ou "acaba de cometer", ao se referir ao momento em que é realizada a captura.

Na concepção de flagrante real estão as categorias doutrinariamente denominadas de flagrante perfeito ou próprio, na medida em que a captura se perfectibiliza, de forma indiscutível, num estado de manifesta visibilidade do fato criminoso.

De outro modo, o flagrante ficto desenvolve-se a partir de uma construção jurídica, através da qual, mesmo esvaziada essa conjuntura isocrônica do ato de captura com a finalização da execução do delito, o apresamento perfaz-se num lapso temporal tão estreito que, associado a uma presunção da imputação delitiva, legitima, sob o ponto de vista jurídico, o reconhecimento do estado flagrancial.

Nesse campo estão abarcadas as circunstâncias previstas nos incisos III e IV do artigo 302 do Código de Processo Penal, denominadas pela doutrina, respectivamente, de flagrante impróprio, imperfeito ou quase flagrante e, finalmente, o chamado flagrante presumido.

A primeira observação que se impõe no tratamento do flagrante ficto recai sobre a análise das expressões temporais utilizadas pelo legislador: "logo após" e "logo depois".

Apesar de parcela da doutrina[122] admitir que há uma diferenciação entre elas, no sentido de conferir maior elasticidade temporal à expressão "logo depois", utilizada no artigo 302, inciso IV do Código de Processo Penal, quando comparada ao termo "logo após", tal qual previsto no inciso III do mesmo dispositivo, não compartilhamos desse entendimento.

Por evidente, sob ponto de vista léxico, não há qualquer distinção possível a ser extraída destes significantes, na medida em que se prestam a conferir idêntica concepção temporal, com base na ideia de brevidade de um intervalo delimitado do transcurso do tempo.

---

122 **MIRABETE**, Júlio Fabbrini. Código de processo penal interpretado. São Paulo: Atlas, 2006.

Para a correta diferenciação entre as hipóteses legais do flagrante ficto devemo-nos reportar a seu ponto comum, qual seja: a existência de uma presunção em relação à imputação delitiva.

Essa presunção legal, que justamente legitima a prisão flagrancial a partir de uma construção jurídica (já que a captura não coincide com a dimensão real da execução visível do delito), aparece como elemento integrativo das hipóteses dos incisos III e IV do Código de Processo Penal, cuja diferenciação remonta a outras circunstâncias do ato de captura.

Desta forma, estaremos diante da hipótese flagrancial do inciso III quando a presunção decorre de uma perseguição que, necessariamente, precede o ato de captura.

A perseguição, enquanto elemento associado à presunção legal do estado de flagrância, deve ter início num abreviado lapso temporal ao cometimento do delito, na forma estabelecida pelo artigo 290, § 1º do Código de Processo Penal.

Neste momento processual, a perseguição a ser validada pode ocorrer de duas maneiras: após uma visualização do imputado, com o empreendimento de uma perseguição ininterrupta, mesmo despida da exigência de manter o contato visual a todo tempo, ou então, uma perseguição iniciada a partir de elementos informativos fidedignos que conduza ao encalço do imputado.

Frise-se que a perseguição pode inclusive transpor espacialmente distintos territórios, ocasião em que a homologação da captura deverá observar os preceitos estabelecidos no artigo 290 do Código de Processo Penal.

Por sua vez, a caracterização do flagrante ficto, conforme a hipótese prevista no inciso IV do artigo 302 do Código de Processo Penal, dispensa a existência de perseguição ao imputado, vinculando a presunção legal do estado de flagrância à apreensão de evidências materiais indicativas da autoria delitiva, tais como armas, instrumentos, objetos, documentos, entre outros elementos concretos sinalizadores da empreitada criminosa.

Ponto relevante na análise deste dispositivo reside no fato de que, ao fazer alusão à expressão "é encontrado", que inaugura a dicção do inciso IV do artigo 302 do Código de Processo Penal, o legislador, por óbvio, não inseriu nessa categoria os casos de encontros fortuitos ou aleatórios, mas sim buscou como referencial as hipóteses de capturas originárias de um estado antecedente mínimo de informações sobre a ocorrência do fato criminoso.

Nesse contexto, podem ser contempladas, por exemplo, as atividades de policiamento ostensivo, desenvolvidas de maneira estratégica a partir de dados de inteligência, ou mesmo, o recebimento direto de informações pelos órgãos policiais.

Perceba-se que as distintas hipóteses configuradoras do estado flagrancial dispõem-se, numa perspectiva temporal, a partir de um gradual distanciamento entre o momento de captura e a execução visível do fato criminoso.

Enquanto no flagrante real (artigo 302, I e II do CPP) verifica-se um sincronismo da captura com o delito, no flagrante ficto (artigo 302, III e IV do CPP), baseado na construção jurídica de uma presunção legal, a simultaneidade exigida pelo conceito anterior cede lugar a um diminuto lapso temporal, primeiro associado a uma perseguição e, posteriormente, vinculado à apreensão de evidências materiais do delito.

Identificadas as circunstâncias que conotam a captura flagrancial, compete examinar sua etapa subsequente, caracterizada pela homologação da captura e sua conversão em prisão.

O artigo 304 do Código Processo Penal, ao tratar das providências preliminares em relação à captura flagrancial, evidencia, num primeiro plano, que o início da persecução criminal opera a partir de uma cognição coercitiva, na medida em que é apresentado à Autoridade Policial um indivíduo capturado e, portanto, já com sua liberdade restringida, sobre o qual recai a imputação pelo cometimento de um fato criminoso, em tese, em estado flagrancial.

Nesse momento, compete à Autoridade Policial, a partir de um juízo de valoração recognitiva sobre a hipótese fática apresentada, decidir pela homologação da captura flagrancial.

Esse é um marco decisório de alta complexidade da persecução criminal, pois exige que a Autoridade Policial examine um triplo aspecto acerca do caso penal.

Primeiro, deve-se ater à análise sobre as evidências probatórias sinalizadoras da materialidade e da autoria delitiva, sopesando as razões positivas (tese de imputação) e negativas (tese defensiva), sob a ótica do direito material. Trata-se aqui de uma sondagem técnico-jurídica acerca da existência do delito, numa perspectiva integrada de todos os seus componentes analíticos (tipicidade, ilicitude e culpabilidade), bem como do lastro indiciário de autoria e de todas as demais circunstâncias do crime.

Segundo, deverá a Autoridade Policial verificar a legalidade da captura, pela constatação da incidência de uma das hipóteses autorizadoras, na esteira do artigo 302 do Código de Processo Penal, a partir dos elementos probatórios trazidos a seu conhecimento.

Terceiro, cabe ainda a Autoridade Policial observar, tendo em vista a concepção binária de seu mister investigativo, o cumprimento de todas as garantias constitucionais de índole processual que derivam do devido processo legal investigativo e do respeito à cláusula da dignidade da pessoa humana.

Pode-se concluir, portanto, que, na análise da prisão flagrancial, a Autoridade Policial atua como um primordial agente de democracia, concretizando a primeira fase do sistema de controle epistêmico e constitucional da persecução criminal.

Esse triplo aspecto que caracteriza a homologação da prisão em flagrante delito impõe à Autoridade Policial a realização de uma análise técnico-jurídica profunda do caso penal, a partir de um movimento recognitivo que, não obstante sua complexidade, deve ser realizada numa dimensão sumaríssima, vez que a decisão pela homologação ou não da captura deve ser imediata, inclusive com obrigatoriedade de comunicação à autoridade judiciária adstrita a um marco temporal objetivo de até 24 horas após a prisão, na forma do artigo 306 § 1º do Código de Processo Penal.

Por essa razão, esse exame deve ser conjuntural e a captura passa por um processo de filtragem nessas três instâncias: uma sob o prisma do direito penal, marcada pela recognição provável do fato criminoso e da autoria delitiva, outra sob a ótica do direito processual penal, com verificação das hipóteses legais que caracterizam o estado de flagrância delitiva e, por fim, o controle constitucional e epistêmico, onde serão analisadas a observância das garantias processuais e os standards de fiabilidade probatória.

Nesse trajeto, a captura pode vir a não ser homologada, por exemplo, caso a Autoridade Policial constate a existência de uma das causas de justificação, na forma do artigo 23 do Código Penal, ou mesmo, quando entenda estar afastada a tipicidade material do delito, em razão do princípio da insignificância, que atua no esvaziamento da lesividade no espectro normativo de proteção do bem jurídico penal. Assim, a captura não será homologada pela completa inexistência do fato criminoso.

De outra forma, mesmo diante de elementos indiciários de autoria e materialidade delitiva, pode a Autoridade Policial concluir pela não incidência de uma das hipóteses caracterizadoras do estado flagrancial. Neste caso, a decisão contrária à homologação deriva da ausência de subsunção legal das circunstâncias da captura a uma das hipóteses elencadas no artigo 302 do Código de Processo Penal, oportunidade em que, deslegitimada a captura, caberá a pronta instauração de inquérito policial comportando, inclusive, eventual representação por medidas de cautelaridade.

Pode ainda restar configurada a hipótese em que, não obstante a inicial valoração positiva acerca dos aspectos penais (indícios prováveis de autoria e materialidade) e processuais (confirmação de estado flagrancial), a captura não seja homologada em razão de uma filtragem constitucional e epistêmica do caso penal. É o caso, por exemplo, de obtenção de um dos elementos probatórios por meio ilícito, ou mesmo, uma captura obtida a partir de violação domiciliar.

A doutrina ainda sinaliza a existência de outras dimensões conceituais acerca do estado de flagrante delito, trazendo as concepções de flagrante preparado, esperado e diferido.

O flagrante preparado, jurisprudencialmente consolidado pelo verbete nº 145 da Súmula do Egrégio Supremo Tribunal Federal, decorre de uma postura indutiva de agentes estatais que maculam o grau de subjetividade da conduta do agente criminoso, de modo a desaguar em hipótese de crime impossível, na forma do artigo 17 do Código Penal.

Em oposição, o flagrante esperado demonstra a adoção de uma postura passiva de agentes estatais, caracterizada tão somente pelo aguardo da execução da conduta delitiva para realização da captura. Trata-se aqui de prisão válida, com a perfectibilização de uma das hipóteses previstas no artigo 302 do Código de Processo Penal.

Por fim, o flagrante diferido integra o ambiente investigativo especializado, com previsão na legislação extravagante, na esteira do artigo 53, inciso II da Lei nº 11.343/06 e artigo 8º da Lei nº 12.850/13. Cuida-se de uma ferramenta especial de investigação, tecnicamente denominada de ação controlada, que consiste no retardamento da intervenção policial, previamente submetido à reserva de jurisdição, com manutenção de observação e acompanhamento, para fins de otimização da atividade probatória.

Questão interessante reside no tratamento jurídico da prisão em flagrante nos casos de crimes permanentes e sua correlação com a cláusula constitucional de inviolabilidade domiciliar.

A matéria, inclusive já apreciada pelo Egrégio Supremo Tribunal Federal com força de repercussão geral nos autos do Recurso Extraordinário nº 603616, sobretudo quando atrelada a crimes de tráfico de entorpecentes na modalidade nuclear "ter em depósito" no ambiente domiciliar, inspira cuidados.

Nossa posição é que a ocorrência de crime de tráfico de drogas, nas circunstâncias que ensejem o tipo nuclear permanente "ter em depósito" não reflete um aval automático para mitigação da cláusula de inviolabilidade domiciliar, na esteira do artigo 5º, inciso XI da Constituição Federal.

Em sua fundamentação, inclusive, o Supremo Tribunal Federal sedimentou o entendimento no sentido de que o ingresso em domicílio nessas circunstâncias somente estará sob o amparo da exceção constitucional da inviolabilidade domiciliar, quando houver fundadas razões ratificadas *a posteriori*.

Não obstante a carência técnica dos termos utilizados da fundamentação, conforme acertadamente sinaliza Nicolitt[123], a única leitura que se mostra plausível é que o ingresso desautorizado deve estar anteriormente escorado em elementos informativos que atestem a probabilidade de ocorrência do fato criminoso.

Como já exposto, a homologação da captura flagrancial constitui uma operação que congrega um tríplice aspecto, competindo ao Delegado de Polícia examinar os planos do direito material, do direito processual e do sistema de controle epistêmico-constitucional.

Os crimes plurinucleares contemplam uma técnica legislativa que amplia o rol de comportamentos ensejadores de uma mesma infração penal, sendo comum, nesse ambiente, a reunião de ações que denotem estados instantâneos, instantâneos com efeitos permanentes e permanentes. A grande característica dos crimes permanentes reside justamente no prolongamento de

---

123 **NICOLITT**, André. Manual de direito processual penal. São Paulo: Revista dos Tribunais, 2016.

sua execução no decurso temporal, pelo fato da ação nuclear refletir um contínuo estado de permanência.

Entretanto, não se pode olvidar que o estado flagrancial, enquanto fator de mitigação da cláusula de inviolabilidade domiciliar, comporta duas grandes vertentes, como já assinalado. Ou estaremos diante de um flagrante real (artigo 302, incisos I e II do CP), com clara visibilidade material da infração delitiva provável, ou então, de um flagrante ficto (artigo 302, incisos III e IV), inspirado por uma presunção legal do estado de flagrância, que exige a associação de um breve lapso temporal com perseguição do imputado ou apresamento de evidências materiais em sua posse.

Portanto, na hipótese em tela, a validação do ingresso desautorizado, como meio de esvaziamento da inviolabilidade domiciliar, somente poderá ocorrer quando embasado em elementos de informação que atestem, num grau de probabilidade, a ocorrência do fato criminoso.

A atividade de investigação criminal exige um criterioso rigor técnico e, nessas hipóteses, não se pode abandonar o agente policial numa situação completamente antagônica, delimitada, por um lado, pela ratificação da captura flagrancial, quando exitosa a apreensão do material entorpecente no interior do domicílio por ele ingressado, e, por outro, pela configuração de crime de abuso de autoridade, nas hipóteses em que a busca resultar numa ação frustrada e inócua.

Qualquer raciocínio diverso reportaria a uma grave inobservância ao sistema de controle constitucional e epistêmico, como eixos de orientação da persecução criminal alimentados pelos princípios do devido processo legal investigativo e da dignidade da pessoa humana.

Outra questão de relevo situa-se na possibilidade de homologação de prisão flagrancial pelo Delegado de Polícia na hipótese de crimes militares.

Inicialmente, é imperioso destacar que a atribuição constitucional do Delegado de Polícia, na forma do artigo 144, § 4º da Constituição Federal, cinge-se ao contexto das infrações penais de um modo geral, restando, por via ordinária, afastado da análise dos crimes miliares que, na disposição do artigo 124 da Carta Magna, estão afetos à jurisdição militar.

Esse tipo de exame que, num primeiro momento reveste-se de uma aparente obviedade, ganha outros contornos quando verificamos casos de prática de crimes por militares estaduais, nas hipóteses que se amoldam à disposição do artigo 9º, inciso II, alínea c, *in fine*, do Código Penal Militar.

Nesse contexto, estão reunidos quatro requisitos de configuração de crime, em tese afeto, à esfera da persecução criminal militar: a qualidade de militar do agente ativo, a conduta inerente ao exercício de sua função, a possibilidade do local de crime alheio à administração militar e a qualidade de civil do sujeito passivo.

Cuida-se aqui, por exemplo, da eventual hipótese de cometimento de crime contra a incolumidade física, praticado por policial militar contra um civil, durante o exercício de suas atividades de patrulhamento de rotina pelas ruas de uma cidade.

A nosso sentir, temos ressalvas quanto à aplicabilidade, especificamente no que toca o conteúdo normativo desta disposição do Código Penal Militar, vez que se trata de uma legislação inserida num contexto político sombrio e amplamente totalitário, a partir dos Atos Institucionais nº 05 e 16, respectivamente datados de dezembro de 1968 e de outubro de 1969.

A nosso sentir, a prática de certas condutas delitivas nessas hipóteses podem ensejar uma maximização no grau de violação a um bem juridicamente tutelado diverso da administração militar, a ponto de esvaziar por completo sua qualidade de crime militar, tendo em vista seu ínfimo grau de afetação à esfera castrense.

Entretanto, considerando que este não é o foro adequado ao desenvolvimento de um aporte teórico mais robusto sobre o tema, retornamos ao cerne da questão inaugural: a possibilidade de homologação de uma captura flagrancial pelo Delegado de Polícia nas hipóteses de crimes militares na forma acima sugerida.

Não obstante a possibilidade de desconfiguração do aspecto castrense da infração penal, por intermédio da teoria do bem jurídico, o Código de Processo Penal Militar, na dicção de seu artigo 250, sinaliza a legalidade de lavratura de auto prisional pelo Delegado de Polícia, nas hipóteses de crimes militares praticados em locais não sujeitos à administração militar.

Dentro de nossa proposta, centrada nesse capítulo em examinar os aspectos da homologação da prisão flagrancial pelo Estado-Investigador, devemos guardar como lição primordial que esse importante momento endoprocessual, titularizado de forma ordinária pelo Delegado de Polícia, não pode mais ser rotulado com reducionismos teóricos, no sentido de esvaziar sua extrema relevância na efetivação do projeto democrático-
-constitucional.

Indubitavelmente, o protagonismo da atuação do Delegado de Polícia decorre do reconhecimento de seu importante papel social como primeiro garantidor do sistema de liberdades públicas no âmbito da persecução penal.

A decisão que homologa a prisão flagrancial reflete, como visto, um ambiente técnico-jurídico de tripla filtragem do caso penal, cujas consequências poderão implicar na restrição da liberdade individual, sedimentando uma das hipóteses excepcionais de legítima intervenção do Estado nas garantias fundamentais de matriz constitucional.

IV.c. Buscas Pessoais e Domiciliares – releitura constitucional

Topograficamente inseridos no título dedicado ao estudo das provas, o regime da busca e da apreensão encontra sua disposição normativa dos artigos 240 a 250 do Código de Processo Penal.

Inicialmente, cabe diferenciar que a regulação destes institutos não guarda qualquer vinculação com a disciplina prevista no artigo 6º, inciso II, do Código de Processo Penal, na medida em que esta disposição está adstrita tão somente ao âmbito das providências de cognição preliminar da coleta probatória em local de crime, que devem ser imediatamente adotadas pelo Estado-Investigador na deflagração da investigação criminal.

Sob ponto de vista da dogmática processual, não obstante a disposição legislativa da busca e da apreensão contemplar de forma aglutinada os referidos institutos processuais, torna-se imperioso destacar, a bem da verdade, que se tratam de mecanismos distintos.

Como bem acentua Bastos Pitombo[124], enquanto a busca consiste numa ferramenta instrumental de obtenção de acervo probatório, a apreensão comporta a natureza de medida de cautelaridade probatória.

Na mesma linha Aragoneses Alonso[125] acrescenta que a medida de apreensão, para além de sua natureza probatória, pode ainda contemplar um viés assecuratório, quando, por vezes, também se presta à restituição de um objeto produto de crime ao legítimo titular do direito de propriedade.

Desta forma, a medida de busca revela o direcionamento da ação investigativa a um determinado alvo, objetivamente delimitado na ordem jurídica pelo rol estabelecido no §1º do artigo 240 do Código de Processo Penal.

Por sua vez, a apreensão reflete o apresamento do elemento de prova, que, para cumprir sua finalidade processual, passa a integrar formalmente o acervo probatório da persecução criminal.

Com acerto, Lopes Jr.[126] ressalta que a medida de apreensão, que de modo ordinário advém da instru-

---

124 **BASTOS PITOMBO**, Cleunice. Da busca e da apreensão no processo penal. São Paulo: Revista dos Tribunais, 2005.
125 **ARAGONESES ALONSO**, Pedro. Instituciones de derecho procesal penal. Madri: Rubi Artes Gráficas, 1984.
126 **LOPES JÚNIOR**, Aury. Direito processual penal. São Paulo: Saraiva, 2012.

mentalidade prévia da busca, pode ingressar na seara processual de modo diverso, como por exemplo a partir de uma entrega voluntária.

Realizadas essas considerações iniciais, porém necessárias para o correto dimensionamento dos institutos da busca e da apreensão, cumpre delimitar o eixo central acerca do tema ora proposto, o qual justamente recai no realinhamento constitucional dos institutos, permitindo-se a compatibilização de suas funções essenciais ao campo do direito probatório, com os preceitos constitucionais orientadores de um processo penal acusatório e alinhado ao projeto democrático.

Ao inaugurar a disciplina normativa da busca e da apreensão, o legislador, na dicção do artigo 240 do Código de Processo penal, logo assinala que tais ferramentas se revestem de um caráter pessoal ou domiciliar.

Por evidente, a partir dessa referência, constata-se que, por mais uma vez, se está diante de um cenário de colisão entre o exercício do poder punitivo estatal e a devida tutela de direitos e garantias fundamentais.

A legitimidade do atuar estatal, enquanto detentor exclusivo do uso da violência, encontra limites justamente na decisão política fundante de proteção desse complexo de direitos e garantias ínsitas à própria condição humana.

É necessário rememorar que as medidas de busca e apreensão, quando processualmente revestidas de caráter pessoal e domiciliar, representam uma regulação estatal de meios de intervenção nesse sistema de liberdades, confrontando-se, a todo o tempo, com as cláusulas protetivas de índole constitucional da inviolabilidade domiciliar, da intimidade, da privacidade e da incolumidade física e psíquica.

Desta forma, o realinhamento constitucional das medidas de busca e de apreensão encontra-se intimamente associado ao conteúdo axiológico da cláusula da dignidade da pessoa humana, vez que é ela o parâmetro balizador da legitimação do regular uso de tais mecanismos processuais.

No dizer de Sarlet[127], a dignidade da pessoa humana, enquanto valor supremo da ordem jurídica instituída, circunscreve os exatos contornos do exercício da intervenção estatal, inclusive impondo restrição a outros bens e direitos tutelados pelo regime constitucional.

Em síntese, a interferência oriunda desse aparato ferramental afigura-se legítima e reconhecidamente válida na exata medida da preservação da condição de humano.

---

127 **SARLET**, Ingo Wolfgang. Dignidade da pessoa humana e direitos fundamentais na constituição federal de 1988. Porto Alegre: Livraria do Advogado, 2002.

Com efeito, a fiabilidade do acervo probatório originário das medidas de busca e de apreensão está diretamente associada aos níveis de controle epistêmico sobre sua produção, com vistas a equalizar a ponderação dos direitos fundamentais, cuja mitigação excepcional deve passar necessariamente pelo espectro da proporcionalidade e razoabilidade, como meio de contenção de excessos e arbítrios.

Por essa razão, esse processo de filtragem deve ser rigoroso e adequado à realidade do caso concreto, de modo que, verificada qualquer exorbitação dos limites da intervenção estatal, deve ser reconhecida a ilicitude da prova.

As medidas de busca e de apreensão poderão ser determinadas ao longo da persecução criminal, ou mesmo na fase de execução da pena, na esteira do artigo 154, § 2º da Lei nº 7.210/84.

Contudo, no campo prático, verifica-se que a utilização dessas ferramentas processuais recai com maior intensidade sobre o ambiente da investigação criminal.

A justificativa que viabiliza a implementação das medidas de busca e de apreensão, na forma do artigo 240, § 1º, do Código de Processo Penal, centra-se na exigência legal de exposição de fundadas razões.

Não obstante a atecnia legislativa, que exprime em certo tom uma superficialidade quanto aos requisitos legais para decretação das medidas, devemo-nos ater a um aspecto técnico-jurídico rigoroso, sobretudo pelo alto grau de interferência que a adoção de tais medidas despeja no plano dos direitos fundamentais.

Com efeito, a interpretação da expressão "fundadas razões" deve comportar um acervo probatório prévio e que já reúna um conjunto de evidências sinalizadoras da autoria e materialidade delitiva no plano recognitivo da probabilidade.

Esse complexo probatório, identificado em doutrina como *fumus commissi delicti*, além de já inserido na arquitetura investigativa, deve estar associado a um outro requisito, fundado na demonstração da excepcionalidade e da urgência da medida para a continuidade da marcha processual.

Esse binômio excepcionalidade-urgência, assinalado na doutrina como *periculum in mora*, torna-se fundamental para a autorização das medidas de busca e de apreensão. Enquanto o critério de excepcionalidade volta-se para a comprovação da impossibilidade de obtenção da prova por outro meio menos interventivo, a urgência impõe a demonstração de que a adoção da medida requer brevidade, sob pena de transpor um risco de prejudicar o gerenciamento probatório necessário ao deslinde regular do processo penal.

Demonstrados os contornos dos requisitos que conferem suporte técnico-jurídico à decretação das medidas de busca e de apreensão, cabe agora analisar as suas espécies, domiciliar e pessoal, na forma definida pelo artigo 240, *caput*, do Código de Processo Penal.

Nesse contexto, a busca domiciliar traz como primeira questão a necessidade de conferir uma interpretação ampliativa ao conceito de domicílio, a qual deve comportar todos os ambientes com finalidade de habitação, em caráter definitivo ou transitório, de modo a alcançar uma casa e suas dependências, ou mesmo veículos e embarcações utilizadas com esse ânimo, bem como estabelecimentos comerciais, industriais ou aqueles dedicados à estadia.

Questão controvertida recai sobre a natureza da boleia do caminhão, quando utilizada por seu condutor numa viagem prolongada e, por isso, como forma transitória de habitação.

Parte da doutrina[128], sustenta que, nessa hipótese, a boleia do caminhão estaria abarcada pela cláusula constitucional da inviolabilidade domiciliar, sendo no âmbito processual penal indispensável, salvo nas hipóteses de flagrante delito, a expedição prévia de mandado de busca e de apreensão para diligências probatórias.

---

128 **NUCCI**, Guilherme de Souza. Código de processo penal comentado. São Paulo: Revista dos Tribunais, 2006.

No campo jurisprudencial, as Cortes Superiores, no exame da matéria, inclinam-se no mesmo sentido de conferir a proteção constitucional para a boleia de caminhão, tendo em vista seu caráter temporário de habitação.

Noutro giro, para alimentar ainda mais a celeuma, o Superior Tribunal de Justiça, ao examinar o apresamento de uma arma de fogo na boleia de um caminhão **(STJ - REsp: 1643361 RS 2016/0327179-8, Relator: Ministra MARIA THEREZA DE ASSIS MOURA, Data de Publicação: DJ 21/02/2017)**, decidiu pela ocorrência de crime de porte ilegal de arma de fogo (e não posse), desconfigurando-se, nessa hipótese, a incidência do conceito de domicílio outrora atribuída a boleia de caminhão.

Conforme já mencionado em nossas linhas iniciais, o tema que envolve a adoção de medidas de busca e de apreensão provoca um tensionamento constante entre as limitações do exercício do poder punitivo estatal e a tutela de direitos fundamentais, sendo, de extrema relevância, a análise de todos os contornos do caso concreto, submetido a um processo de filtragem constitucional, à luz dos princípios da proporcionalidade e razoabilidade.

Não se pode olvidar que o caminhão, nessas circunstâncias, goza de uma natureza híbrida, já que preserva sua qualidade originária de veículo automotor e, de modo transitório e precário, comporta uma utilização assemelhada a de moradia, o que, em tese, motivaria a atração da proteção constitucional da inviolabilidade domiciliar.

Nessa linha, o caminhão, quando em regular circulação, submete-se às normas de trânsito e segurança viária e, portanto, deve estar sujeito à toda sorte de atividades de fiscalização ou repressão por parte das autoridades públicas.

Por óbvio, a filtragem constitucional pelos princípios da proporcionalidade e razoabilidade, nesse caso, atuam no sentido de equalizar o embate entre o poder punitivo estatal e as garantias constitucionais, de modo a esvaziar a cláusula da inviolabilidade domiciliar, em prestígio de um bem jurídico que nesse momento se afigura em maior relevo, qual seja, a segurança viária da coletividade.

Essa, inclusive, é a posição compartilhada por abalizada doutrina[129] que acertadamente reconhece o valor da análise *in concreto* na determinação do grau interventivo das medidas que condicionam o sistema de liberdades públicas.

O campo dogmático, sobretudo na seara criminal, não pode se converter em terreno fértil para a insegu-

---

129 **CARVALHO**, Luis Gustavo Grandinetti Castanho de. Processo Penal e Constituição. Rio de Janeiro: Lumen Juris, 2006.

rança jurídica, nem tampouco promover interpretações dissociadas de uma visão sistêmica do plano processual-penal.

Por essa razão, não podemos fixar um balizamento engessado sobre a condição da boleia do caminhão, de modo a consolidá-la, sob ponto de vista jurídico-penal, tão somente como veículo automotor ou como domicílio. Até porque, se assim prosseguirmos, futuramente estaremos discutindo outros problemas relacionados a essa condição (como a já demonstrada questão da arma de fogo).

Aqui, a questão central não há de recair sobre uma posição unidirecional acerca a boleia do caminhão, já que sua natureza é híbrida, devendo ser reconhecida sua qualidade precária de moradia, sem olvidar de sua condição natural de veículo automotor.

Portanto, a discussão a ser enfrentada centra-se no grau de proteção constitucional que se deve atribuir a boleia do caminhão, a partir do reconhecimento de sua condição dúplice.

E essa proteção está diretamente ligada ao sopesamento das garantias constitucionais em relação aos bens jurídicos envolvidos, realizadas no plano concreto, a partir das técnicas de ponderação, inspiradas pelo espectro axiológico da razoabilidade e proporcionalidade.

Nesse contexto é que deverão ser verificadas as reais circunstâncias em que a boleia do caminhão estará inserida ou não na proteção da cláusula de inviolabilidade domiciliar, mirando-se a correta delimitação dos contornos exigidos para execução de medidas interventivas do poder estatal.

A partir da disposição do artigo 240, § 1º do Código de Processo Penal, tem-se um rol exemplificativo dos alvos a serem perseguidos nas medidas de busca e de apreensão. Nele estão inseridos a captura de criminosos, a apreensão de produtos de origem ilícita, armas, munições, instrumentos utilizados em práticas criminosas, entre outros.

Mirando o redimensionamento constitucional dos referidos institutos, desperta nossa atenção as alíneas "e", "f" e "h" do citado dispositivo legal, justamente por tangenciarem pontos de sensibilidade no tensionamento entre poder estatal e direitos fundamentais.

A alínea "e" versa sobre a descoberta de objetos necessários à prova da infração penal ou à defesa do réu.

Como primeiro destaque, a generalidade da cláusula, sedimentada na expressão "objetos necessários à prova da infração", apresenta-se incompatível com a especialidade instrumental das medidas de coerção, devendo-se, no campo técnico-jurídico, delimitar com precisão quais elementos detém a condição de alvo da busca e da apreensão. Assim, essa exigência deverá constar na exposição de motivos da decretação das medidas, sob pena de configurar abuso de poder estatal.

De outro lado, o final da redação da alínea "e", ao mencionar que as medidas de busca e de apreensão também se voltam a coleta de elementos "em defesa do réu", merece duas ponderações. Primeiro, entendemos que a terminologia correta seria imputado, ao invés de réu, vez que tais medidas tem espaço garantido em todas as etapas da persecução criminal. Segundo, porque o dispositivo revela um importante instrumento da paridade de armas, evidenciando que as medidas interventivas igualmente se prestam à coleta de elementos probatórios que dão suporte às teses de imputação ou de defesa.

Em seguida, a alínea "f" cuida da arrecadação de cartas, dirigidas ou já em poder do acusado. Mesmo com a permissão expressa do Código de Processo Penal, uma leitura constitucional do artigo 5º, inciso XII, da Magna Carta rechaça essa possibilidade, na medida em que há mandamento no sentido de conferir proteção do sigilo de correspondências.

Por fim, a alínea "h" do § 1º do artigo 240 do Código de Processo Penal padece da mesma inconsistência já acima sinalizada, na medida em que, ao utilizar a expressão "qualquer elemento de convicção", se apresenta como uma cláusula demasiadamente aberta.

No caso concreto, a decretação da medida de busca e de apreensão deverá estar atrelada à precisa indicação dos elementos probatórios que são alvos da intervenção coercitiva, sob pena de desconfigurar a essência constitucional orientadora da medida. Entendemos que esta disposição processual estabelece tão somente o caráter exemplificativo atribuído ao espectro de alvos das medidas de intervenção.

Tanto é verdade que o artigo 243, inciso II do Código de Processo Penal exige que a expedição autorizadora das medidas de busca e de apreensão indique os motivos e os fins a que se destina a diligência probatória.

Uma outra questão interessante acerca da busca domiciliar refere-se aos contornos atribuídos à proteção constitucional da intimidade, da privacidade e da inviolabilidade domiciliar.

A disposição constitucional, na esteira do artigo 5º, inciso XI, da Constituição Federal, estabelece filtros de exceção à proteção do domicílio, sendo três deles de particular interesse ao cenário processual-penal: o consentimento do morador, o estado de flagrante delito (já analisado em capítulo anterior para o qual remetemos o leitor) e a ordem judicial, sendo este último o tema central de nossa pesquisa.

Quando a ordem constitucional estabelece o consentimento do morador como um dos filtros de afastamento da proteção domiciliar, por óbvio, está tratando de um consentimento válido e, portanto, despido de qualquer vício ou constrangimento, hábil a desconfigurar a liberdade de conformação do indivíduo destinatário da proteção.

Nossa posição é de que esse consentimento válido, justamente por gerar o esvaziamento do espectro da proteção constitucional, não pode decorrer de qualquer intimidação ambiental ou circunstancial que implique em contaminar a livre expressão da vontade do morador.

Nessas circunstâncias, inclusive para conferir legitimidade à busca domiciliar e à fiabilidade probatória decorrente de eventual coleta produtiva de evidências do caso penal, deve o agente estatal, ao instar o consentimento do morador, esclarecer todos os contornos e consequências jurídico-penais deste consentimento, como a voluntariedade do ato e o livre direito em negá-lo, o direito ao silêncio, o direito de não produzir prova em seu prejuízo, bem como a explicação de que ingresso coercitivo em domicílio necessita de ordem judicial prévia e expressa nesse sentido.

As disposições estabelecidas pelos artigos 243, 244 e 245 do Código de Processo Penal tratam do balizamento legal do cumprimento das medidas de busca e de apreensão, o qual, tendo em vista o elevado grau de interferência na esfera de direitos fundamentais, devem observar uma delimitação estreita e rigorosa aos parâmetros estipulados.

Partindo-se desta premissa e debruçando-se sobre a disciplina trazida pelo inciso I do artigo 243 do Código de Processo Penal, verifica-se que a indicação do domicílio objeto da ação de busca deverá contemplar um conjunto de características que individualize, na medida do possível e de forma mais precisa, sua localização e a identificação do proprietário ou assemelhado.

Nesse contexto, torna-se fundamental enfrentar a questão referente aos denominados mandados de busca e de apreensão genéricos, inovação presente no cotidiano da prática investigativo-forense e que se materializa através de uma autorização para ingresso domiciliar que engloba múltiplas residências de uma mesma região.

Frise-se que parcela respeitável da doutrina[130] sustenta a inadmissibilidade de expedição de tais mandados genéricos, sob argumento de haver mandamento expresso em sentido contrário, determinando a indicação precisa do local alvo da busca, sob pena da medida se converter em arbítrio estatal.

Em nossa posição, também concordamos que a banalização do instituto, a partir de expedições indis-

---

130 **LOPES JÚNIOR**, Aury. Direito processual penal. São Paulo: Saraiva, 2012.

criminadas de ordens de buscas genéricas, contrariam o escopo constitucional.

Entretanto, em hipóteses excepcionais visualizamos a possibilidade de que a mesma ordem de busca e de apreensão englobe múltiplos domicílios em determinado perímetro, desde que haja acervo probatório hábil a sustentar a necessidade da medida neste elevado grau interventivo.

Primeiro, porque o tensionamento entre o poder estatal e a tutela de direitos fundamentais deve ser aferida *in concreto*, permitindo-se que os limites da medida de coerção sejam reflexo da correta equalização dos bens jurídicos em situação de aparente conflito. Por isso, a filtragem constitucional, inspirada pelos princípios da proporcionalidade e razoabilidade, atua como um verdadeiro termômetro nesse sistema escalonado de intervenção do poder estatal.

Além disso, a própria disposição reguladora sinaliza que a localização deve ser a mais precisa possível, ou seja, as informações que recaem sobre o alvo da busca domiciliar encontram-se no plano da probabilidade, materializadas pela conformação dos elementos probatórios já assentados no decurso da persecução criminal.

A partir desta perspectiva, torna-se plenamente viável que o trajeto investigativo sinalize, por exemplo, que as evidências criminosas buscadas sejam dotadas de um caráter altamente volátil e ambulatorial, ínsitas à própria atividade criminosa.

Nessas circunstâncias, caso o conjunto probatório indique um perímetro delimitado e bem definido dos múltiplos domicílios que compõem esse cenário, restaria autorizada a decretação da medida de forma a abarcar todas essas localizações.

Até mesmo porque, na prática, não haveria impeditivo legal para a expedição de tantos mandados quantos fosses os ambientes domiciliares deste perímetro.

Com efeito, a depender do arcabouço probatório que serve de base para o *fumus commissi delicti* e o *periculum in mora* da medida, entendemos pela viabilidade de uma única ordem de busca e de apreensão englobar múltiplos domicílios em um delimitado perímetro.

Outra questão tormentosa e com importantes desdobramentos emerge da medida de busca e de apreensão em escritórios de advocacia.

Nessa hipótese, a interpretação conjunta dos dispositivos legais previstos nos artigos 240, § 2º e 246, do Código de Processo Penal, bem como no artigo 7º, inciso II e § 6º da Lei nº 8.906/94, consolida um sistema de filtragem que eleva o grau de exigência das medidas de coerção estatal.

Com acerto, prestigiou o legislador a privacidade que denota a relação advogado-cliente, posição esta de extrema necessidade à livre efetivação da garantia constitucional de ampla defesa, mormente em relação à sua vertente de defesa técnica, elevando-se o nível de proteção destinado ao exercício da advocacia.

De acordo com o artigo 240, § 2º do Código de Processo Penal, a medida de busca e de apreensão em poder do defensor do imputado só é permitida caso revestida da natureza própria de corpo de delito.

Na mesma direção, o artigo 7º, inciso II da Lei nº 8.906/94, consolida a proteção domiciliar do local de trabalho do advogado e, em seu § 6º, estabelece a necessidade de acompanhamento de representante da Ordem dos Advogados do Brasil no cumprimento de medidas de busca e de apreensão quando o advogado ostentar a qualidade de imputado, restringindo o acesso a elementos relacionados aos demais clientes do referido advogado.

Nesse panorama, merece destaque a questão referente ao instituto da busca exploratória.

O tema ganhou projeção no cenário nacional a partir do Inquérito Policial nº 2.424 junto ao Egrégio Supremo Tribunal Federal[131], onde foi considerada válida a realização de diligência de busca em escritório

---

131 **Informativo nº 529 STF.**

de advocacia, durante período noturno, para captação de sinais ópticos e acústicos, no curso de investigação criminal em que o advogado era imputado de práticas criminosas.

No presente caso, a busca exploratória encontrava-se associada a outra ferramenta de investigação criminal, materializada pela captação ambiental de sinais, a qual, atualmente, é disciplinada na expressão do artigo 3º, inciso II da Lei nº 12.850/13.

O cerne da questão, que obrigatoriamente recai sobre a admissibilidade do instituto da busca exploratória no ordenamento jurídico pátrio, volta-se para o tensionamento entre os limites do exercício do poder estatal com as garantias protetivas dos artigos 5º, X e XI da Constituição Federal, bem como o correto disciplinamento das especificações contidas no artigo 246, do Código de Processo Penal e no artigo 7º, inciso II e § 6º da Lei nº 8.906/94.

Como já mencionado, a ordem constitucional impõe, como meio geral de resguardo do seu sistema de liberdades públicas, a proteção da intimidade, da privacidade e da inviolabilidade domiciliar, de modo que a previsão de hipóteses excepcionais de ingresso coercitivo no ambiente domiciliar engloba, sob uma estrita perspectiva processual-penal, a ocorrência de flagrante delito, o consentimento válido do morador ou a decretação de ordem judicial, onde, neste último caso, está alojado o instituto da busca exploratória.

Ocorre que, ao tratar da exceção constitucional derivada de uma ordem judicial, o legislador assinalou que o cumprimento da medida de ingresso coercitivo deveria ser em período diurno, indicado pela doutrina majoritária como sendo o período compreendido entre as seis horas da manhã e as oito horas da noite, por analogia ao artigo 212 do Código de Processo Civil, que disciplina o tempo dos atos processuais.

Nesse diapasão, cabe o seguinte questionamento: a busca exploratória realizada em período noturno num escritório de advocacia encontra assento na ordem constitucional?

Em nossa visão inicial, andou bem o constituinte originário, na medida em que o período noturno, rotineiramente dedicado ao repouso dos domiciliados, merece um grau maior de proteção.

Inclusive, a elevação do standard protetivo do repouso noturno encontra amparo no campo penal, onde, na esteira do artigo 155, § 1º do Código Penal, a subtração patrimonial realizada em período noturno representa hipótese de aumento da pena, tendo em vista o maior grau de reprovabilidade atribuído à conduta quando concretizada nessa circunstância.

Assim, torna-se evidente que o mandamento constitucional, ao delimitar o cumprimento da ordem judicial para o ingresso coercitivo ao período diurno, encontra-se umbilicalmente atrelado a essa necessidade de maior proteção do ambiente domiciliar no momento de repouso noturno.

Todavia, em se tratando de um escritório de advocacia, assim como os demais locais de trabalho, não se está diante da concepção de domicílio *strictu senso*, mas sim, de um conceito jurídico de domicílio por equiparação.

Portanto, não obstante a legitimidade e o acerto normativo da extensão dessa garantia constitucional do domicílio ao local de trabalho, operada no plano infraconstitucional, deve-se reconhecer que o nível de proteção destinado a esses ambientes está orientado por estratos distintivos.

Desde o início, esclarecemos que todas as formas de manifestação do poder punitivo estatal capazes de interferir no sistema de liberdades devem passar por um mecanismo de filtragem constitucional, onde o espectro de proteção das garantias processuais seja aferido no caso concreto, a partir da incidência dos princípios da proporcionalidade e da razoabilidade, ponderando-se os valores jurídicos em aparente confronto de modo a equalizar a tensão decorrente das microrrelações en-

Título IV – Investigação Criminal e Cadeia de Custódia Probatória 309

tre o Estado e o indivíduo, cujo norte sempre será a dignidade da pessoa humana.

Nessa linha, o instituto da busca exploratória, caracterizado pela coleta de registros audiovisuais associados ao mecanismo de captação ambiental de sinais, quando realizado em local de trabalho (como por exemplo um escritório de advocacia), constitui um meio de prova que permite a operacionalização em período noturno, desde que demonstrada a imprescindibilidade da medida para fins de obtenção dos elementos probatórios.

Primeiro, porque a limitação temporal atribuída ao período diurno, para fins de cumprimento da ordem judicial de ingresso domiciliar coercitivo, justifica sua aplicabilidade apenas ao domicílio em sentido estrito, tendo em vista sua indissociável correlação com a proteção do período de repouso noturno, circunstância esta não verificada no ambiente de trabalho.

Segundo, pela demonstração *in concreto* da extrema necessidade de realização da diligência probatória em período noturno, com vistas a assegurar a efetividade da medida de busca, a qual não poderia ser produzida por outro meio menos interventivo.

Terceiro, em razão de que a proteção constitucional do núcleo domiciliar, transferida por equiparação ao ambiente de trabalho, não pode ser interpretada como um direito intangível, convertendo o local de exercício profissional numa verdadeira fortaleza inacessível, sobretudo quando presentes elementos indiciários de prática criminosa.

Quarto, porque nessas circunstâncias a busca exploratória não enseja o apresamento de qualquer bem, objeto ou documento do local alvo da diligência, mas cinge-se tão somente a realização de registros ópticos e audiovisuais de elementos probatórios considerados pertinentes ao curso regular da persecução criminal.

De mesmo modo, a busca exploratória, quando deflagrada nessas circunstâncias, afasta pelos mesmos motivos a obrigatoriedade de presença de representante da Ordem dos Advogados do Brasil, sendo inaplicável a norma prevista no artigo 7º, § 6º da Lei 8.906/94.

A essência normativa desta previsão legal, ao mencionar o acompanhamento da diligência de busca e de apreensão por um membro classista, volta-se tão somente para reforçar a observância das prerrogativas inerentes ao exercício da advocacia relacionadas ao ambiente profissional do imputado, que ostenta a qualidade de advogado. Cuida-se aqui de uma tutela *propter officium*, que se dedica a resguardar um complexo de bens e documentos inseridos na relação profissional entre o advogado e seus demais clientes.

Portanto, o deferimento excepcional da medida de busca exploratória em período noturno, mesmo quando realizada em escritório de advogado na condição de imputado, descarta qualquer tipo de acompanhamento de representante da Ordem dos Advogados do Brasil, vez que o instituto se destina finalisticamente à realização de registros de sinais, sem implicar em qualquer tipo de apreensão de materiais, bens ou documentos.

Uma outra questão muito importante no exame constitucional das buscas domiciliares reside nos encontros fortuitos de elementos probatórios e na problemática constatação do desvio de seu vínculo causal.

Num primeiro momento, ressalte-se que a legislação não trouxe qualquer limitação específica para a realização de buscas domiciliares em relação às mais diversas espécies delitivas.

Apesar da redação do artigo 240, § 1º do Código de Processo Penal trazer um rol extenso e meramente exemplificativo dos alvos das medidas de busca e de apreensão, o artigo 243, inciso II do Código de Processo Penal, assinala que a diligência deve claramente mencionar seus motivos e a sua finalidade, oportunidade em que deve ser precisamente delimitado o alvo da busca domiciliar.

A partir daí, surge a seguinte problemática: qual o juízo de valoração sobre o encontro fortuito de um elemento probatório desassociado do alvo da busca domiciliar?

Trata-se de uma questão de elevada sensibilidade ao escopo processual e que, necessariamente, passa pelo exame do princípio da especialidade da prova e da análise de seu vínculo de causalidade com o caso penal.

Em primeira instância, caso o elemento probatório fortuito goze de autonomia suficiente para configuração de hipótese de prisão flagrancial, o tratamento jurídico deverá seguir o rito previsto no artigo 302 do Código de Processo Penal, não comportando desdobramentos mais aprofundados.

É a hipótese, por exemplo, concretizada quando, durante uma busca domiciliar que visa a coleta de documentos indiciários de crime de sonegação fiscal, é arrecadada uma arma de fogo de uso restrito, acautelada no local da diligência de busca em desconformidade com a regulamentação legal.

Numa outra circunstância, o cumprimento da busca domiciliar pode-se deparar com o encontro fortuito de um elemento probatório que, mesmo sem a capacidade de ensejar uma prisão flagrancial, sinalize como evidência de uma outra prática criminosa, até então alheia ao caso penal.

Para parcela da doutrina[132], o encontro fortuito de provas no ambiente de busca domiciliar decorre de uma atividade estatal lícita e, por essa razão, esse elemento probatório é passível de admissão e valoração, podendo, inclusive, servir de base para justa causa da ação penal.

Em sentido oposto, uma segunda linha de pensamento doutrinário[133] pugna pela ilicitude da prova, sob argumento de que esse elemento probatório obtido de maneira fortuita materializa o desvio de uma finalidade que, estruturalmente, serviu de base para a decretação de medida interventiva na esfera de direitos fundamentais, a qual, portanto, há de ser cumprida em seus precisos limites. Nessa visão, o conhecimento fortuito seria uma novação do objeto sobre o qual recai o pedido de busca e, por essa natureza, inadmissível na ordem jurídica.

Numa terceira corrente[134], a doutrina assinala que, nesses casos, a evidência fortuita detém a qualidade de fonte de prova, devendo ser considerada como um elemento indiciário que permita a deflagração de uma nova persecução criminal.

---

132 **NICOLITT**, André. Manual de direito processual penal. São Paulo: Revista dos Tribunais, 2016.

133 **BASTOS PITOMBO**, Cleunice. Da busca e da apreensão no processo penal. São Paulo: Revista dos Tribunais, 2005.

134 **LOPES JÚNIOR**, Aury. Direito processual penal. São Paulo: Saraiva, 2012.

Em um quarto posicionamento[135], a doutrina assevera que, em princípio, o elemento probatório fortuito será ilícito em razão do desvio de finalidade que ensejou a medida de busca domiciliar, salvo nas hipóteses em que verificada a conexão delitiva.

A questão é de alta complexidade e deriva do exame conjunto de dois pressupostos fundamentais: o princípio da especialidade da prova e a análise da vinculação de causalidade.

É a partir da análise conjunta destes dois vetores que se pode compatibilizar a temática dos conhecimentos fortuitos à disciplina probatória da busca domiciliar.

O princípio da especialidade, quando aplicado ao campo probatório, parte da ideia central de que todo elemento de prova tem como destinação natural o seio da própria persecução criminal onde foi produzido.

No plano do direito internacional, o referido princípio, com previsão no artigo 96, inciso I da Lei nº 13.444/17, bem como no artigo 101 do Estatuto de Roma, impede a entrega de extraditando quando o Estado requerente não assume a responsabilidade de não lhe submeter a prisão ou processo por fato anterior ao pedido da extradição.

---

135 **SCARANCE FERNANDES**, Antônio. Processo penal constitucional. São Paulo: Revista dos Tribunais, 1999.

Desta forma, o princípio da especialidade da prova assinala que a produção probatória resultante de qualquer modalidade interventiva de direitos fundamentais tenha sua aplicação vinculada ao caso penal que a motivou.

Segundo Echarri Casa[136], a autorização judicial para uma produção probatória, que, necessariamente, implique em interferência em direitos fundamentais, deve estar circunscrita de forma exclusiva ao ambiente da persecução criminal para o qual foi determinada.

O princípio da especialidade preza pela consolidação da motivação e da finalidade como requisitos essenciais e inatos da medida de busca que, por essa razão, deve ter seus objetivos e contornos muito bem desenhados. Tem ele, portanto, o papel de vedar a conversão da medida numa *fishing expedition*[137] da persecução criminal, que desvirtua a ação de busca e de apreensão para um cenário de completa desvinculação do alvo da medida com o caso penal, transformando-a numa desenfreada perseguição por múltiplos elementos indiciários que possam recair sobre toda a sorte de delitos.

---

136 **ECHARRI CASA**, Fermín Javier. Prueba ilícita: conexión de antijuricidad y hallazgos casuales. Madri: Revista del Poder Judicial, nº 69, 2003.

137 **MELO E SILVA**. Philipe Benoni. Fishing expedition: a pesca predatória por provas por parte dos órgãos de investigação. Disponível em: http:/jota.info/artigos/fishing-expedition-21012017.

Na lição de Bastos Pitombo[138], a medida de busca apresenta-se revestida pela especialidade, devendo perseguir o alvo previamente delimitado, com o escopo de comprovar o delito objeto do procedimento de investigação.

Com efeito, mesmo partindo-se da premissa de que o princípio da especialidade atua como núcleo orientador da disciplina probatória em tais circunstâncias, há de se admitir que a coleta de evidências oriundas de meio fortuito decorre, antes de tudo, de uma manifestação legítima do poder estatal, vez que o cumprimento da busca observa todas as limitações constitucionais necessárias à sua consecução.

Por isso, a adoção de posicionamentos extremados sobre o tema há de ser rechaçada de plano, de forma que não se atribua à disciplina dos encontros fortuitos, de um lado, um valor totalmente legítimo ou, de outro, uma desqualificação absoluta.

No primeiro caso, a utilização irrestrita da prova transformaria a ordem de busca domiciliar num cheque em branco, suscetível à franca admissibilidade de todo e qualquer tipo de conhecimento fortuito. No segundo, o descarte completo de qualquer elemento fortuito equivaleria a ignorar o fato de que a medida nasce de uma intervenção estatal idônea e, por isso, não se pode sim-

---

138 **BASTOS PITOMBO**, Cleunice. Da busca e da apreensão no processo penal. São Paulo: Revista dos Tribunais, 2005.

Título IV – Investigação Criminal e Cadeia de Custódia Probatória   317

plesmente aceitar a ideia de total negação dos conhecimentos obtidos pelo órgão de persecução criminal.

Nesse contexto, impõe-se o exame do segundo pressuposto fundamental ao correto delineamento do tema, qual seja, a análise do vínculo de causalidade entre o elemento fortuito e o panorama persecutório.

Por essa via, busca-se verificar, a partir dos critérios de conexão e continência estabelecidos pelos artigos 76 e 77 do Código de Processo Penal, o grau de vinculação entre o conhecimento adquirido de maneira fortuita e o contexto da persecução criminal sobre o qual se fundam os motivos ensejadores da medida interventiva de direitos.

É a lição de López-Fragoso[139] ao sustentar que o eixo nuclear para a resolução do problema está em aferir o grau de conexão entre a evidência fortuitamente descoberta e o caso penal originário da interferência estatal.

Com mais precisão Tapia[140] assinala que se o elemento probatório obtido por meio fortuito sinaliza a

---

139 **LÓPEZ FRAGOSO**, Tomás. Los descubrimientos casuales en las intervenciones telefónicas como medidas coercitivas en el proceso penal. Madri: Derechos y Libertades: Revista del Instituto Bartolomé das Casas, 1993.

140 **TAPIA**, Juan Francisco. Descubrimientos accidentales en el curso de um registro domiciliário o una intervención de comunicaciones. El problema de hallazgos casuales o "causales"? Buenos Aires: Revista de Derecho Penal, 2002.

existência de um novo delito, conexo ao caso penal e cuja imputação recaia sobre o imputado, não deve haver impedimento em sua valoração probatória.

Nessa senda, a arquitetura jurídico-processual da conexão e continência, para além de fornecer critérios objetivos e seguros para aferição do grau do desvio causal entre o conhecimento fortuito e o caso penal, também enseja o reconhecimento de um marco divisório na regulação do tema, na medida em que esse tipo de conhecimento fortuito pode-se apresentar de duas maneiras distintas, caracterizada por sua vinculação ou desvinculação ao contexto da persecução criminal em que foi deferida a medida de busca.

A partir da doutrina de Aguilar[141], identifica-se a necessidade de promover uma cisão conceitual, a fim de delimitar com maior precisão os contornos decorrentes da constatação de uma identidade investigativa relativa à disciplina dos elementos probatórios obtidos por meio fortuito, a partir de uma medida coercitiva legítima.

Para este autor português, há nesse cenário uma distinção entre os conhecimentos da investigação e os conhecimentos fortuitos, cujo critério diferenciador reside justamente na constatação dessa identidade in-

---

141 **AGUILAR**, Francisco. Dos conhecimentos fortuitos obtidos através de escutas telefônicas: contributo para seus estudos no direito alemão e português. Coimbra: Almedina, 2004.

vestigativa entre o delito sinalizado de maneira fortuita e o caso penal que serviu de base para implementação da medida restritiva.

Entende-se por conhecimentos da investigação como sendo aqueles em que há uma estreita referência entre o novo fato criminoso, revelado a partir da coleta de um elemento probatório obtido por meio incidental, e o caso penal que motivou a medida de busca.

Nessa hipótese, utilizando-se os critérios de conexão e continência como parâmetros normativos, seria admitido o desvio causal de modo a admitir a validação do elemento probatório obtido por meio fortuito, posto que todo o acervo indiciário há de ser apreciado no bojo da mesma persecução criminal.

Por outro lado, serão denominados, numa perspectiva residual, conhecimentos fortuitos tão somente aqueles em que não se verifica esta identidade processual, ou seja, o fato criminoso revelado pelo elemento probatório coletado de forma incidental não guarda qualquer relação de conexão ou continência com o caso penal que subsidiou a adoção da medida legal de busca domiciliar.

Com efeito, o desvio causal nessa hipótese não será admitido, de modo a viabilizar uma valoração probatória conjunta e imediata. Entretanto, isso não significa um descarte do elemento vestigial fortuito que, por sua natureza e baseado na legitimidade da ação estatal que ensejou sua coleta, poderá ser utilizado como fonte de prova, permitindo a instauração de uma nova perseução criminal.

Em síntese, podemos concluir que a coleta incidental de elementos probatórios fortuitos, assim considerados como aqueles fora do espectro característico do alvo da busca domiciliar, pode gerar efeitos probatórios ou efeitos investigativos.

Quando se tratar de conhecimentos da investigação e, portanto, verificada a identidade investigativa entre o fato criminoso descoberto a partir do elemento coletado no contexto do caso penal, delineado a partir dos critérios de conexão e continência, o desvio causal será admitido e restará mitigado o princípio da especialidade, oportunidade em que estaremos diante de efeitos probatórios.

A seu turno, esvaziada a identidade investigativa, em função da inexistência de vinculação entre o fato criminoso revelado e o caso penal que motivou a sua coleta, o desvio causal não será permitido e o princípio da especialidade irradiará seus efeitos. Nesta ocasião, deparamo-nos com os conhecimentos fortuitos que geram efeitos investigativos e, por isso, apresentam-se despidos de força probatória, mas hábeis à deflagração de uma nova persecução penal.

Finalizadas as discussões sobre a busca domiciliar, cabe por ora ingressar nas considerações acerca da segunda modalidade interventiva, consubstanciada na busca pessoal, na forma do artigo 240, *in fine*, do Código de Processo Penal.

Frise-se que, em princípio, a base axiológica que inspira o cumprimento da medida de busca pessoal equivale a da já acima debatida busca domiciliar, vez que, nas duas hipóteses, estaremos diante de um tensionamento entre os limites do exercício do poder de intervenção estatal e a observância das garantias inerentes ao sistema constitucional de liberdades públicas, orientado pela cláusula da dignidade da pessoa humana.

Enquanto a medida de busca domiciliar decorre de uma mitigação da proteção constitucional da inviolabilidade domiciliar, na forma do artigo 5º, inciso XI da Constituição Federal, a busca pessoal, por sua vez, enseja o abrandamento da tutela da intimidade e da privacidade, conforme previsto em artigo 5º, inciso X da Carta Republicana.

Assim, a legitimidade da medida de busca pessoal há de ser igualmente submetida a uma filtragem pelos princípios da proporcionalidade e razoabilidade que, a partir da verificação *in concreto* dos valores jurídicos em colisão, promoverá a equalização dos limites da atuação interventiva estatal, com vistas a alcançar um estado de sintonia constitucional.

Num primeiro momento, cabe realizar a distinção entre a busca pessoal e as inspeções corporais, na medida em que ambas representam uma interferência corporal oriunda de uma ação estatal a partir de escalonados graus de afetação na esfera de direitos fundamentais da pessoa humana.

Consoante abalizada doutrina[142], enquanto a busca pessoal afigura-se como um meio de obtenção probatória, materializado a partir de uma vistoria corpórea superficial, as inspeções corporais derivam de pesquisas e exames com elevado grau de interferência na autonomia corporal, para fins de verificação de lesões ou vestígios oriundos de uma infração penal.

A estruturação conceitual das inspeções corporais ingressa no cenário do direito probatório pela disciplina das chamadas intervenções corporais que, não obstante sua omissão legislativa no campo processual penal brasileiro, constitui tema amplamente debatido em doutrina, sobretudo em relação a seu tensionamento com o princípio do *nemo tenetur se ipsum accusare*, caracterizado como garantia do imputado em não incorrer em qualquer prejuízo processual diante da ado-

---

142 **QUEIJO**, Maria Elizabeth. O direito de não produzir prova contra si mesmo. São Paulo; Saraiva, 2003.

ção de uma postura omissiva ou silente na atividade de produção probatória.

As intervenções corporais podem ser invasivas ou não invasivas, ou como prefere a doutrina estrangeira[143], graves ou leves.

Reúnem-se no primeiro grupo aquelas realizadas a partir de técnicas invasivas sobre o corpo humano, com utilização de equipamentos ou substâncias introduzidas em cavidades corporais naturais ou agressivamente geradas. Entre elas estão o exame de composição sanguínea, ginecológico, endoscópico, entre outros.

No segundo caso, as intervenções ditas não invasivas são aquelas em que a técnica é realizada sem qualquer aprofundamento físico no corpo humano, como, por exemplo, a realização de exames de material genético a partir de resíduos capilares, os registros datiloscópicos, dentre outras técnicas.

Não sendo este o foro adequado à verticalização do tema, objetiva-se aqui tão somente esclarecer que a medida de busca pessoal não integra a órbita conceitual das intervenções corporais.

Há quem em doutrina classifique a busca pessoal como sendo uma intervenção corporal invasiva em grau leve, mas, a nosso ver, esta não seria a melhor orienta-

---

143 **HERNANDEZ**, Angel Gil. Intervenciones corporales y derechos fundamentales. Madri: Colex, 1995.

ção, na medida em que a pesquisa decorrente da ação de busca pessoal reflete tão somente um registro superficial, sem qualquer prejuízo à autonomia corpórea.

Numa visão mais coerente acerca dos institutos, concordamos com Morales e Díaz Cabiale[144], desconsiderando a busca pessoal como disciplina afeta às intervenções corporais.

Noutro plano, outra diferenciação que se impõe necessária recai sobre a busca pessoal, enquanto medida instrumental de obtenção de elementos probatórios, e os procedimentos de revista pessoal, assim entendidos como aqueles no âmbito do poder de polícia administrativo, inerentes ao campo da fiscalização e prevenção.

Este último grupo contempla uma atividade eminentemente administrativa, onde a submissão do indivíduo ao procedimento de revista é condição obrigatória para o seu ingresso em determinados ambientes, em função de suas peculiaridades. Aqui se encontram as revistas para ingressos em estádios, arenas e institutos penitenciários, cujo escopo integra cenário distinto ao dedicado à medida de busca pessoal.

---

144 **DÍAS CABIALE**, José Antonio; **MORALES**, Ricardo Martín. La garantía constitucional de la inadimisión de la prueba ilícitamente obtenida. Madri: Civitas, 2001.

Realizadas as necessárias distinções conceituais, verifica-se que a codificação processual apresenta uma escassa disciplina normativa sobre o tema.

Na expressão do artigo 240, § 2º, do Código de Processo Penal, a decretação da medida está condicionada à constatação de fundadas razões de suspeição de que alguém guarde consigo quaisquer evidências de comprovação da autoria e materialidade delitiva do caso penal.

Na esteira do artigo 244 do Código de Processo Penal, dispensa-se a ordem judicial prévia para a realização da busca pessoal nas hipóteses de prisão, de curso da busca domiciliar e de fundadas razões de suspeição de que o indivíduo oculte elemento probatório que materialize o fato criminoso.

Ressalte-se que, por mais uma vez, o legislador lança mão da obscura terminologia "fundada suspeita".

Como já sustentado no exame da busca domiciliar, a fundada suspeita não decorre de um estado de livre convicção que integra a esfera subjetiva do agente estatal responsável pela busca pessoal.

Pelo contrário, deve ela representar um cenário justificado pela constatação de elementos objetivos que, no campo da probabilidade, sinalizem de forma positiva para a adoção de uma medida de restrição de direitos, sempre inspirada pelos critérios de excepcionalidade e urgência.

Cuida-se aqui, como já exposto, da legitimação da medida interventiva através da presença dos requisitos *fumus commissi delicti* e *periculum in mora*, cuja implementação deve estar sujeita à filtragem constitucional dos princípios da razoabilidade e proporcionalidade, dotados de conteúdo axiológico capaz de delimitar com precisão os contornos do exercício de poder estatal.

Por essa razão, a busca pessoal jamais poderá ser um campo fértil para arbítrios ou excessos, sobretudo quando a própria codificação penal permite, na forma de seu artigo 244, a adoção excepcionalíssima da medida despida do filtro da reserva da jurisdição.

Nessas três hipóteses, a busca pessoal em decorrência de uma prisão, ou mesmo no curso do cumprimento de uma medida de busca domiciliar, decorre de cenários legitimadores prévios de restrição de direitos fundamentais logicamente interligados aos requisitos *fumus commissi delicti* e *periculum in mora*.

Cuidam-se aqui das hipóteses de realização de busca pessoal durante uma prisão flagrancial ou mesmo aquela verificada no curso de uma busca domiciliar autorizada, onde um dos domiciliados oculta o elemento probatório buscado ou outro que materialize um fato criminoso diverso.

Preocupante é a terceira possibilidade, onde a busca pessoal, despida de ordem judicial, pode ser efetivada a partir da sinalização indiciária de que o indivíduo traga consigo armas, instrumentos de crime ou demais objetos que, de forma autônoma, configurem o corpo de delito.

Ao criticar a insuficiência do trato legislativo sobre esse tema, muito se discute sobre o arbítrio estatal e até mesmo a truculência de agentes públicos na execução desta modalidade de busca pessoal.

Contudo, torna-se imperioso esclarecer que essa mesma omissão legal representa um estado de insegurança jurídica que transfere toda a carga de responsabilidade da medida ao agente público, sobretudo aquele dedicado à atividade policial.

Entendemos, sob um olhar crítico, que também o agente policial, no desempenho de sua tão nobre função, não pode, por mera indulgência legislativa, permanecer na tênue linha que separa uma ação legítima de um exercício abusivo de poder. A atecnia jurídica da medida de busca pessoal, extraída da pífia dicção do artigo 244 do Código de Processo Penal, não pode desaguar na transferência desse avassalador encargo à esfera de subjetividade do agente de polícia, pois isso sim, a nosso ver, consistiria numa odiosa e dupla violação: primeiro, a de sua qualidade de agente público e, segundo, a de sua condição de pessoa humana. Esta última, inclusive, tem passado ao arrepio da doutrina tradicional, cujo tratamento acadêmico do tema vem por décadas centrado na ideia de supressão dessa condição de humano de que deve ser reforçada também ao agente policial.

Outro dispositivo que não resiste à filtragem constitucional é fração inaugural do artigo 242 do Código de Processo Penal, a qual assinala a possibilidade de decretação das medidas de busca e de apreensão em caráter *ex officio* pelo magistrado.

Em nossa visão, a postura ativa do Estado-Juiz na atividade probatória desnatura por completo a estrutura acusatória e democrática do processo penal, sendo vedada qualquer iniciativa do juiz nesse sentido.

Nessa mesma linha, o artigo 249 do Código de Processo Penal, ao estabelecer, como regra geral, que a busca pessoal na mulher deverá ser efetuada por outra mulher, abre exceção nas circunstâncias em que isso importar em "prejuízo" para a diligência.

Inadmissível, em plena vigência do projeto democrático-constitucional, que uma norma traduza uma viva expressão de uma cultura patriarcal e forjada num cenário de hipermasculinidade.

Tal disposição não se encontra apenas eivada de inconstitucionalidade, mas sim apresenta-se completamente despida de humanidade e civilidade no tratamento destinado à condição humana da mulher.

Em nosso sentir, o artigo 249 do Código de Processo Penal deve ser lido em sua exata dimensão jurídico-constitucional: uma letra morta e banhada pelo sangue de todas as mulheres vítimas dos massacrantes feminicídios ao longo da história da humanidade.

IV.d. Regime Jurídico das Interceptações Telefônicas e de Dados – admissibilidade e compartilhamento

O regime das interceptações telefônicas e de dados, doutrinariamente tratado por uns no âmbito do processo penal cautelar e, por outros, no campo do direito probatório, comporta o exame de relevantes aspectos técnico-jurídicos, necessários à potencial otimização deste importante mecanismo de obtenção da prova penal.

No dimensionamento dos direitos fundamentais, a ordem constitucional, na esteira do artigo 5º, incisos X e XII do Pacto Republicano, observa de forma expressa a tutela da privacidade e da intimidade, bem como da inviolabilidade do sigilo de formas de comunicação, como meio de resguardar a dignidade da pessoa humana, enquanto fundamento primordial da arquitetura democrática.

A correta análise do tema, por mais uma vez, recai necessariamente sobre o tensionamento desses direitos fundamentais frente ao exercício do poder punitivo estatal, manifestado no curso da persecução criminal.

Como já debatido ao longo da obra, o respeito a esses direitos fundamentais de primeira dimensão reflete uma imposição democrática, na medida em que deriva de uma decisão político-jurídica primeva da ordem constitucional, forjada na conjuntura fundacional das relações originárias entre o povo, real titular do poder soberano, e o Estado, investido por ele no monopólio do uso da força.

Desta forma, deve-se partir da concepção inicial de que a inviolabilidade das comunicações opera como regra geral, justamente pela proteção devida à esfera da intimidade e privacidade no sistema de liberdades públicas, permitindo-se seu excepcional afastamento nas hipóteses alinhadas pelo próprio escopo constitucional.

Nesse contexto, cumpre ressaltar que, sem olvidar do caráter essencial da inviolabilidade das comunicações no âmbito protetivo dos direitos fundamentais essencialidade, a dicção do texto constitucional revela, de plano, uma dupla tribulação.

Primeiro, porque ao cuidar da inviolabilidade do sigilo das comunicações, a expressão constitucional destina seu espectro protetivo à correspondência epistolar e aos meios de comunicação telegráfica, telefônica e de dados.

Registre-se, por oportuno, que a terminologia utilizada pelo constitucional não há de se quedar inerte aos efeitos da evolução tecnológica, sob pena de, inclusive, se esvaziar os efeitos necessários à proteção do complexo de direitos fundamentais.

Por essa via, torna-se impossível não inserir no anteparo constitucional as novas tecnologias de comunicação, bem como (re)pensar os parâmetros necessários à filtragem constitucional para equalizar a tutela do direito fundamental e os limites interventivos do poder estatal, sobretudo no campo processual penal.

Nesse plano, estão inseridas as formas de comunicação por correio eletrônico, aplicativos de interação e demais plataformas digitais de comunicação.

Cabe aqui registrar as lições de Musci[145] que, ao identificar o fenômeno da globalização inversa no campo da criminalidade organizada, assevera que as inovações e avanços tecnológicos, decorrentes do natural processo evolutivo das sociedades, colocam-se pron-

---

145 **MUSCI**, Aldo. Tutte de mafie del mondo: droga, corruzione, terrorismo. Una mapa della criminalità organizata nell'epoca della globalizzazione. Tarquinia: Stampa Alternativa, 2011.

tamente à livre disposição e uso da criminalidade, de modo que os mecanismos jurídico-legais de combate devem acompanhar esse desenvolvimento.

Nesse caso, a proteção constitucional que orienta a inviolabilidade das comunicações, quando relacionada a novas tecnologias, há de receber, no plano concreto, um influxo constante dos princípios da razoabilidade e da proporcionalidade.

Essa filtragem constitucional permite a delimitação equilibrada dos mecanismos de intervenção estatal, com vistas a preservação da intimidade e da privacidade, sem olvidar de sua necessária efetividade enquanto medida de obtenção probatória no campo processual penal.

Em segundo lugar, quando o legislador constituinte dispõe sobre a excepcionalidade de tratamento da inviolabilidade do sigilo das comunicações, logo se percebe uma confusa estruturação léxico-gramatical.

A expressão "no último caso", utilizada no texto constitucional para delimitação das hipóteses de afastamento da regra geral de inviolabilidade do sigilo das comunicações, enseja múltiplas interpretações no campo doutrinário-jurisprudencial.

Numa primeira linha de pensamento, Grinover[146] assinala que a única exceção constitucional recai tão

---
146 **GRINOVER**, Ada Pellegrini. As nulidades no processo penal. São Paulo: Revista dos Tribunais, 2001.

somente sobre a comunicação telefônica, reconhecendo o caráter absoluto do sigilo atribuído às correspondências epistolares e às comunicações telegráficas e de dados.

Numa segunda corrente, Greco Filho[147] afirma que o texto constitucional comporta duas situações de sigilo: as correspondências e as comunicações. Assim, a permissão constitucional delimitada pela expressão "no último caso" faz referência à categoria das comunicações, incluindo-se aí as de natureza telegráfica, telefônica e de dados.

Em uma terceira orientação, Prado assevera que a expressão constitucional excepciona a comunicação de dados e a telefônica. Ressalta haver ainda uma diferenciação entre a natureza dos dados, de modo que a medida autorizativa de interceptação recai sobre dados dinâmicos, na medida em que os dados estáticos seriam passíveis de apreensão.

No campo jurisprudencial, a orientação firmada pelo Egrégio Supremo Tribunal Federal para este tema vem no sentido de reconhecer a impossibilidade de sigilo absoluto para qualquer modalidade de comunicação.

A interpretação da Corte Suprema, em julgamento paradigmático nos autos do HC nº 70.814/SP, sedi-

---

147 **GRECO FILHO**, Vicente. Interceptação das comunicações telefônicas: considerações sobre a Lei n. 9.696, de 24 de julho de 1996. São Paulo: Saraiva, 1996.

menta a moderna concepção constitucional fundada na inexistência de garantias individuais dotadas de proteção absoluta.

A nosso sentir, o posicionamento adotado pela Corte Maior apresenta-se de forma congruente e perfeitamente alinhado ao desenho constitucional, vez que busca afastar de modo definitivo toda a sorte de interpretações tendentes a conferir intangibilidade à proteção constitucional atribuída ao sigilo das comunicações em quaisquer de suas vertentes.

Nesse diapasão, a única leitura possível da expressão "no último caso", que encerra a mitigação da garantia de inviolabilidade do sigilo das comunicações no plano constitucional, deve ser interpretada como um reforço de seu caráter excepcional, contendo o significado de que esse afastamento só deve ser legitimado em última instância (em último caso), a partir da reserva de jurisdição e nas hipóteses estabelecidas pela normatização de regência.

Não vislumbramos a possibilidade de uma interpretação de um mandamento constitucional deste quilate a partir de um viés elisivo, voltado para a exclusão de uma ou outra categoria de meio de comunicação, sobretudo quando isso resultar num cenário de proteção absoluta.

A uma, porque a intangibilidade, enquanto característica inata desta garantia constitucional, está sediada, como nos ensina a teoria geral dos direitos fundamentais[148], em seu âmago. Portanto, a proteção absoluta é nuclear e não recai sobre a integralidade da garantia em si, podendo-se, inclusive, ver seu espectro reduzido quando em confronto com outra categoria axiológica de mesma grandeza.

A duas, porque o legislador constituinte, quando utilizou a expressão "último caso", com o objetivo de efetuar diferenciação expressa no tratamento de categorias previamente enumeradas, assim o fez com o emprego do pronome demonstrativo "este", classe gramatical especificamente destinada a situar a posição espacial de um elemento em relação aos demais.

É a hipótese, por exemplo, do artigo 37, inciso XIX da Magna Carta, onde, ao tratar das distintas categorias jurídicas da administração indireta, o legislador originário excepcionou o regime de instituição das fundações em relação aos demais entes, utilizando-se, nessa finalidade, a expressão "neste último caso".

Ainda no panorama constitucional da inviolabilidade do sigilo das comunicações, nota-se que a mitigação da garantia se encontra atrelada a três específicos filtros de controle. Primeiro, o da reserva jurisdicional,

---

148 **ALEXY**, Robert. Teoria dos direitos fundamentais. São Paulo: Malheiros, 2011.

vez que o afastamento do sigilo depende de prévia ordem judicial nesse sentido. Segundo, o da legislação de regência, onde o legislador transferiu ao plano infraconstitucional os critérios para perfectibilização da medida. Terceiro, a finalidade da medida voltada para o ambiente da persecução criminal, momento em que se verifica uma vinculação constitucional da medida interventiva com a atividade de investigação criminal ou instrução processual penal.

Esclarecidos os primeiros balizamentos constitucionais acerca do tema, nosso objetivo aqui centra-se numa releitura constitucional do regime de interceptação das comunicações telefônicas e de dados, especificamente voltada para o exame dos requisitos de admissibilidade da medida e compartilhamento da prova a partir dela obtida.

A Lei nº 9.296/96, que regula a parte final do artigo 5º, inciso XII da Constituição Federal, estabelece, logo em seu artigo 1º, parágrafo único, que o regime das interceptações também é aplicável ao fluxo de comunicações em sistemas de informática e telemática, compatibilizando, de forma acertada, a efetividade da ferramenta de obtenção de prova às novas tecnologias no campo das telecomunicações.

Os requisitos de admissibilidade para a decretação da medida de interceptação das comunicações telefônicas e de dados, na forma do artigo 2º da Lei nº 9.296/96, ensejam o reconhecimento conjunto de três critérios: justa causa investigativa, exclusividade da ferramenta de obtenção probatória e catálogo de crimes.

Conforme o inciso I do citado dispositivo, o deferimento judicial da medida depende da comprovação da justa causa investigativa, demonstrada a partir de um acervo probatório previamente consolidado, que sinalize positivamente a existência de elementos indiciários, no plano de valoração recognitiva de probabilidade, acerca da imputação delitiva. Trata-se, como vimos no capítulo anterior, da necessidade de comprovação do *fumus commissi delicti* do caso penal objeto de investigação.

Pelo teor contido no inciso II do artigo 2º da Lei nº 9.296/96, extrai-se a imposição de demonstrar o caráter imprescindível da medida de intervenção. Como também já debatido em capítulo anterior, cuida-se aqui do denominado *periculum in mora*, evidenciado a partir do binômio excepcionalidade-urgência, sendo obrigatória a comprovação de que a prova não pode ser obtida por outro método menos invasivo (excepcionalidade), bem como a sua implementação revela um caráter vital para o desenvolvimento da persecução criminal (urgência).

Segundo Canotilho[149], é justamente nesse contexto que se impõe o princípio da exigibilidade ou da menor

---

149 **CANOTILHO**, Joaquim José Gomes. Direito constitucional e teoria da constituição. Coimbra: Almedina, 1999.

ingerência possível, devendo-se sempre zelar, no confronto da intervenção probatória com o plano dos direitos fundamentais de modo, por um ambiente de menor onerosidade possível ao complexo de garantias do imputado, com a demonstração clara da impossibilidade de coleta da prova por outro método menos lesivo.

Por fim, o inciso III da supramencionada disposição normativa constitui uma delimitação de ordem objetiva para o afastamento da inviolabilidade do sigilo das comunicações, estabelecida a partir da restrição da medida a um catálogo de crimes específicos, cuja cominação penal prevista em abstrato contemple modalidade de pena privativa de liberdade na modalidade reclusão.

Por fim, o parágrafo único do artigo 2º da Lei nº 9.296/96 reforça a necessidade de clareza na justificação da medida de interceptação, com indicação dos componentes indiciários que integram o objeto de investigação do caso penal, assim como a os elementos qualificativos de individualização dos imputados.

Em seguida, a legislação de regência passa a cuidar da legitimação para o pedido da medida de interceptação das comunicações telefônicas. Aqui, são válidas três breves considerações.

Num primeiro apontamento, a dicção do *caput* do artigo 3º da Lei nº 9.296/96, ao dispor sobre a possibilidade de decretação da medida em caráter *ex officio* pelo Estado-Juiz não resiste à filtragem constitucional.

Reputamos inadmissível qualquer iniciativa probatória do órgão julgador, vez que sua movimentação nesse sentido fere de morte eixo central do sistema acusatório, pilar estruturante do projeto democrático-constitucional.

Em segundo plano, a decretação da medida a partir de requerimento do Membro do Ministério Público, na forma do artigo 3º, inciso II da Lei nº 9.296/96, quando solicitada no âmbito da investigação criminal, deve ser lida *cum grano salis*.

Não obstante à discussão sobre o poder investigativo do Ministério Público no ordenamento processual brasileiro e, esclarecendo, desde já, que adotamos uma posição bem restritiva quanto a esse tema, há de se pontuar que, no curso de uma investigação criminal, a ingerência do Estado-Acusador, na qualidade de titular do exercício da pretensão acusatória, deve-se limitar à requisição de providências investigativas necessárias à consolidação da hipótese acusatória no plano da probabilidade.

A questão que ora se impõe é a seguinte: no curso de uma investigação criminal conduzida pelo Delegado de Polícia, poderia o Membro do Ministério Público requerer diretamente uma medida de interceptação das comunicações telefônicas, na esteira do artigo 3º, inciso II, da Lei nº 9.296/96?

Entendemos que não, na medida em que o Delegado de Polícia, na condição de titular da atividade de investigação criminal, detém a gestão probatória nesta etapa preliminar da persecução penal. Nesse caso, deve o Membro do Ministério Público requisitar ao Delegado de Polícia a adoção da providência e, este, após a verificação dos pressupostos legais e da viabilidade do pleito, formular representação ao órgão judicial competente, com exposição dos fundamentos técnico-jurídicos pertinentes.

Com isso, o requerimento de uma medida de interceptação telefônica diretamente realizada pelo Estado-Acusador só é viável, a nosso ver, no curso da instrução processual ou, em outra instância, em procedimentos investigativos deflagrados no âmbito do próprio Ministério Público, segundo os parâmetros estabelecidos pelo Supremo Tribunal Federal que delimitam a sua vocação investigativa (entendimento esse que, por oportuno, reforçamos nossa contrariedade).

Por derradeiro, a terceira observação acerca da legitimidade para o requerimento da medida interventiva escora-se na disciplina trazida pela Lei nº 13.344/16 que inseriu a figura do artigo 13-B do Código de Processo Penal.

Por essa disposição, utilizada nas hipóteses de crime de tráfico de pessoas, regula-se a disponibilização de dados telemáticos de sinais capazes de permitir a localização de vítimas ou imputados no curso do crime.

Inclusive, em caso de inércia do Estado-Juiz, caracterizado pela não apreciação do pedido realizado pelo Estado-Investigador num prazo de 12 horas, pode o Delegado de Polícia requisitar direta e imediatamente a disponibilização dos sinais à empresa prestadora do serviço, conforme artigo 13-B, § 4º do Código de Processo Penal.

Outra questão interessante, afeta ao pedido da medida de interceptação e suas especificações, encontra-se regulada pelo artigo 4º, *caput*, da Lei nº 9.296/96.

A partir dessa disposição, identifica-se um sistema de controle para a implementação da medida, tendo em vista o elevado grau de sua intervenção na esfera de direitos fundamentais.

Na lição de Torquato Avolio[150], deve o pedido de representação pelo afastamento do sigilo das comunicações conter as especificações sobre os meios a serem empregados na consecução da ferramenta de obtenção probatória.

---

150 **AVOLIO**, Luiz Francisco Torquato. Provas ilícitas: interceptações telefônicas, ambientais e gravações clandestinas. São Paulo: Revista dos Tribunais, 2011.

Note-se que a ordem judicial que autoriza a interceptação não representa um passe livre para realização de toda e qualquer devassa na intimidade do imputado. Pelo contrário, todos os meios empregados devem compor o pedido e isso, segundo a disposição normativa, tem caráter vinculante à própria legalidade do ato concessivo.

Com efeito, não é suficiente apenas o pedido de afastamento do sigilo das comunicações, mas também a demonstração dos meios que serão empregados na diligência invasiva, como, por exemplo, a interceptação de mensagens de texto e e-mails, interceptação de aplicativos de comunicação, fornecimento de contas reversas dos terminais chamados e chamadores, fornecimento em tempo real de sinais de localização, captação ambiental de diálogos em trânsito, vinculação imediata de novas linhas ao terminal de *IMEI* (international mobile equipment identity), entre outras.

Analisadas as principais questões relativas aos critérios de admissibilidade da medida de afastamento do sigilo das comunicações telefônicas e de dados, passemos a discorrer sobre os contornos jurídicos acerca do compartilhamento da prova obtida por essa ferramenta processual de alto poder invasivo.

Nesse cenário, o exame do compartilhamento probatório no regime jurídico da medida de interceptação das comunicações telefônicas e de dados ingressa no ambiente da prova emprestada.

Pelo conceito de prova emprestada, estamos com Nicolitt[151] por entendê-la como sendo o conteúdo probatório legalmente produzido no bojo de uma persecução criminal, e para nela gerar seus efeitos, que, posteriormente, é transportada para outra persecução penal distinta, com objetivo de igualmente produzir efeitos.

Na lição de Aranha[152], a validade da prova emprestada está condicionada à superação de um sistema de controle dotado de quatro filtros: identidade de partes, observância do devido processo legal na coleta originária, identidade de fatos e observância do devido processo legal na destinação final.

Ao tratar do tema, acrescenta Prado[153] que, a observância do devido processo legal, para além da noção inicial de contraditório e ampla defesa, enseja também o respeito ao princípio ao juiz natural.

No ambiente probatório da medida de interceptação das comunicações telefônicas e de dados, o trata-

---

151 **NICOLITT**, André Luiz. Manual de Processo Penal. São Paulo, Revista dos Tribunais, 2016

152 **ARANHA**, Adalberto José Queiroz Telles de Camargo. Da prova no processo penal. São Paulo: Revista dos Tribunais, 1996.

153 **PRADO**, Geraldo. Limite às interceptações telefônicas e a jurisprudência do Superior Tribunal de Justiça. Rio de Janeiro: Lumen Juris, 2005.

mento do tema apresenta-se dotado de novos contornos, não só em função do elevado grau de interferência na esfera de direitos fundamentais, mas também pela grande incidência de conhecimentos fortuitos, gerados pela coerção processual.

Em relação ao adequado tratamento jurídico dos conhecimentos fortuitos no campo de produção probatória ligado a meios coercitivos de sua obtenção, remetemos o leitor ao capítulo anterior, onde discorremos sobre as bases do princípio da especialidade e a questão do desvio de vinculação causal que, de modo geral, conceitualmente norteiam as soluções aplicáveis à regulação desta importante questão.

Nesse campo, identificamos especialmente a existência de limitações processuais a partir de três ordens distintas: as limitações espaciais, as limitações objetivas e as limitações subjetivas.

Em primeiro lugar, a disciplina constitucional que regula a excepcionalidade de afastamento do sigilo das comunicações, na forma do artigo 5º, inciso XII da Constituição Federal, estabelece de forma clara que a finalidade da medida interventiva deve estar espacialmente circunscrita ao âmbito da persecução criminal, regramento esse devidamente reproduzido na disciplina do artigo 1º da Lei nº 9.296/96.

Assim sendo, deve-se enfrentar a seguinte questão: seria admissível o compartilhamento de conteúdo probatório legalmente gerado a partir de medida de interceptação telefônica no âmbito do processo penal para outra tipologia processual, como, por exemplo, no processo tributário, administrativo ou civil?

Tal questionamento assume grande relevância jurídica, na medida em que os meios empregados para a efetivação do afastamento do sigilo telefônico gera um elevado influxo de dados e informações não só sobre o imputado, mas também em relação a terceiros, de tal forma que o conhecimento de seu conteúdo extrapola o objeto de investigação do caso penal.

Nesse volumoso espectro de informações, pode-se deparar de modo incidental com elementos probatórios alheios ao campo do processo penal, mas afetos à outras áreas de interesse jurídico, como o processo civil, administrativo, tributário ou eleitoral.

Inclusive, a recente disciplina trazida pelo Novo Código de Processo Civil, em seu artigo 372, sinaliza favoravelmente à possibilidade de admissão de prova produzida em "outro processo", cabendo ao magistrado, observado o respeito ao contraditório, atribuir a devida valoração ao elemento de prova transposto.

No campo jurisprudencial, as Cortes Superiores asseveram, de modo geral, que a transposição probatória em processos distintos encontra amparo nos princípios da eficiência e economicidade processual, com objetivo de evitar a repetição desnecessária sobre a produção de um mesmo conteúdo de evidências.

Inclusive no EResp. 617.418, o Superior Tribunal de Justiça consolidou entendimento de que a utilização da prova emprestada não se restringe à processos com identidade de partes, sob pena de reduzir a aplicabilidade do instituto, reconhecendo o respeito ao contraditório como principal de filtro de controle de ingresso da prova.

Entendemos que essas orientações jurisprudenciais são válidas, mas guardam pertinência a um panorama genérico de aplicabilidade no campo do probatório.

Especificamente em relação ao conteúdo da prova obtida a partir de medidas de interceptações telefônicas e de dados, bem como a sua subsequente transposição espacial a outras tipologias processuais, há de se conferir uma análise bem mais restritiva e à luz do arcabouço regulador da medida interventiva.

Tanto é que no julgamento do Resp. 1.561.021, a Sexta Turma do Superior Tribunal de Justiça fixou posicionamento de que o filtro da ampla defesa e do contraditório funciona como elemento central na transposição da prova emprestada, mas que sua admissibilidade também está vinculada à observância das regulamentações formais do meio de obtenção da prova no processo originário.

Por derradeiro, especificamente se tratando da utilização de prova emprestada, obtida por meio de interceptação telefônica e de dados e deslocada espacialmente a outro campo processual, a evolução jurisprudencial, consolidando entendimento nos moldes da Súmula 591 do Superior Tribunal de Justiça, admite a transposição probatória do processo penal ao processo administrativo-disciplinar, desde que deferida pelo juízo de origem e observado contraditório e ampla defesa.

Em nossa posição, entendemos que, especialmente em relação à medida de afastamento do sigilo das comunicações telefônicas e de dados, a disciplina jurídico-constitucional imprime outros contornos à discussão do tema que autorizem qualquer tipo de transposição probatória indiscriminada e, principalmente, despida dos filtros de controle de produção da prova estabelecidos na legislação de regência.

De outro lado, não se pode olvidar que o conhecimento obtido através desta poderosa ferramenta processual decorre de uma intervenção legítima do poder estatal que, em sua produção originária no campo processual penal, atendeu os requisitos justificadores da excepcionalidade da coerção.

Por essa razão, não pode o Estado simplesmente ignorar a sua existência, mesmo quando obtida de forma incidental. Pelo contrário, deve construir uma sistemática de equalização entre o conhecimento obtido pelo meio invasivo e o espectro de proteção dos direitos fundamentais, voltada para o controle de fiabilidade e produção da prova penal.

Retomamos aqui o raciocínio por nós já elaborado quando do tratamento da obtenção de conhecimentos fortuitos no âmbito das medidas de busca e de apreensão (oportunidade em que, mais uma vez, remetemos o leitor ao capítulo antecedente).

Em síntese, o princípio da especialidade da prova opera como um balizador primário no tratamento jurídico dos encontros fortuitos, de modo que, via de regra, a prova produzida no bojo de um processo limita-se finalisticamente ao seu ambiente espacial, enquanto cenário natural para a produção de seus efeitos.

Num segundo estrato de filtragem, cabe analisar o grau de vinculação causal entre o conhecimento obtido de forma incidental e a identidade investigativa que circunscreve o caso penal.

É nesse ponto em que se realiza a distinção[154] entre conhecimentos da investigação e conhecimentos fortuitos.

---

154 **AGUILAR**, Francisco. Dos conhecimentos fortuitos obtidos através de escutas telefônicas: contributo para seus estudos no direito alemão e português. Coimbra: Almedina, 2004.

Os conhecimentos da investigação geram efeitos probatórios na medida em que a mitigação do princípio da especialidade da prova e a subsequente permissão do desvio causal decorrem da identidade entre o elemento probatório incidental e o caso penal.

A seu turno, o conhecimento fortuito produz efeitos meramente investigativos, vez que se preserva o princípio da especialidade a partir de uma vedação ao desvio causal em razão da ausência de identidade entre o elemento fortuito obtido e o caso penal.

Desta forma, esse processo escalonado de depuração da prova penal obtida incidentalmente torna-se aplicável aos procedimentos de transposição da prova emprestada obtida por meio de afastamento do sigilo das comunicações.

Com efeito, caso o elemento probatório obtido de forma acidental pela medida de interceptação das comunicações telefônicas guarde pertinência com o caso penal objeto da apuração de forma a irradiar seus efeitos para outra tipologia processual, deve-se considerar viável a transposição probatória.

Trata-se da hipótese em que esse elemento probatório incidental revela um fato criminoso vinculado ao caso penal e que, ao mesmo tempo, reflete uma infração campo administrativo ou tributário. Nessa circunstância, a prova obtida no processo penal a partir de medida de interceptação telefônica poderá, respeitados os preceitos de ampla defesa e contraditório, ser diretamente transportada ao processo administrativo ou tributário.

Em contrário, caso o componente fortuito oriundo da medida interventiva evidencie um fato criminoso desconexo do caso penal, ou então um fato que gere efeitos tão somente extrapenais, restará desconfigurada a identidade necessária à permissão do desvio causal.

Nessa hipótese, o tratamento jurídico do elemento fortuito será meramente delimitado ao campo investigativo, podendo ser utilizado para a deflagração de apuração preliminar no plano extrapenal, mas despido de qualquer efeito probatório.

É o caso, por exemplo, de uma medida de interceptação telefônica para investigação de homicídio, cujo imputado ostenta a condição de policial militar, e o elemento probatório fortuito evidencia a prática de uma infração disciplinar.

Por óbvio, diante da falta de identidade entre o elemento fortuito e o caso penal, o efeito decorrente será tão somente investigativo, permitindo a deflagração de uma apuração dos fatos no ambiente extrapenal, sem qualquer validação do status de prova.

Traçado o panorama acerca das limitações espaciais sobre o tratamento da prova emprestada em razão de conhecimentos fortuitos no curso de uma medida de interceptação telefônica e de dados, cabe agora delinear os balizamentos sobre as limitações de ordem subjetiva e objetiva.

Nessas limitações, onde a transposição probatória sob exame gera efeitos apenas no ambiente processual penal, sem exorbitar para outras tipologias processuais, a estruturação do raciocínio jurídico para admissibilidade e valoração da prova emprestada passa pelo mesmo sistema de filtragem (princípio da especialidade e desvio do vínculo causal), a partir da concepção extraída da doutrina portuguesa[155], baseada na cisão conceitual entre conhecimentos da investigação e conhecimentos fortuitos.

No que tange aos limites subjetivos, o grande problema emerge quando o elemento probatório incidental recai sobre pessoa diversa do sujeito passivo da medida de interceptação telefônica e de dados[156].

A peculiaridade que conota esse meio de obtenção de prova congrega um múltiplo feixe de dados, de modo que, não raro, o conhecimento obtido de forma casual sinaliza para um novo fato criminoso que foi pra-

---

155 **AGUILAR**, Francisco. Dos conhecimentos fortuitos obtidos através de escutas telefônicas: contributo para seus estudos no direito alemão e português. Coimbra: Almedina, 2004.

156 **GRECO FILHO**, Vicente. Interceptação das comunicações telefônicas: considerações sobre a Lei n. 9.696, de 24 de julho de 1996. São Paulo: Saraiva, 1996.

ticado, não pelo investigado, mas sim por um de seus interlocutores até então alheios ao cenário probatório.

Por essa razão, sob ponto de vista da limitação subjetiva, o princípio da especialidade assume um papel fundamental enquanto filtro primário, vez que a medida de afastamento do sigilo das comunicações guarda como pressuposto de admissibilidade a individualização do sujeito passivo da coerção, sem olvidar que os meios adotados para sua consecução implicam, inevitavelmente, na violação do sigilo de terceiros[157].

Quando o elemento fortuito revelar fato criminoso igualmente atribuído ao sujeito passivo da medida invasiva, estaremos diante das hipóteses de coautoria ou participação delitiva, na forma do artigo 29 do Código Penal, e, portanto, configurado o liame subjetivo e a comunhão de desígnios entre o investigado e o terceiro interlocutor.

Nesse caso, o tratamento probatório atribuído ao conhecimento fortuito será valorado a partir de parâmetros idênticos entre ambos, de modo que a discussão acerca do advento de um efeito probatório ou meramente investigativo, com mitigação ou não do princípio da especialidade, deverá ser resolvida a partir da tipologia do fato criminoso em sua relação com a

---

157 **VALENTE**, Manuel Monteiro Guedes. Conhecimentos fortuitos: a busca de um equilíbrio apuleiano. Coimbra: Almedina, 2006.

identidade investigativa do caso penal (fato ínsito ao exame da limitação objetiva que veremos logo adiante).

Maior complexidade será encontrada quando o elemento fortuito versar sobre fato criminoso imputado exclusivamente ao terceiro interlocutor[158], sem qualquer vinculação subjetiva ao sujeito passivo da medida de interceptação telefônica ou de dados.

Nessa hipótese, entendemos que a medida invasiva não resiste a filtragem do princípio da especialidade, produzindo apenas efeitos investigativos, com vedação da transposição probatória, mas dotada de potencialidade deflagradora de uma persecução penal autônoma.

Em último tema, compete analisar os efeitos decorrentes das limitações objetivas relacionadas ao conhecimento fortuito, quando obtido no curso de uma medida de afastamento do sigilo das comunicações telefônicas e de dados.

A questão central aqui recai sobre a análise da tipologia do fato criminoso incidentalmente obtido e sua subsequente vinculação com o caso penal, enquanto objeto finalístico do contexto investigativo.

Muito embora a admissibilidade da medida interventiva esteja condicionada à exigência de demonstração do objeto da investigação, na forma do artigo 2º, pa-

---

158 **ANDRADE**, Manuel da Costa. Sobre as proibições da prova em processo penal. Coimbra: Coimbra Editora, 2006.

rágrafo único, da Lei nº 9.296/96, certo é que o grande influxo de dados analisados a partir de sua efetivação amplia a possibilidade de incidência de conhecimentos fortuitos alheios ao contexto investigativo inaugural.

Nesse ambiente, diferente do que ocorre com as medidas de busca e de apreensão, há ainda um outro filtro a ser acrescentado, vez que, conforme disposto o artigo 2º, inciso III, da Lei nº 9.296/96, um dos fatos atrelados à condição de autorização da medida está justamente no catálogo de delitos, restritos apenas aqueles com previsão de pena privativa de liberdade na modalidade reclusão.

Com base nesse sistema de filtragem pela gravidade do delito, parte da doutrina[159] sustenta que se o elemento probatório fortuito, obtido no curso de uma medida de interceptação telefônica e de dados, evidencia a prática de um outro fato criminoso, conexo ao caso penal, mas passível de apenamento com detenção, restaria afastada a transposição probatória.

Discordamos desse posicionamento, pois a partir da constatação da identidade investigativa entre o delito originário da medida invasiva e aquele sinalizado pelo conhecimento incidental estaria justificada a mitigação do princípio da especialidade, permitindo-se a validação do desvio causal.

---

159 **SCARANCE FERNANDES**, Antônio. Processo penal constitucional. São Paulo: Revista dos Tribunais, 1999.

Mesmo que o delito revelado de modo fortuito não seja igualmente punido com reclusão, requisito de admissibilidade da autorização da medida, a vinculação probatória que deriva da identidade do caso penal implica no reconhecimento da economicidade processual, evitando-se, assim, reproduções probatórias revestidas de caráter meramente procrastinatório.

Num outro plano, quando o conhecimento fortuito obtido pela ferramenta investigativa assinalar a ocorrência de um novo fato criminoso, imputado ao sujeito passivo da interceptação, mas desconectado do caso penal que originou a atividade persecutória, preserva-se a higidez do princípio da especialidade, não sendo permitida a desviação causal dos elementos de prova.

Nesta hipótese, independente da tipologia atribuída ao fato criminoso incidentalmente revelado, se punido a título de reclusão ou detenção, a ausência de identidade do contexto investigativo já afasta, por si só, a possibilidade de transposição da prova emprestada.

Frise-se que, para fins de valoração da prova emprestada, enquanto as limitações subjetivas estão sob maior influência do princípio da especialidade da prova, as de ordem objetivas encontram no parâmetro da identidade investigativa um standard de maior relevo.

Por todo exposto, pode-se concluir que, em relação ao tema da valoração probatória dos conhecimentos fortuitos, sejam eles decorrentes da medida de afastamento do sigilo das comunicações, ou mesmo, guardadas as devidas particularidades, inseridas no âmbito de medidas coercitivas de busca e de apreensão, a cisão doutrinária das concepções de conhecimentos da investigação e conhecimentos fortuitos, bem como a observância do princípio da menor incidência possível, do princípio da especialidade da prova e da análise do desvio de causalidade a partir da identidade investigativa, conformam um sistema de controle de fiabilidade e valoração dos efeitos probatórios revelados neste especial contexto de tensão constitucional.

REFERÊNCIAS BIBLIOGRÁFICAS

AGAMBEN, Giorgio. *Estado de excepción*. Buenos Aires: Adriana Hidalgo editora, 2014.

AGOSTINHO, Santo. *A natureza do bem*. Rio de Janeiro: Sétimo Selo, 2005.

AGUILAR, Francisco. *Dos conhecimentos fortuitos obtidos através de escutas telefônicas: contributo para seus estudos no direito alemão e português*. Coimbra: Almedina, 2004.

ALEXY, Robert. *Teoria dos direitos fundamentais*. São Paulo: Malheiros, 2011.

ANDRADE, Manuel da Costa. *Sobre as proibições da prova em processo penal*. Coimbra: Coimbra Editora, 2006.

ANIYAR DE CASTRO, Lola. *Manual de Criminologia Sociopolítica*. Rio de Janeiro: Revan. 2017.

ARAGONESES ALONSO, Pedro. *Instituciones de derecho procesal penal*. Madri: Rubi Artes Gráficas, 1984

ARAGONESES ALONSO, Pedro. *Proceso y derecho procesal (introdución)*. Madrid: Edersa, 1997.

ARANHA, Adalberto José Queiroz Telles de Camargo. *Da prova no processo penal*. São Paulo: Revista dos Tribunais, 1996.

ARISTÓTELES. *Metafísica*. São Paulo: Loyola, 2002.

ARONSON, Elliot. *O animal social: introdução ao estudo do comportamento humano*. São Paulo: IBRASA, 1997.

AVOLIO, Luiz Francisco Torquato. *Provas ilícitas: interceptações telefônicas, ambientais e gravações clandestinas*. São Paulo: Revista dos Tribunais, 2011.

BACIGALUPO, Enrique. *Manual de derecho penal*. Bogotá: Temis, 1994.

BADARÓ, Gustavo Henrique Righi Ivahy. *Ônus da prova no processo penal*. São Paulo; Revista dos Tribunais, 2003.

BARATTA, Alessandro. *Criminologia crítica e crítica do direito penal: introdução à sociologia do direito penal*. Rio de Janeiro: Revan, 2011.

BASILICO, Ricardo. **FERRAJOLI**, Luigi. **TORRES**, Sergio Gabriel. **ZAFFARONI**, Eugenio Raul. *La emergência del miedo*. Buenos Aires: Ediar, 2013.

BASTOS PITOMBO, Cleunice. *Da busca e da apreensão no processo penal*. São Paulo: Revista dos Tribunais, 2005.

BECCARIA, Cesare. *Dos delitos e das penas*. São Paulo: Edipro, 2017.

BECCARIA, Cesare. *Dos Delitos e das Penas*. São Paulo: Martin Claret, 2001.

BETTIOL, Guiseppe. *Instituciones de derecho penal y procesal*. Barcelona: Bosch, 1973.

BINDER, Alberto M. *Introducción al Derecho Procesal Penal*. Buenos Aires: Ad-Hoc, 2002.

BOBBIO, Norberto. *A era dos direitos*. Rio de Janeiro: Elsevier, 2004.

BULOS, Uadi Lammêgo. *Curso de Direito Constitucional*. São Paulo: Saraiva, 2011.

CANOTILHO, J.J.G. *Direito Constitucional e Teoria da Constituição*. Coimbra: Editora Almedina, 2008

CANOTILHO, Joaquim José Gomes. *Direito constitucional e teoria da constituição*. Coimbra: Almedina, 1999.

CANOTILHO, Joaquim José Gomes. *Direito Constitucional e teoria da constituição*. Coimbra: Almedina, 2003.

CANOTILHO, Joaquim José Gomes. *Direito Constitucional. Coimbra:* Livraria Almedina, 1993. Pg. 172-173.

CANOTILHO, Joaquim José Gomes. *Estado de direito*. Lisboa: Gradiva, 1999.

CANOTILHO, José Joaquim Gomes. *Direito constitucional e teoria da constituição*. Coimbra: Almedina, 2006.

CANUTO MENDES DE ALMEIDA, Joaquim. *A contrariedade na instrução criminal*. São Paulo: Universidade de São Paulo, 1937.

CARNELUTTI, Francesco. *As misérias do processo penal*. São Paulo: Edijur, 2015.

CARNELUTTI, Francesco. *As misérias do processo penal*. Trad. Carlos Eduardo Trevelin Millan. São Paulo: Editora Pillares, 2009.

CARNELUTTI, Francesco. *Lecciones sobre el proceso penal*. Buenos Aires; Bosch, 1950

CARNELUTTI, Francesco. *Sobre o status passivo de imputado no processo penal:. Cuestiones sobre el proceso penal*. Buenos Aires: Libreria el foro, 1994.

CARRARA, Francesco. *Programa de derecho criminal*. Bogotá: Temis, 1996.

CARVALHO, Luis Gustavo Grandinetti Castanho de. *Processo Penal e Constituição*. Rio de Janeiro: Lumen Juris, 2006.

CASARA, Rubens R. R.. *Juiz das Garantias: entre uma missão de liberdade e o contexto de repressão*. In: **COUTINHO**, Jacinto Nelson de Miranda; **CARVALHO**, Luis Gustavo Grandinetti Castanho de (Org.). *O Novo Processo Penal à Luz da Constituição*. v. 1. Rio de Janeiro: Lumen Juris, 2010.

CASARA, Rubens R. R.; **MELCHIOR**, Antônio Pedro. *Teoria do processo penal brasileiro. Dogmática e crítica: conceitos fundamentais*. Volume I. Rio de Janeiro: Lumen Juris, 2013.

CASARA, Rubens R.R.. *Processo penal do espetáculo e outros ensaios*. São Paulo; Tirant, 2018.

CHOUKR, Fauzi Hassan. *Garantias constitucionais na investigação criminal*. Rio de Janeiro: Lumen juris, 2006.

CORDERO, Franco. *Procedimiento Penal*. Bogotá: Temis, 2000.

CUNHA MARTINS, Rui. *O ponto cego do direito*. Rio de Janeiro: Lumen Juris, 2013.

CUNHA MARTINS, Rui. *O ponto cego do direito: the brazilian lessons*. Rio de Janeiro: Lumen Juris, 2010.

DAHRENDORF, Ralf. *As classes e seus conflitos na sociedade industrial*. Brasília: Ed. Universidade de Brasília, 1982.

DANTAS, San Tiago. *Problemas do direito positivo: estudos e pareceres*. Rio de Janeiro; Forense, 1953.

DESCARTES, René. *Discurso do método*. São Paulo: L&PM, 2005.

DÍAS CABIALE, José Antonio; **MORALES**, Ricardo Martín. *La garantía constitucional de la inadimisión de la prueba ilícitamente obtenida*. Madri: Civitas, 2001.

DIEZ RIPOLLES, José Luis. *A política criminal na encruzilhada*. Porto Alegre: Livraria do advogado, 2015.

DÜRIG, Günter. *Escritos Reunidos: 1952-1983*. São Paulo: Saraiva, 2016.

DWORKIN, Ronald. *Levando os direitos à sério*. São Paulo: Martins Fontes, 2010.

ECHARRI CASA, Fermín Javier. *Prueba ilícita: conexión de antijuricidad y hallazgos casuales*. Madri: Revista del Poder Judicial, nº 69, 2003.

EINSTEIN, Albert. *Teoria da relatividade: sobre a teoria da relatividade especial e geral.* São Paulo: LP&M, 2015.

EUROPEAN COURT OF HUMANS RIGHTS. Case Piersack vs. Belgium. *Application nº 8692. 1 October 1982.* Disponível em: https://hudoc.echr.coe.int/eng?i=001-57557#. Acesso em: 10 jan 2020.

EYMERICH, Nicolau. *Manual dos inquisidores.* Trad. Maria José Lopes da Silva. Rio de Janeiro: Rosa dos Tempos; Brasília: Fundação Universidade de Brasília, 1993.

FERRAJOLI, Luigi. *Derechos y Garantías – la ley del más débil.* 6a ed. Trad. para o espanhol por P. A, Ibáñez. Madrid: Editorial Trota, 2009.

FERRAJOLI, Luigi. *Direito e Razão: teoria do garantismo penal.* São Paulo: Editora Revista dos Tribunais, 2002

FESTINGER, Leon. *Teoria da dissonância cognitiva.* Rio de Janeiro: Zahar, 1975.

FONTE: *Levantamento de Informações Penitenciárias, 2016.* (INFOPEN/Ministério da Justiça)

FOUCAULT, Michel. *A verdade e as formas jurídicas.* 3° Edição. Trad. Roberto Cabral de Melo Machado e Eduardo Jardim Morais. Rio de Janeiro: NAU, 2003.

FOUCAULT, Michel. *Vigiar e punir*. Petrópolis: Vozes, 1977.

FOUCAULT, Michel. *Vigiar e punir: nascimento da prisão*. Petrópolis: Vozes, 1999.

FREUD, Sigmund. *Totem e Tabu*. Rio de Janeiro; Imago, 1996.

GIACOMOLLI, Nereu José. *A fase preliminar do processo penal: crises, misérias e novas metodologias investigatórias*. Rio de Janeiro: Lumen juris, 2011.

GOLDKORN, Roberto B. O. *O poder da vingança*. Rio de Janeiro: Nova Fronteira, 1995.

GOLDSCHMIDT, James. *Problemas jurídicos y políticos del proceso penal*. Buenos Aires: IBdeF, 2016.

GOLDSTEIN, Jeffrey H. *Psicologia Social*. Rio de Janeiro: Editora Guanabara Dois, 1983.

GRECO FILHO, Vicente. *Interceptação das comunicações telefônicas: considerações sobre a Lei n. 9.696, de 24 de julho de 1996*. São Paulo: Saraiva, 1996.

GRINOVER, Ada Pellegrini. *As nulidades no processo penal*. São Paulo: Revista dos Tribunais, 2001.

HÄBERLE, Peter. *A dignidade humana como fundamento da comunidade estatal*. In: Ingo Wolfgang Sarlet (Org.). Dimensões da Dignidade: Ensaios de Filosofia do Direito e Direito Constitucional. Porto Alegre: Livraria do Advogado, 2009.

HÄBERLE, Peter. *El estado constitucional*. Buenos Aires: Astrea, 2007.

HÄBERLE, Peter. *Hermenêutica Constitucional. A sociedade aberta dos intérpretes da constituição*: contribuição para a interpretação pluralista e "procedimental" da Constituição. Trad. Gilmar Ferreira Mendes. Porto Alegre: Safe, 1997

HASSEMER, Winfred. *La verdad y la búsqueda de la verdade en el processo penal*: la medida de la Constituición.

HASTORF, Albert; SCHNEIDER, David J.; POLEFKA, Judith. *Percepção da Pessoa*. São Paulo: Editora da Universidade de São Paulo, 1973.

HEGEL, G. W. F. *Ciencia de la Lógica*. Trad. de Rodolfo Mondolfo. Buenos Aires. Solar S.A. / Hachette S.A., 1968.

HERNANDEZ, Angel Gil. *Intervenciones corporales y derechos fundamentales*. Madri: Colex, 1995.

HESSE, Konrad. *Temas fundamentais do direito constitucional*. São Paulo: Saraiva, 2009.

HOBBES, Thomas. *Leviatã, ou matéria e forma de poder de um estado eclesiástico e civil*. São Paulo: Martin Claret. 2008.

HUME, David. *Investigações sobre o entendimento humano e os princípios da moral*. São Paulo: Unesp, 2017.

IBAÑEZ, Perfecto Andrés. *Garantismo y processo penal*. Granada; Revista de la Facultad de Derecho de la Universidad de Granada, nº02, 1999.

Informativo nº 529 STF.

JAKOBS, Ghünter. *Estudios de derecho penal*. Madri: Civitas, 1997.

JELLINEK, Georg. *Teoria general del estado*. Buenos Aires: Albatroz, 1970.

JESCHECK, Hans Heinrich. *Tratado de Derecho Penal*, Parte General. Granada: Editorial Comares, 2003.

JESCHEK, Hans Heinrich. *Tratado de Derecho Penal – parte general*. 4a ed. espanhola. Trad. J. L. M. Samaniego. Granada: Editorial Colmares, 1993

JORGE, Marco Antônio Coutinho. *Fundamentos da psicanálise de Freud a Lacan*, volume I: as bases conceituais. Rio de Janeiro: Zahar, 2005.

KELSEN, Hans. *Teoria pura do direito*. São Paulo: Martins Fontes, 2000.

LIEBMAN, Enrico Tulio. *"L'azione nella teoria del processo civile"*, Problemi del processo civile. Napoli: Morano, 1962.

LOCKE, John. *Ensaio sobre o entendimento humano*. São Paulo: Martins Fontes, 2012.

LOPES JR., Aury. *Fundamentos do processo penal: introdução crítica*. São Paulo: Saraiva, 2015

LOPES JR., Aury. *Introdução crítica ao processo penal: fundamentos da instrumentalidade garantista*. Rio de Janeiro: Lumen Juris, 2004.

LOPES JR., Aury; **GLOECKNER**, Ricardo Jacobsen. *Investigação preliminar no processo penal*. São Paulo: Saraiva, 2014.

LOPES JR, Aury. *Direito processual penal*. São Paulo: Saraiva, 2012.

LÓPEZ FRAGOSO, Tomás. *Los descubrimientos casuales en las intervenciones telefónicas como medidas coercitivas en el proceso penal*. Madri: Derechos y Libertades: Revista del Instituto Bartolomé das Casas, 1993.

MAIER, Julio B. J. *Derecho procesal penal I: fundamentos*. 2ª ed. 3ª reimpressão. Buenos Aires: Editores Del Puerto, 2004.

MANZINI, Vicenzo. *Tratado de derecho procesal penal*. Barcelona: Ediciones Jurídicas Europa-América, 1951.

MANZINI, Vicenzo. *Tratado de derecho procesal penal*. Buenos Aires: EJEA, 1951.

MARRERO, Danny. Capítulo I: Lineamientos generales para uma epistemología jurídica. In: PÁEZ, Andrés. *Hechos, evidencia y estándares de prueba: ensayos de epistemología jurídica*. Bogotá: Uniandes, 2015

MARTINS, Leonardo. *Tribunal Constitucional Federal Alemão: decisões anotadas sobre direitos fundamentais*. Volume 1: Dignidade humana, livre desenvolvimento da personalidade, direito fundamental à vida e à integridade física, igualdade. São Paulo: Konrad-Adenauer Stiftung – KAS, 2016.

MARTON, S. *Nietzsche: das forças cósmicas aos valores humanos*. Belo Horizonte: UFMG, 2000.

MATIDA, Janaína. *Standards de prova: a modéstia necessária a juízes e o abandono da prova por convicção*". In: Arquivos da resistência: ensaios e anais do VII Seminário Nacional do IBADPP, Florianópolis: Tirant lo blanch, 2019.

MELO E SILVA. Philipe Benoni. *Fishing expedition: a pesca predatória por provas por parte dos órgãos de investigação*. Disponível em: http:/jota.info/artigos/fishing-expedition-21012017.

MIRABETE, Júlio Fabbrini. *Código de processo penal interpretado*. São Paulo: Atlas, 2006.

MIRABETE, Julio Fabrini. *Processo penal*. São Paulo. Atlas, 2000.

MOCCIA, Sergio. *La perene emergenza: tendenze autoritare nel sistema penale.* Nápoles: Edizioni Scientifiche Italiane, 2000.

MONTESQUIEU, Charles de Secondat. *O espírito das leis.* São Paulo: Martins Fontes, 2000.

MORAES PITOMBO, Sérgio Marcos. *O indiciamento como ato de polícia judiciária.* São Paulo: Revista dos Tribunais, 1983.

MORAIS DA ROSA, Alexandre. *Direito infracional: garantismo, psicanálise e movimento antiterror.* Florianópolis: Habitus, 2005.

MORENO CATENA, Victor. *La defensa en el proceso penal.* Madri: Civitas, 1982.

MORRISON, Waine. *Criminología, civilización y nuevo orden mundial.* Barcelona: Anthropos, 2012

MUÑHOZ CONDE, Francisco. *Las reformas de la parte especial del derechp penal espanhol em el 2003*: de la "tolerancia cero"al "derecho penal del enemigo". Buenos Aires: RDP, 2003.

MUSCI, Aldo. *Tutte de mafie del mondo: droga, corruzione, terrorismo. Una mapa della criminalità organizata nell'epoca della globalizzazione.* Tarquinia: Stampa Alternativa, 2011.

NICOLÁS, Juan Antônio; **FRÁPOLI**, Maria José. *Teorías de la verdade en el siglo XX.* Madri: Tecnos, 1997.

NICOLITT, André Luiz. *Manual de Processo Penal*. São Paulo, Revista dos Tribunais, 2016

NICOLITT, André. *Manual de Processo Penal*. Rio de Janeiro: Elsevier, 2012

NICOLITT, André. *Manual de Processo Penal*. São Paulo: Revista dos Tribunais, 2016.

NIETZSCHE, Friedrich. *Sobre verdade e mentira no sentido extra-moral*. São Paulo: Hedra, 2008.

NUCCI, Guilherme de Souza. *Código de processo penal comentado*. São Paulo: Revista dos Tribunais, 2006.

Observatório do Sistema Penal e Direitos Humanos da Universidade de Barcelona (OSPDH)

PASTOR LÓPEZ, Miguel. *El proceso de persecución*. Valencia: Universidad de Valencia, 1979.

PISAPIA, Gian Domenico. *Compendio di procedura penale*. Padova: Cedam, 1988.

PRADO, Geraldo. *A cadeia de custódia da prova no processo penal*. São Paulo: Marcial Pons, 2019.

PRADO, Geraldo. *A cadeia de custódia no processo penal*. São Paulo: Marcial Pons, 2019.

PRADO, Geraldo. *Limite às interceptações telefônicas e a jurisprudência do Superior Tribunal de Justiça*. Rio de Janeiro: Lumen Juris, 2005.

PRADO, Geraldo. *Sistema acusatório: a conformidade constitucional das leis processuais penais.* 4ª ed. Rio de Janeiro: Lumen Juris, 2006.

QUEIJO, Maria Elizabeth. *O direito de não produzir prova contra si mesmo.* São Paulo; Saraiva, 2003.

RABINOVICH-BERKMAN, Ricardo David. *¿Como se hicieron los derechos humanos? Un viaje por la historia de los principales derecho humanos.* Buenos Aires: Didot, 2013.

RAMÍRES, Germán Echeverría. *La garantia de igual aplication de la ley penal.* Santiago de Chile: Legal Publishing, 2013.

RANGEL, Paulo. *Direito processual penal.* Rio de Janeiro: Lumen juris, 2007.

RODRIGUES, Aroldo. *Aplicações da psicologia social: à escola, à clínica, às organizações, à ação comunitária.* Petrópolis: Vozes, 1983.

ROXIN, Claus. *Derecho penal. Parte general.* Tomo I. Madrid: Civitas, 2001.

SALAS, Denis. *La volonté de punir. Essai sur le populismo penal.* Paris: Hachette, 2005.

SÁNCHEZ, Jesús-Maria Silva. *A expansão do direito penal.* São Paulo: Revista dos Tribunais, 2002.

SANCHEZ-VERA GOMÉZ-TRELLES, Javier. *Variaciones sobre la presunción de inocência: análisis funcional desde el derecho penal*. Madri: Marcial Pons, 2012.

SARLET, Ingo Wolfgang. *Dignidade da pessoa humana e direitos fundamentais na constituição federal de 1988*. Porto Alegre: Livraria do Advogado, 2002.

SCARANCE FERNANDES, Antônio. *Processo penal constitucional*. São Paulo: Revista dos Tribunais, 1999.

SCHMITT, Carl. *El concepto de lo político*. México: Ediciones Folios, 1985.

SCHÜNEMANN, Bernd. *Estudos de direito penal, processo penal e filosofia do direito*. Luis Greco (coord.). São Paulo: Marcial Pons, 2013.

SIMMEL, Georg. *Sociologia*. Organização de Evaristo de Moraes Filho. São Paulo : Ática, 1983.

SOUSA, Taiguara Líbano Soares e. *A era do grande encarceramento*: Tortura e superlotação prisional no Rio de Janeiro.

STF MEDIDA CAUTELAR NA ADI 6298/19

TAPIA, Juan Francisco. *Descubrimientos accidentales en el curso de um registro domiciliário o una intervención de comunicaciones. El problema de hallazgos* *casuales o "causales"*? Buenos Aires: Revista de Derecho Penal, 2002.

TARUFFO, Michele. *La prueba de los hechos.* Madri: Trotta Editorial, 2011.

TAVARES, Juarez. *Teoria do Injusto Penal.* 3ª Edição. Belo Horizonte: Del Rey. 2003.

TOURINHO FILHO, Fernando da Costa. *Processo Penal.* São Paulo: Saraiva, 2009.

VALENTE, Manuel Monteiro Guedes. *Conhecimentos fortuitos: a busca de um equilíbrio apuleiano.* Coimbra: Almedina, 2006.

ZAFFARONI, Eugenio Raúl. *Em busca das penas perdidas.* Buenos Aires: Revan, 2010.

ZAFFARONI, Eugenio Raúl. *O inimigo no Direito Penal.* Rio de Janeiro: Revan, 2007.

ZAFFARONI, Eugênio Raul. *Poder judiciário: crises, acertos e desacertos.* São Paulo: Revista dos Tribunais, 1995.

ZAFFARONI, Eugenio Raúl. *Un replanteo epistemológico em criminologia.* ACIPAL, 2007.

ZAFFARONI. Eugenio Raúl. *O inimigo no direito penal.* Rio de Janeiro; Revan, 2007.

ZYSMAN QUIRÓS, Diego. *Sociologia del castigo.* Buenos Aires: Didot, 2012